古代歷史文化研究輯刊

十六編

王明蓀 主編

第19冊

姚文棟邊防思想研究

石岩 著

國家圖書館出版品預行編目資料

姚文棟邊防思想研究／石岩 著 — 初版 — 新北市：花木蘭文
化出版社，2016〔民 105〕
目 2+188 面；19×26 公分
（古代歷史文化研究輯刊 十六編：第 19 冊）
ISBN 978-986-404-764-2（精裝）
1. 姚文棟 2. 地理思想 3. 邊防
618   105014271

ISBN-978-986-404-764-2

9 789864 047642

古代歷史文化研究輯刊
十六編　第十九冊　　　　　　ISBN：978-986-404-764-2

姚文棟邊防思想研究

作　　者　石 岩
主　　編　王明蓀
總 編 輯　杜潔祥
副總編輯　楊嘉樂
編　　輯　許郁翎、王筑　美術編輯　陳逸婷
出　　版　花木蘭文化出版社
社　　長　高小娟
聯絡地址　235 新北市中和區中安街七二號十三樓
　　　　　電話：02-2923-1455／傳眞：02-2923-1452
網　　址　http://www.huamulan.tw 信箱 hml810518@gmail.com
印　　刷　普羅文化出版廣告事業
初　　版　2016 年 9 月
全書字數　165989 字
定　　價　十六編 35 冊（精裝）台幣 68,000 元

姚文棟邊防思想研究

石岩 著

作者簡介

石岩，男，1969 年 5 月出生，河北人。1987 年至 1991 年在河北大學中文系漢語言文學專業就讀，獲得文學學士學位；2002 年 1 月獲得河北師範大學文藝學碩士學位；2015 年 6 月河北師範大學歷史學博士研究生畢業，獲得歷史學博士學位。長期從事教育管理工作，在教育法治、教師管理等方面多有研究。論文在河北師範大學學報、社會科學論壇、蘭臺世界等學術刊物發表。

提　　要

　　姚文棟生於 1853 年，1866 年考入上海龍門書院，1882 年出使日本，1887 年奉命考察歐洲，1891 年回國後查勘滇緬邊界。姚文棟的「籌邊」思想主要集中於《救時芻言》和《籌邊論》之中，其思想表現出一種「積極」的民族主義傾向。西北籌邊對策：主張加強中央對新疆的控制，設立行省和移民屯墾；引導蒙民耕種。東北邊防策略：中朝關係，提出中朝軍事同盟的思想；中琉關係，提出「琉球換和平」的構想；中日關係，出國前「聯日防俄」，踏足日本之後，提出用兵一說。西南邊防策略：認為雲南得失，關乎天下；而野人山之得失，又關乎雲南。姚文棟論江防海防：認為中國江防海防的形勢發生了重大的變化，戰略防禦重點方向是東西；提出加強長江水師的建設，將其對內防禦功能擴展到對外防禦。姚文棟的研究成果體現了如下幾個特徵：第一，時代特徵鮮明。第二，「籌邊」思想中的大局觀。第三，親身實踐的作風。第四，姚文棟的邊防思想是一個完整的體系。第五，姚文棟的地理學研究具有很強的「實用性」或「功利主義」的特徵。第六，姚文棟邊防思想中的「積極防禦」的構想，對當代中國邊防事業的發展具有很強的借鑒作用。

目次

緒　論

　　世界歷史每一天都在書寫新的篇章，人與人、國與國、民族與民族每一天都在發生著更緊密的聯繫。在這樣的過程中，不可避免地出現一些矛盾和衝突。其中，領土與邊界問題向來是人類衝突緣起的根源之一，人類社會發展進程中的重大人為災難、戰爭多因此而起。伴隨著西方國家的殖民擴張，各種幌子下的侵略和各種名義下的瓜分，使戰後留下了無數領土爭端與邊界糾紛，使許多取得獨立的民族國家如芒刺背，牽扯了太多的心神，耗費了大量的精力，成為困擾世界和平與穩定的重要因素，制約和阻礙著文明的進步以及經濟社會的發展。有國必有邊，有邊必有防，邊防不會因朝代的變更而隨便放棄，也不會因信仰的不同而肆意取捨。無論在太平洋兩岸，還是在地中海四周，無論塵沙漫野，還是冰雪覆蓋，邊界如同一個國家的鎧甲，保護著血肉之軀不受侵犯，又如同一個民族的鎖鏈，維繫著萬千家園長治久安。

　　民族問題、邊界問題應該是世界上任何一個國家都無法迴避的，中國也不例外。中華文明的歷史漫長、悠久，中國地域廣闊、民族眾多、陸海邊界與多國接壤，既有輝煌燦爛的友好交往，也有揮之不去的衝突陰影，形成了獨特的形式與內容。隨著西方殖民主義的擴散，插手亞洲的力量逐漸彙聚，問題也變得愈加複雜和難以調和。

　　中國改革開放以來，在「和平共處五項原則」的外交框架下，與周邊國家友好相處，為經濟、社會發展爭取到了良好的外部環境。但是，也應該清醒地看到，伴隨著中國的發展，各種「雜音」開始出現，其中有經濟方面的，如貿易壁壘、知識產權、傾銷與制裁；有政治方面的，如意識形態、人權狀況；還有軍事方面的「中國威脅論」等等。種種糾紛、衝突增多的原因，既

有價值取向的不同，歷史遺留的問題，也不乏「惡意和妄想」。例如：日本製造的「釣魚島國有化」問題、菲律賓企圖強佔仁愛礁、中越南海爭端升級、美國的重返亞洲戰略等等。所有這些都給我們敲響了警鐘，「邊界不靖」已經成為現在和可預見的將來不容忽視的突出現象和矛盾。尤其是近年來，在某些「有心」國家的鼓譟、推動和渲染下，各種矛盾激化、升級而顯得地區局勢日益緊張。對此，中國既不能驚慌失措，亦不能掉以輕心。如何展示維護國家、主權完整的決心，回擊一些國家歪曲歷史事實的企圖，歷史的「鏡鑒」作用不容忽視。

本文研究重點在於，通過還原姚文棟的外交實踐，通過分析他的一系列著作，探討他在大的時代背景下，邊防思想的形成過程。

外交史研究是史學研究的永恒主題之一。所謂「外交」，即指國家間的交往。既然是交往，自然可以區分「交好」與「交惡」之別。例如，中國傳統觀念認為：「國之大事，惟祀與戎」，因此「戎」，可以從更廣泛的意義上理解為國家間相處的一種方式，可以看作是外交的延伸，是國家間解決「交惡」的最終手段。自人類進入工業文明以來，交通、通訊工具的發展也帶來了國家間交往的日益密切，各種糾紛與利益衝突的增加亦在所難免，通過外交渠道溝通、調解，以避免衝突，維護人類和平，發揮著越來越重要的作用。在史學研究領域，外交史（或中外關係史）研究一直是傳統領域，是國家、民族存續和發展的重要命題之一，追本溯源，才能發揮史學研究的參考和鏡鑒作用，這也是外交史（或中外關係史）研究的出發點和最終歸宿。當今世界的發展，不但顯示出這些研究的重要，而且也為後續的研究提出了新的要求和更廣闊的空間。人類社會的持續發展對該領域的研究提供了不竭的動力和長盛不衰的要求。

清廷派遣早期駐外使官的目的非常明確，使官均負有「以修和好而固邦交」的職責﹝註1﹞，需要特別指出的是，此前斌椿、志剛、崇厚有三次臨時性出訪，總署亦抱有「派員前往各國，探其利弊，以期稍識端倪，藉資籌計」﹝註2﹞的想法。在近代中外關係史的研究領域中，1861年「總理各國事務衙門」（以後簡稱「總理衙門」）的創設，無疑是傳統與現代的分水嶺。中國近

﹝註1﹞ 王彥威、王亮編：《清季外交史料》，沈雲龍主編：《近代中國史料叢刊》（三編）第二輯0011，臺北：文海出版社，1985年，第63頁上。
﹝註2﹞ 中華書局編輯部，李書源整理：《籌辦夷務始末》（同治朝）四，卷三十九，北京：中華書局，2008年，第1621頁。

代外交初期的發展可概括如下：1861 年總理衙門的設立通常被認為是中國近代外交之肇始。自此以後，1866 年派員隨赫德考察西方諸國，1868 年派遣「浦安臣使團」等一些列重大舉措相繼實施，但是 1875 年清王朝開始派遣駐外使官，則是中國近代外交體制及外交活動初步建立的標誌事件。十餘年間，伴隨著洋務運動方興未艾，中國外交領域亦發生了翻天覆地的變化。

中國駐外使官多有著述，或日記，或遊記，或筆記，或詩文，或譯作，或專著，蔚為大觀，成為晚清珍貴史料中的一大門類。從內容來看，或介紹風土人情，或介紹海外逸事，或介紹西洋政體，或傳播科學知識，依照個人的旨趣抒發，涉獵既多，不一而足。具體到姚文棟而言，他是晚清近代外交實踐的早期參與者，從日本到歐洲，前後近十年，見識廣，著述多。又受命調查印、緬商情，參與雲南勘界事宜。他的境外經歷為他的邊防思想提供了有力的實踐支撐。他兼通東亞、東南亞局勢，對日本、琉球、朝鮮半島、越南、緬甸、俄羅斯各國用功最深。以姚文棟為代表的外交官群體是中國國防、外交近代化進程中不可或缺的一環。關於姚文棟的研究涵蓋了外交、史地、軍事、文化交流等多個領域，紛繁複雜，卻又統一於「邊防」。邊防思想既是姚文棟投身時代洪流的出發點，也是其最終的歸宿。

從邊防角度來看，本研究選取的「東亞」區域有著不同於歐洲的特點。近代的亞洲，中、日是有著各自獨立國家意志的、主權相對完整的國家，因此中日外交關係實際上決定了整個亞洲，尤其是東亞地區外交關係的態勢。至今，中日關係仍是決定亞洲地區局勢的重要因素之一。東亞地區是中國的傳統勢力範圍，晚清中國國際地位的下降，日本崛起等諸多因素，可以使我們在關注中日關係的同時，兼顧中朝、中國與琉球、中緬關係，甚至中越關係的變化，這樣能夠更加全面、深刻的瞭解近代中國外交是如何從「宗藩制」向近代化演變的過程。

本文的研究時段，截取於中日近代外交關係發展的早期，即指自 1877 年清王朝派遣首位駐日公使起，至中日「甲午戰爭」爆發前夕止，其間近二十年的時間段。選取的研究對象避開了既往研究中成果最豐富的部分，即駐日公使、副使、參贊等高級官員，同時將其間發生的重大外交事件，例如：日本侵臺、日本侵佔琉球、中日在朝鮮的博弈、中日修訂《天津條約》和中法戰爭等作為研究的背景，關注點並非在於這些事件的本身，更加關注外交官群體中低級官員在這段時間中的行為、觀念的變化，以及他們是如何影響整

個事態的發展的，並且通過他們與公使、非外交職業官員、普通知識分子的對比，對其歷史地位和作用予以準確的定位和評價。

姚文棟於邊疆地理學方面的成就體現在：《日本地理兵要》，是中國近代第一部日本地理志，總署特予刊行，可見其對當時「洋務運動」的重要程度。另外，姚氏所著《日本國志》，國內至今未見，但是從姚著《東槎雜著》中的《日本國志凡例》可見一斑。姚氏的《日本國志》成書後，日人川口賈爲之作跋，稱「姚君志梁成《日本國志》若干卷，蓋遍搜我邦人撰著集其大成，猶魏默深之於《海國圖志》也，然默深身未嘗出禹域，其所志非其所踐，網羅雖密，采擇未精，恐未足爲一部完書也。志梁則久客於我邦，足跡殆遍通邑大都，又親與我學士大夫交，於內地形勢了若指掌。斯編之翔實，可以徵信於後，豈《海國圖志》之比哉」〔註3〕？朋友之間的幫襯文字，難免有溢美之嫌。但川口氏至少指出了一個事實，即從可信度方面，姚氏《日本國志》遠勝《海國圖志》。這也並非全是溢美之詞，囿於不同的時代、環境、空間和職守，二人的著作存在優劣是自然而然的事情，是學科發展的首創與深化的關係，各自有著不同的地位和作用，是歷史發展中密不可分的銜接。畢竟，可以和《海國圖志》相提並論就是一種榮耀。

還需要強調的是，雖然官階各有高低，職守各不相同，但是自 1840 年以後，整個中國社會的危機感、壓迫感日益加深，雖然由於學識、環境、見識和立場各不相同，最終選擇解決危機的道路也不相同，但是以「救亡圖存」爲最終目標卻是當時社會的共同認識。具體到姚文棟而言，質樸的「強國夢」與「開眼看世界」得到了統一，他也很自然的成爲當時進步官員、開明知識分子之觀念、思想變遷的一個縮影。作爲外交官的姚文棟與近代中國早期「睜眼看世界」的官員們，以及國內主持「洋務運動」的官員們不可同日而語，他在認識和觀念上都發生了更爲深刻的變化，換言之，以姚文棟爲代表的外交官群體是中國國防、外交進程中不可或缺的一環。

學界目前尚未有系統研究姚文棟及其思想的專著、學位論文，學術論文也屈指可數。研究的成果主要集中於以下幾個方面：

中日文化交流方面。最早關注姚氏的是日本漢學家實藤惠秀，他在自己的著作中闢專章講述了「姚文棟的故事」，介紹了姚氏在出使日本期間的作爲。還特地比較了黃遵憲和姚文棟，稱「姚文棟是第二個黃遵憲，……（二

〔註3〕川口賈：《日本國志跋》，姚文棟：《海外同人集》卷上。

人）均多日本學者友人，且均用心研究日本國情，除此前後二人外，後來好像不見再有類似的人」，他認為「此二人的人物、文章、業績，若想比較起來，那黃為優秀。可是，仔細考察起來：各有各的特色」，即在「質」和「量」兩方面，黃、姚二人各擅勝場。實藤先生還專門分析了姚文棟的立場和動機，在推動中日親善背後的「另一面」，在經歷了琉球事件、朝鮮問題和日軍侵臺後，姚氏曾言：「現在是與其講道理，不如講實力的局勢」，堅決主張對日採取強硬立場。並進一步指出姚氏編著《琉球地理志》，「不是為學問上的目的，確為時局的」。不必諱言，實藤先生對姚文棟的觀察和評價大體算得上公允。〔註4〕事實上，姚氏東遊日本，其身份並不是單一的學者，更重要的他身負使命，因此實藤先生所質疑的「另一面」，也算是題中應有之義，不可依其品評姚氏「人物」優秀與否。香港中文大學的吳偉明著有論文評價姚文棟，在充分肯定姚氏成就和作用的同時，指出其日本研究的不足：「對中日文化和外交關係的發展等重要問題缺乏明確而有系統的看法，使他無法與黃遵憲等一流日本通看齊」；姚文棟長期駐足於東京，且不懂日文制約了他對日本的瞭解。「雖然以著述的質素和個人的見識而言，他不算是位『一流的日本通』，但他對研究日本的貢獻是巨大的」。〔註5〕北京大學王曉秋教授的專著《近代中日文化交流史》，花了一定的篇幅介紹姚文棟，肯定姚為「有心人」，「在處理日常外交事務以外，把對日進行調查研究和文化交流，也視為自己的重要使命」。浙江工商大學日本文化研究所的王寶平教授，是著專文研究姚文棟最多的學者，著有《新發現的姚文棟的代表作——〈日本國志〉》〔註6〕和《黃遵憲與姚文棟——〈日本國志〉中雷同現象考異》。〔註7〕兩篇文章一脈相承，根據王寶平的研究，發現兩部同名著作間存在雷同的現象，他認為，造成這一現象的原因是「資料同源」。並且發現，姚氏所著《日本國志》「實非姚的研究著作，而是全文譯自《日本地志提要》」，「姚文棟在《日本國志凡例》中

〔註4〕〔日〕實藤惠秀著，陳固亭譯：《明治時代中日文化的連繫》，《中華叢書》，臺北：中華叢書編審委員會，1971 年，第 68～89 頁。

〔註5〕吳偉明：《姚文棟——一個被遺忘了的清末「日本通」》，《日本研究》1985 年第 2 期。

〔註6〕王寶平：《新發現的姚文棟的代表作——〈日本國志〉》，《中國研究月報》，1999 年 5 月號。

〔註7〕王寶平：《黃遵憲與姚文棟——〈日本國志〉中雷同現象考異》，胡令遠，徐靜波主編：《近代以來中日文化關係的回顧與展望》，上海：上海財經大學出版社，2000 年，第 223～232 頁。

所列的 99 種書目爲故弄玄虛」，同時他也承認，姚文棟「積極開展日本研究……，聲名雖不及黃遵憲，但研究日本著作之多，無人可出其右」，「綜觀全文，我們不得不承認，這（指姚氏《日本國志》）是一部學風嚴謹、水平上乘的譯著」。〔註 8〕王寶平教授的評價可謂洞若觀火、客觀平允，爲後續研究奠定了堅實的基礎。

　　邊防思想方面。該領域至今只有上海社科院張敏所著《略論姚文棟邊防思想及實踐》一篇論文〔註 9〕。該文以姚文棟一生致力於中國邊防事業爲線索，通過分析他各個時期的成果，揭示了姚文棟邊防思想的核心內容，稱其「在邊疆和外交學兩方面，都有學術建樹和重要實踐」。張敏的論文無疑爲姚文棟的研究開闢了新的領域，抓住了當時一些鑽研「經世學」的知識分子的思想動機和行爲歸宿。

　　對傳統文化的保護方面。以此爲視角的論文有三篇，柳和誠的《姚文棟其人和他的藏書》〔註 10〕和《姚文棟與日本古佚書》〔註 11〕，陳捷的《姚文棟在日本的訪書活動》。〔註 12〕該三篇論文系統地介紹了姚氏在保護傳統文化方面的貢獻。

〔註 8〕王寶平：《黃遵憲與姚文棟——〈日本國志〉中雷同現象考異》，第 230～231頁。

〔註 9〕張敏：《略論姚文棟邊防思想及實踐》，《史林》，1999 年第 2 期，第 73～79 頁

〔註 10〕柳和誠：《姚文棟其人和他的藏書》，《圖書館雜誌》，2003 年第 7 期，第 76～78 頁。

〔註 11〕柳和誠：《姚文棟與日本古佚書》，《藏書家》第 8 輯，濟南：齊魯書社，2003年，第 83～85 頁。

〔註 12〕陳捷：《姚文棟在日本的訪書活動》，《中國典籍與文化》，2012 年第 1 期，第139～143 頁。

第一章　姚文棟的家世及學業

　　1929 年 9 月 29 日，《申報》發表了一篇訃告，題爲「耆紳姚文棟作古」，稱「邑紳姚文棟，字子樑，爲姚子讓之胞兄。曾出使德日俄法國二十餘年，爲外交界前輩。嘗查勘滇緬界域，於吾國權利多所換回，後回片馬案，清廷畏葸失敗，憤而退隱南翔。昨日歿於寓次，年七十八歲。聞者惜之」。〔註1〕

　　訃告寥寥數語，惜字如金，即便如此，「出使德日俄法國二十餘年，爲外交界前輩」點明其社會地位，「查勘滇緬界域，於吾國權利多所換回」指出其外交貢獻，「清廷畏葸失敗，憤而退隱南翔」說出其人生遺憾，「聞者惜之」道出了世人歡惋。這篇堪稱墓誌銘的訃文，評價之精當，概括之全面，在今天之研究者看來，依然頗具影響。在「大變局」的晚清時期，探索求新、憂國憂民之人士風雲際會，前赴後繼，但有此經歷者也並不多見。姚文棟從一個接受中國傳統教育的知識分子，步入近代外交事業先行者行列的過程，可以視作近代中國社會轉型和早期外交官群體培養成長的一個縮影。

第一節　家　世

　　姚家的興旺過程，可以看作是一般中國傳統社會發跡的標本，出身微寒，其志彌堅，通過祖孫幾代人的努力，終跨入上海本邑鄉紳之列，家族命運輾轉起伏之間與時代變遷的大格局暗相契合。

　　姚文棟的曾祖父姚秉衡（字鑒廷，號煦洲），「精堪輿，有隱德」。〔註2〕

〔註1〕《姚文棟訃告》，《申報》1929 年 9 月 29 日，第十四版。
〔註2〕吳馨等修，姚文枏等纂：《上海縣續志》，《中國方志叢書・華中地方》，臺北：

勘輿學一門，源遠流長，歷代名家輩出，專門著作更是汗牛充棟，至今仍傳承不絕。相陽宅與建築設計結合，成爲設計領域中的重要流派，中外多所大學開設了相關的專業。相陰宅，則保持了一貫的神秘玄學的特點。不可否認的是，無論古今在中華文化圈中，風水師都成爲社會中一種不可或缺的職業，「大師」更是人們趨之若鶩的對象，很多希望查勘風水尋找不幸根源或者通過風水改變命運的人，在風水師面前往往一擲千金。因此，姚家最初財產積累的脈絡清晰可見。

雖然姚秉衡通過「堪輿」改善了家人的生活狀況，但並不意味著這是一門值得作爲家族傳承的生存手段，因爲在他看來，看風水缺少尊嚴，甚至算不上一份正當體面的職業，比之商人亦有所不如。小康之後面臨的問題是如何提高家族的社會地位。中國傳統社會，從制度設計的角度看，「文或武」成爲提升社會地位僅有的途徑，和大多數人的選擇一樣，姚秉衡選擇了科舉。但是，走上科舉之路，對於姚家還是過於遙遠，必須先轉變成被鄉里所認可的「讀書人」，這樣一個身份被「漂白」的過程，充分體現在姚家的第二代身上。

祖父姚錫嘏（字椿齡，號春舲），「嗜吟詠」。姚錫嘏本人科舉無望，轉而經商，五十餘年積累了不菲的家資，在讀書作詩自娛的同時，內心深處對科舉本身的渴望從未降低過。從姚文棟母親、姑母的文化程度來看，姚家對子弟教育的重視亦可見一斑。另一方面，姚錫嘏還以積極的行動來促成姚家在地方上地位的穩固。通過自身的慈善行爲，救濟鄉里，是中國傳統社會地方士紳立家的重要方法之一，社會動盪的時期更顯得尤爲重要。某種程度上，正是因爲鄉村士紳一代代的文明傳承，中國文化的內涵才得以綿延。咸豐末年至同治初年，江南一帶大戰正酣，百姓流離失所，困苦不已。姚氏父子「自己未以迄丁卯九年之間，……買嘉定縣租田三四百畝，崑山縣租田一百餘畝。蓋其時兩縣民皆逃亡，大都流寓，海上田地荒蕪，貲財匱乏，無以爲生」，「春舲府君（姚錫嘏）憫而散財，並不利其土田也。……以爲所買之田雖蕪無生產，聊以爲賑耳。亂後田盡草萊，無人耕種，招集流亡，貸錢墾闢，久而後獲佃租」。〔註3〕需要注意的是姚氏父子買地的目的並不單純是爲

成文出版有限公司，1970年，卷18，31頁。

〔註3〕姚明輝編輯，戴海斌整理：《姚文棟年譜》，《近代史資料》總125號，第140頁。

了獲利，或者說更重要的是爲了「散財」、「賑濟」，最終目的是行善積德。姚錫嘏是姚家發展中重要的一環，有著承上啓下的作用，既提升了家族的經濟實力又在地方鄉里樹立了良好形象。

姚文棟成長於動蕩的年代，1853 年初，太平軍定都南京。八月間，爲躲避上海小刀會起義，祖父姚錫嘏舉家遷往嘉定南翔，此時姚文棟才兩歲。這次避難歷經四年，直至 1857 年，姚家才又遷回上海。在這最初的動蕩歲月之中，姚文棟也完成了其最初的啓蒙教育，而擔任這一職責的是他的母親和姑母。他曾回憶道：「幼年夜讀依祖父臥室燈，因他室無燈之故。祖父半夜夢回，見予讀猶未輟，怡然復夢」〔註4〕，可以想見，在那樣的年代，在那樣的夜晚，看到小孫子讀書不輟，猶如繁雜喧囂中突然見安寧，彷彿看到家族振興的希望在綿延傳承，感慨之餘，姚錫嘏心裏應該是幸福且滿足的。

1859 年，對姚家來說是喜慶的一年，姚文棟之父姚元滋參加江南鄉試中了舉人。這也使得姚家的大家長姚錫嘏喜出望外，感歎道：「承先隱德深明庇，裕後栽培望爾曹」。〔註5〕姚錫嘏的感慨既承載著自己的夢想，更飽含著改變家族命運的期望，希圖科舉進身是一般中國社會底層最樸素的願望。爲善——積德——科舉應試，構成了中國傳統社會最符合社會價值判斷的循環，也是底層鄉紳振興家族的累世追求。姚家也是這樣，所以子弟科舉成功後，「漫捲詩書喜欲狂」之餘，姚錫嘏不禁感歎先人「隱德」的庇祐。姚元滋中舉後，1860 年初，按原計劃北上參加第二年禮部考試，正值捻軍在安徽境內活動頻繁，不得已返回上海。七月間，太平軍攻抵上海，姚家避難浦東。1861 年末，太平軍攻抵浦東，姚家再次倉皇出逃，避難法租界。1864 年，太平軍被剿滅，姚錫嘏重建了毀於戰火的上海西門內祖宅，至此總算穩定了下來。姚元滋雖然終未能再進一步，但承載家族希望的姚文棟和姚文楠兄弟開始了正式的求學生涯。

十餘年的社會動蕩，江南生靈塗炭，可是對於姚家來說卻有著更爲深遠的意義，姚家的振興過程加快了。《(同治)上海縣志》記載，「姚秉衡，孫元滋職貤贈；姚錫嘏，子元滋職封」朝議大夫。〔註6〕朝議大夫，閒職，無職權，很顯然是清廷對天平天國運動期間上海本邑士紳積極捐贈的回饋，表彰安撫

〔註4〕姚明輝編輯，戴海斌整理：《姚文棟年譜》，《近代史資料》總125號，第139頁。
〔註5〕姚明輝編輯，戴海斌整理：《姚文棟年譜》，《近代史資料》總125號，第139頁。
〔註6〕應寶時修：《(同治)上海縣志》，《中國方志叢書·華中地方》，臺北：成文出版有限公司，1975年，卷17，29頁。

意義大於實際價值，但對於急於提高社會地位的姚家來說具有重大作用，猶如春夜喜雨。需要指出的是，雖然奉贈是以姚元滋的名義進行的，其中作爲大家長的姚錫嘏的意志不容忽視。正是這樣看似靜悄悄的變化，籠罩在姚錫嘏身上「附庸風雅」的商人色彩進一步淡化，其子姚元滋身上的「知識分子」色彩悄然增強。此時，姚家已經基本擺脫了底層的社會地位，步入了地方士紳的行列。

第二節　學　業

從姚文棟十三歲起，祖父爲其聘請塾師學習時文，以應對科舉考試，第一次「名在百外」，第二次「名在五十餘」，第三次以第十八名的成績得中秀才。經過敬業書院短暫學習後，1866～1867 年（同治五～六年）姚文棟在父親的建議下考入了後來負有盛名的上海龍門書院。他在回憶中記載，「先世自王父春令府君服膺程朱之學，先大夫以是承先啓後，未嘗逾儒門界限一步。文棟丙寅入黌宮，先大夫慮溺於科舉之學，或且誤入歧途，恒令溫習《朱子小學》、《近思錄》兩書，以端趨向，以堅志趣。時宮允師方講吾邑，提倡理學，東南宿儒多出其門，先大夫遣文棟從學焉」。〔註 7〕入黌宮，即入學堂。姚元滋怕兒子們「溺於科舉之學」，而令習朱子之學以端趨向。他的這種選擇，雖與姚錫嘏略有不同，恰恰體現出與時代潮流的契合，晚清理學振興的源頭正在於此。這就不得不提到「同治中興」這一大的歷史背景。鴉片戰爭後，所謂中興者，概言之包含器物和思想兩個層面。就思想層面來說，恢復傳統秩序（包括社會秩序和思想秩序）和培育新型人才不過是一體兩面而已，最終在教育中達到了統一，而程朱理學也成爲晚清的官方哲學。內外交困，社會動盪也必然影響知識分子的學術取向。姚文棟所就讀的龍門書院，正是在平定太平天國運動後，地方官員振興教育的倡導下興辦的。龍門書院創辦不久，即蜚聲江南，是與其辦學宗旨分不開的。

南宋大教育家朱熹在廬山東麓的白鹿洞創辦書院，盛極一時，在其後數

〔註 7〕　姚明輝編輯，戴海斌整理：《姚文棟年譜》，《近代史資料》總 125 號，第 141
　　　　頁。姚氏所記入學年份有自相矛盾之處，如確爲「宮允師方講吾邑」之時，
　　　　則爲 1867 年（同治六年），詳見楊抱樸：《劉熙載年譜》（三），《遼東學院學
　　　　報》2008 年第 2 期。姚氏再記有同治九年「先府君自肄業龍門書院，至是五
　　　　年」的說法，第 142 頁，則姚文棟入學年份則爲 1866 年（同治五年）。但無
　　　　論如何，姚文棟是「融齋龍門弟子」的早期成員之一。

百年間絃歌不輟，發展成為「天下書院之首」，開啓了近千年來古代書院的教育傳統。講學風氣一直沿襲到明清兩代，彙聚了眾多天下英才，書院教育漸漸成為當時教育的主流。

　　1865 年（同治四年），上海道丁日昌創設龍門書院於蕊珠書院之湛華堂。丁日昌是晚清通達洋務的政治家和思想家，也是軍事家，外交家，洋務運動主要人物。他在政務之餘，喜好讀書，尤愛收藏典籍，輯有《持靜齋書目》。在時間節點上比較有趣的是，在創設龍門書院的同一年 9 月，丁日昌正式成立了江南製造局。江南製造局是清政府設立的第一家近代軍工企業，它標誌著中國近代軍事工業的產生。龍門書院和江南製造局，一文一武，彰顯了丁日昌的憂國救國之傾向。丁日昌所處的時代，動亂與變革並存，他一生探求如何強兵禦侮。為此做出的努力超越了自身、超越了情感，他的經歷和閱歷，造就了他的家國情懷，在那個時代，他的許多見解是精闢的，他的許多主張是具有開拓性的，他的不少努力也取得了一定的成就。值得注意的是，在外交方面和邊防方面，丁日昌對於琉球和日本的憂慮，本文所探討的主人公姚文棟的主張似與之同。1879 年（光緒五年）6 月，他上奏清廷，對海防等問題提出 16 條建議。琉球的滅亡，使他對日本的侵略野心早有提防，他認為日本如果三五年之內不攻臺灣，必將北圖高麗（朝鮮）。他大聲疾呼朝野內外一定要齊心協力，急謀自強，否則將國無寧日。他還認識到「民心為海防根本」，只有老百姓的生計有著落，元氣得到恢復，才能眾志成城，才能保海疆平安。因此，他希望統治者們能夠切實關心百姓的痛苦，從根本上使中國強大起來。丁日昌創辦龍門書院的初衷雖難見史料，但從上述史實可見一斑。

　　1867 年上海道應寶時擴建於李氏吾園廢址。應寶時談到龍門書院的宗旨，「書院者，所以儲人才備國家之用也。國家進士，歲有常典，就中名賢巨儒，德功並立，固不乏人，而亦有不可概相比論者，毋亦向所循習之途固以殊歟」？〔註 8〕應氏開宗明義指出，成為有用之才的途徑並非只有科舉一途，因此他讚揚首任山長顧廣譽，「月課性理、策論，期有合於胡安定經義、治事立齋之意，故不以舉業詩賦列入課程，有志之士自亦不欲以遇合之心奪其學問之實也」。不以參加科舉為培養人才的唯一目標，龍門書院的辦學宗旨已經充分顯示出自鴉片戰爭以來國家、社會的需要。應氏進一步指出，「況

〔註 8〕　應寶時修：《（同治）上海縣志》，卷 9，34 頁。

地屬瀕海,中外雜處,聞見易紛,砥柱中流,尤需正學。諸生誠能邃其學力,養其德器,以上達國家興賢育才之意,將於斯世必有濟焉」。時人毛祥麟記載了龍門書院招生的論文,「士之惑溺於積習者已久,致以國家取士之具,為一己梯榮之階,務剽竊而無實用,進身之始,心術已壞,縱掇巍科登仕藉,其於吏治民風,曾何稗萬分之一。江左為聲名文物之邦,值此大難初平,諸生宜愈加砥礪。……維爾諸生,務求實學,勿竟時榮,庶幾誠中形外,處則為鄉里董德善良之士,出則為國家緩急足恃之人」。〔註9〕至此,龍門書院存在的意義顯而易見,即不以培育個別仕途精英為目的,不以巍科(科舉的前幾名)高中為目標,而欲培養一批能重建思想秩序、以恪守程朱理學為己任的地方社會精英。所以,龍門書院第二任山長萬斛泉、第三任山長劉熙載之蕭規曹隨,也使該書院成為晚清書院教育中一道靚麗的風景。

龍門書院的崛起與劉熙載執掌門戶大有關聯。劉熙載,字融齋,「道光二十四年進士,改庶吉士,授編修。……同治三年,徵為國子監司業,遷詹事府左春坊左中允。督學廣東,……未滿任乞歸,撲被篋書而已。熙載治經,無漢、宋門戶之見。……自少至老,未嘗作一妄語。表裏渾然,夷險一節。主講上海龍門書院十四年,以正學教弟子,有胡安定風」。〔註10〕劉熙載無論人品、學術都堪稱宗師級,其個人治學旨趣帶動龍門弟子形成了理學與實學並重的學風。

近代學者胡適之父胡傳亦是早期「融齋龍門弟子」之一,他談道:「先生(劉熙載)教人學程朱之學,以窮理致知躬行實踐為主。兼及諸子百家,各取所長,毋輕訾其所短。不許存門戶畛域之見」。〔註11〕這只是一個大的原則。劉熙載特別鼓勵學生學習「有用之學」。胡傳曾經和老師做過深入的交流,「鈍夫因問,聖人因材施教,何也?曰,人之氣質不同,斯才之短長亦不同。在唐虞之世,禹治水,稷教稼,契為司徒,皋陶為士。在孔門則子路長於治兵,冉有長於理財,公西華長於禮樂。才智不同如此。其志其學必各有不同,教之者亦因其志之所向而使之學耳。如今在書院諸人,有好治經者,有喜閱史

〔註9〕 毛祥麟:《記龍門書院》,璩鑫圭編:《中國近代教育史資料彙編・鴉片戰爭時期教育》,上海:上海世紀出版股份有限公司,2007年,第304～305頁。

〔註10〕 趙爾巽等撰:《清史稿》第四十三冊,卷480,列傳267儒林1,北京:中華書局,1977年,第13158～13159頁。

〔註11〕 胡傳:《鈍夫年譜》,歐陽哲生編:《胡適文集》1,《附錄》,北京:北京大學,1998年,第468頁。

者，有好宋儒之書者，有專喜詞章者，有酷好作詩者。彼此同讀一書，而所見各有不同，亦志之所向爲之」。〔註12〕可見，劉熙載在教導學生時，非常重視對學生興趣愛好的引導，他認爲「志之所向，學亦易入，教之亦必易從」。他進一步指出，「禮樂，兵刑，天文，地理，農田，水利，皆有專書，皆爲有用之學。能專習一種，自有一長，泛泛涉獵，無當於學」。劉熙載對於龍門書院教學內容、教學目標的設計，無疑是受到鴉片戰爭以來，戰亂頻仍，社會動蕩的影響。上海地處近代開埠的前沿，士子感觸尤深，經世致用之學成爲其自然的選擇。胡傳的學術價值取向也受到了很大的影響，「自聞先生教，始留心於輿地之學」〔註13〕，並且後來「心惟專注輿地圖書，於他書無暇涉獵矣」。〔註14〕同學中張煥綸好地學，「張經甫才識冠群，亦好輿地之學，與鈍夫最契」，「劉醒庵與沈希庭皆精於算學」。除此以外，學生中還有「三不進秀才」的稱呼，「誚其懈於帖括，無志上進也。三秀才者，一曰祁兆熙，二曰張煥綸，三曰姚文棟，皆涉獵新書，留心時務，有志經世，無意舉業，不囿舊城，博求遠方」。〔註15〕祁氏「博習多才，專功洋務」，後奉命護送第三批幼童留洋，其子祖彝畢業於美國耶魯大學。張煥綸「不求仕進，孜孜辦學」，成爲滬上知名近代教育家。姚文棟「潛心治學，博覽群書，詳稽時務，長於掌故，尤專地學」，成爲近代外交事業、邊疆地理學、外國地理學先驅。由此可知，融齋龍門弟子在晚清至民國期間廣泛涉獵邊疆地理、近代教育、近代外交等多項領域，與龍門書院辦學宗旨和山長引導有著密不可分的關係。

　　1870 年（同治九年），19 歲的姚文棟人生小有收穫。一是學業取得進步，「看《大學》半年，涵泳體味，似有所得，文思因是大進，龍門山長劉先生大器重」。二是他成家了，在愛蓮草堂迎娶新人。雖然所見資料中少有提及，但相信婚姻的力量在人生中無法迴避。姚文棟夫人周佩宜，字吟薇，南翔人。《姚文棟年譜》記載，又過了 50 年，1919 年末（民國八年），元宵節，兩人在南翔住宅舉行金婚大典，「觀禮者萬人空巷」，高朋滿座，勝友如雲，女賓就來了五百人，可謂大盛會，風光一時無兩。慶典自然少不了和詩賀辭，「一

〔註12〕 胡傳：《鈍夫年譜》，歐陽哲生編：《胡適文集》1，《附錄》，第 469 頁。
〔註13〕 胡傳：《鈍夫年譜》，歐陽哲生編：《胡適文集》1，《附錄》，第 470 頁。
〔註14〕 胡傳：《鈍夫年譜》，歐陽哲生編：《胡適文集》1，《附錄》，第 473 頁。
〔註15〕 姚明輝：《近代上海學術文化漫記》，上海市文史館、上海市人民政府參事室文史資料工作委員會編：《上海地方史資料》四，上海：上海社會科學院出版社，1986 年，第 53 頁。

紙風飛海內傳，才人絡繹增詩篇」。姚文棟也詩興大發，「百齡壽母金婚婦，兩度中天見月華」，「好借上元燈月節，天人相助得輝光。本來陋室荒江上，此夕居然畫錦堂。」喜悅之情自不待言，滿足之態呼之欲出。更為難得的是，周夫人也留下詩篇，「閨房曾說女千金，不道金婚慶自今。記得鴛鴦曾繡出，從今普與度金針。」「天末歸來嘗自誇，經過南北兩金沙。三辛未必非金運，西浙衙齋西海槎。」三辛，辛未年隨夫君為官浙江，辛巳年隨夫君飄洋海外，辛卯年隨夫君入滇查勘，南北金沙江都留下足跡，金婚之日，感慨萬千，喜悅之餘，艱辛難抑。詩句中飽含深情，字裏行間才情盡顯。顯然，姚文棟這一生，賢內助功不可沒。

1871 年，因父親姚元滋赴浙江富陽出任知縣，姚家亦隨之遷居任所。姚文棟轉投杭州詁經精舍，師從著名學者俞樾。詁經精舍，地處浙江杭州府治孤山之陽，左三忠祠，右照膽臺，面對西湖。嘉慶六年（1801），浙江巡撫阮元正式創建。阮元（1764～1849），江蘇揚州人，字伯元，號雲臺，別號雷塘庵主，諡文達，是乾嘉大學者，清代名臣。阮元反對埋頭八股，畢生倡導實學。他提倡的實學不僅包括經史、政事、詩賦等，還包括天文、算學、地理等科學內容，甚至還有一些西方的科技知識。教學方式以學生自學研討為主、教師講解指導為輔。同治五年（1866），布政使蔣益澧捐資重建精舍。不久，經學名家俞樾主精舍講席，此後掌教三十餘年。俞樾，是晚清有影響的學者，他長於經學和詩詞、小說、戲曲的研究，在科舉復試中曾以一句「花落春仍在」深得主考官曾國藩賞識；「通經致用」是俞樾治經治學的宗旨所在，他始終強調為政以德的重要性；俞樾的群經、諸子研究，以乾嘉皖派漢學的實事求是精神和治學門徑為指導，反對空談義理和迂曲之言。俞樾的治學精神給姚文棟日後的研究方向刻下了鮮明烙印。1875 年，姚元滋任滿交卸，可惜不久即因患病去世。24 歲的姚文棟開始獨自承擔家庭責任，規劃未來。回顧其人生之最初，「生十九個月而避亂，依重幃而僑翔四年；歸滬又三年，又避亂，浦東西轉徙又四年；遷居祖宅七年，隨官浙省四年，總計二十四年」。〔註16〕

自二十五歲開始，姚文棟與弟弟姚文枬輾轉於上海求志書院、上海詁經精舍繼續求學生涯，閉門讀書以期學業進步。求志書院設經學、史學、掌故、算學、輿地、詞章 6 齋，聘請學者鍾文丞、俞樾、高騣麟、劉彝程、張煥綸等主持。他曾回憶這段時光，「丙子冬，避囂居嘉定，傲宅於練祁江上者二

〔註16〕姚明輝編輯，戴海斌整理：《姚文棟年譜》，《近代史資料》總 125 號，第 143 頁。

年有餘。臨江高樓數楹，予與子讓讀書其中，晝常謝客閉門，夜則燈火熒然，更深不輟。隔江行人指以相告曰：『此姚家兄弟讀書燈也。〔註17〕』」練祁江，因「流水澄清如練」而得名。宋代吳惟信在《泊舟練祁》中寫道：「片帆屢卷暫停船，東望微茫接巨川。幾簇人家煙水外，數聲漁唱夕陽邊。」可以想像，江邊夜火，遊人如織，姚家兄弟心如止水，飽讀經書，憧憬未來。胡傳也記述與姚氏昆仲一同遊學的情況，1876年（光緒二年），「七月，……赴金陵鄉試。上海范荔泉，姚子良及其弟子讓，陽湖陳榮民，皆因張經甫來訪鈍夫，皆精研輿地圖書者也。八月試畢，偕張、范及姚氏昆季趁輪船□□□□，搭客多。擠擁無臥地。與子良、子讓坐談，□□□□□上海，謁劉融齋先生」。〔註18〕自此，姚文棟與胡傳結為同好。姚文棟學習用功的方向更加明確，1876年8月，上海求志書院春季考課，姚文棟名列「掌故之學、輿地之學」兩項超等〔註19〕。1877年2月，名列「掌故之學」前茅。〔註20〕同年4月，在「經學、史學、掌故之學」均取得好成績。〔註21〕

姚文棟侍奉祖母、母親居鄉期間，著書立說，砥礪才志。姚氏著書十三種，「一《讀經天文薈要》，二《讀經地理薈要》，三《石經薈函》，四《群經古序》，五《經解提要》，六《性理通釋》，七《兵法溯源》，八《方輿形勝敘概》，九《抱膝盧筆談》，十《本朝掌故輯聞》，十一《海運彙編》，十二《軍機故事》，十三《春暉樓叢書》」〔註22〕，從其著作涉獵的範圍來看，涵蓋了天文、地理、軍事、政治、理學、海運等諸多方面，約略可以看出其學術趨向，其用力之深亦可見一斑。因此，時人稱姚文棟，「潛心治學，博覽群書，詳稽時務，長於掌故，尤專地學」，所見不謬。姚氏學業終有收穫，雖非大家，小有所成。

在姚文棟從學的整個過程可以看到，從最初父親姚元滋擔心兒子「溺於科舉之學」而促成其進入龍門書院，進而龍門書院盛行的「理學、經學、史

〔註17〕姚明輝編輯，戴海斌整理：《姚文棟年譜》，《近代史資料》總125號，第144頁。

〔註18〕胡傳：《鈍夫年譜》，歐陽哲生編：《胡適文集》1，《附錄》，第488頁。

〔註19〕1876年8月4日《申報》第1312號第2頁，「上海求志書院春季等第名次」，《申報》影印本第8冊，上海：上海書店，1982年。

〔註20〕1877年2月10日《申報》第1475號第3頁，「上海求志書院馮觀察秋季課案」，《申報》影印本第10冊。

〔註21〕1877年4月25日《申報》第1532號第2頁，「上海求志書院馮觀察冬季課案」，《申報》影印本第10冊。

〔註22〕姚明輝編輯，戴海斌整理：《姚文棟年譜》，《近代史資料》總125號，第145頁。

學、天文、曆算、詩古文詞，各擅長才；而僅僅工於時文，專揣摩舉子業者，皆瞠乎其後」〔註 23〕的學風，都成為姚文棟思想成熟中不可磨滅的烙印。他在晚年編訂個人文集《春暉長映樓集著》時，曾總結這段青年時期的學習過程，指出「二十以前潛心宋學，非五子書不敢窺；二十以後泛濫漢唐，兼以餘力探求經世之學，思由明理以達諸用」。〔註 24〕姚氏思想上的成熟與變化可以說是「同治中興」時期中國先進知識分子的一個標本。這一代的知識分子在思想與行動上的矛盾貫穿了整個人生，糾結之處在於，「不事舉業」與「重實學而達諸用」之間的南轅北轍，即對科舉的漠視和存亡之際入世立功之間的悖論。姚文棟自號「江南淡泊人」，在與友人書中也顯露出一點無奈的頹廢，「孤客餘生百念除，蓼莪廢後賦閒居。平生志不求溫飽，但讀當年手澤書。遠道貽來尺素書，為詢家況近何如。蕭然塵世都無與，八百株桑一草廬」。〔註 25〕觀察這一代知識分子，「不事舉業」和「潛心實學」使得他們的科舉之路異常坎坷，個人志向難以順達。以姚文棟為例，鄉試還算順利，縣學亦有所得，如 1880 年 5 月間，取得上海縣學歲試一等的好成績。〔註 26〕可惜最終省試則反覆五次一無所獲，不得不斷絕科舉的念頭。此類的例子不勝枚舉。

姚文棟被譏評為「不進秀才」，友人報以同情，稱其「才大尚嫌天地小，情多苦為國家憂」，真可謂是他的鮮活寫照。可是，姚文棟本人卻不這樣認為，他總結自己讀書生涯，20 歲之前辨清了義、利兩字，20 歲之後辨清了王、霸兩字，其自題聯云「此心常為天地立，所學無愧帝王師」〔註 27〕，雖是自嘲，個人抱負卻一覽無遺，可見科場蹉跎並未消磨其意志，倒是愈發堅定了理想。

不久，姚文棟就找到了一條通向理想的曲折道路。

〔註 23〕胡傳：《鈍夫年譜》，歐陽哲生編：《胡適文集》1，《附錄》，第 468 頁。
〔註 24〕姚明輝編輯，戴海斌整理：《姚文棟年譜》，《近代史資料》總 125 號，第 145 頁。
〔註 25〕1877 年 7 月 18 日《申報》第 1604 號第 3 頁，「答東越中友人」，《申報》影印本第 11 冊。
〔註 26〕1880 年 5 月 4 日《申報》第 2516 號第 2 頁，「歲試上海縣學壹等案」，《申報》影印本第 16 冊。
〔註 27〕姚明輝編輯，戴海斌整理：《姚文棟年譜》，《近代史資料》總 125 號，第 145 頁。

第二章　姚文棟西北邊防思想研究

　　1880 年 6 月（光緒六年），29 歲的姚文棟做出人生取捨，剛剛取得縣學歲試一等，學業初成之際，卻選擇離開家鄉，於端午節當天到達北京，委身官宦人家教讀。每個人的一生會有若干選擇，姚文棟的這一次離家，從此走上了一條與科舉截然不同的人生道路。

　　據《姚文棟年譜》載，姚文棟在北京教讀期間，「時先府君所最研究者爲中俄關係及西北邊疆地理，《蘇園集著》中《籌邊論》九篇（全國海陸沿邊防務）爲當時朝野所傳誦」〔註1〕。

第一節　姚文棟論時局

　　姚文棟此時對中國時局的認識有其獨到之處，從《救時芻言》中可見一斑。1881 年，姚文棟奔走京城之時，疾呼「今天下有外病四內病二，皆隱憂之大者。外病如風寒暑濕襲入於內，則不可治。內病蘊於肺腑，不弭之於未形，將至萬難收拾。」〔註2〕「良相良醫」的說法由來已久，《國語・晉語》中即有「上醫醫國，其次醫人」的記載，因此，姚氏經邦濟世之心顯露無遺。該文短小精悍，觀點明晰，充滿了憂患意識。

〔註 1〕　姚明輝編輯，戴海斌整理：《姚文棟年譜》，《近代史資料》總 125 號，第 147 頁。

〔註 2〕　姚文棟：《救時芻言》，《景憲先生苦口文》（不分卷），民國鉛印本，南京圖書館藏，索書號：GJ/808754，第 97～100 頁。南圖檢索系統給出的題名爲《景憲先生若江文》，筆者實際看到的紙本題名爲《景憲先生苦口文》，爲民國時期出版的鉛印本，如巴掌大之小冊子。「苦口」大約取「苦口婆心」之意，而「若江」則不明所以。版本狀況良好，字跡清晰，檢索系統因何錯誤，不能揣度。筆者當時亦提醒館方修改。特此提醒研究者注意。

　　姚文棟認爲：中國此時正處於內憂外患之際，面臨的問題主要分爲內外兩個方面，對這兩個方面要予以高度重視，否則局勢將不可收拾。對外而言，中國面臨沙俄、日本、英國和法國的威脅，姚氏稱「外病者四」。俄羅斯威脅中國蒙古、新疆以及東北地區；日本威脅朝鮮半島；英吉利威脅雲南、西藏；法蘭西威脅廣西、雲南。四者對中國的威脅嚴重程度各不相同，「俄羅斯之病逼近腑髒，俄人足跡已遍於關外。日本之病來自腰腎，朝鮮愚弱，恐蹈琉球之覆轍也。英吉利盤踞緬甸，法蘭西盤踞安南猶病起足腿，流毒將及於胸腹也」。很顯然，在姚氏看來俄羅斯對中國的威脅最大，日本次之，英法再次之。他認爲沙俄直接威脅著「蒙古、新疆、吉林、黑龍江」地區，也就是威脅著中國自西北，至正北，再至東北的整個北部邊疆的安全，逼近腑髒，因此沙俄爲首患。日本對朝鮮半島有野心，直接威脅中國東北邊疆的安全，爲次患。而英法盤踞緬甸、越南，直接威脅著中國西南邊疆的安全，爲「足腿」之患。俄、日兩國與中國或接壤、或近鄰，對中國的主要訴求在於領土，因此，姚氏認爲其威脅更大，這個觀點是有一定道理的。他對沙俄的重視也體現在《籌邊論》之中，籌邊論九篇，其中超過一半的篇幅——五篇針對沙俄而作，日本一篇，英法合一篇，可見姚氏心目中沙俄對中國威脅之大。對於這四國的外部威脅，姚氏認爲要通過「自強」的方式予以抗衡，他認爲解決之道在於「尊生愼疾」，也就是說要強健體魄，重視防患於未然，姚氏稱之「內充其氣體，外謹其防護」，不致有「膏盲之憂」。這也看作是姚文棟「籌邊」思想總的宗旨。

　　姚文棟所謂的「內病二」者，「一日伏莽之民，一日橫議之士」。「伏莽之民」，姚氏列舉嘉慶時期的「教匪」、咸豐時期的太平軍之亂，都造成了大的社會動蕩。「今湖南有哥老會、金錢會，廣西有清平會，沿江一帶有安清道友，江西有齋匪，人數皆以萬計，素有不軌之意」，依舊亂象頻仍，一觸即發。爲了避免此類動蕩，一方面「亟宜愼選牧令，整飭吏治，令民無困於衣食，自不致果敢爲非」，另一方面「教化大行，則可冀其革心向善，故開荒、保甲、鄉約、義塾等事各省眞能實心舉行，即潛移默化之道在是矣」。有意思的是，他花了較大的篇幅來批評「橫議之士」。

　　　　夫人才貴有實用，不貴空言。南宋諸儒聚徒講學，無補於宋之亡。明季諸儒聚徒講學，無補於明之亡。道學且然，況一無根柢者乎？今京師名士如鯽，一唱群和，其長技在詞章訓詁，而好談論當世之務，朝廷聽之則擾亂國是，朝廷不聽則託爲清議，呶呶力爭。

揆其實在，無體國經野之猷，無補衰拾遺之益，此殷浩、王衍輩之復見於今日者也。夫民必輕官長而後敢妄爲，士必輕朝廷而後敢妄議，今當爲天子愼擇講官，爲國家愼擇九卿，爲京師直省愼擇主考、學政。堯舜在上，則靜言之共工自不敢肆矣。九卿皆正人，則辯言之少正卯自斂跡就範矣。登進明體達用，通今學古之士，則空疏大言者自愧，而還奮於實學。夫外省有伏莽，治道之病也。京師有橫議，人才之病也。化莠民爲良善，化空談之士爲實用，此當今之要務。宰相調燮之事，所必先焉者也。〔註3〕

對於「橫議之士」，姚氏採取了批評的態度，開宗明義指出「人才貴有實用，不貴空言」，顯示出「龍門融齋」弟子「崇實」的學風，這種態度與其肄業龍門書院有很大的關係。姚文棟認爲，京城「名士」多正途出身長於詞章之學，不用心於「實學」，且「好談論當世之務」，其所言大都空疏無用。當權者聽之，則「擾亂國是」；不聽，則「託爲清議，呶呶力爭」，他認爲此是一大病也。姚氏的看法眞實的反映出了當時京城複雜的政治生態。光緒七年，以恭親王奕訢爲首的核心權利層面臨著極大的執政壓力，從蔡壽祺彈劾案，至同文館之爭，「洋務派」與「頑固派」的對立在同治後期至光緒前期達到頂峰。而此一時期，京城政壇上有「清流派」橫空出世，清人陳夔龍說「當時清流橫甚」〔註4〕，震鈞則說：「光緒初元，言官最盛，上自朝政之闕，下及官方之邪，微及閭閻之困，無不朝聞事目，夕達封章。……至甲申，其力足以搖動樞臣」〔註5〕，可見清流派活動的威力。請注意，1881年（光緒七年），慈安皇太后去世，最終導致了核心決策層的失衡，慈禧正是借助清流派的力量實現「甲申易樞」，幾乎爲奕訢倡導的「洋務運動」畫上了句號。姚文棟所謂「橫議之士」即指清流派，他的評價也清楚地表達了他對清流派的厭惡看法，其中固然有姚氏「不事舉業、偏好實學」的個人學術取向，但不排除清流派「沽名釣譽、紙上談兵」的客觀事實。對於清流派的看法，時人日記、筆記等私書多有記載，但像姚文棟一介布衣，公開撰文批判者實屬罕見，姚氏之性格可見一斑。

〔註3〕　姚文棟：《救時芻言》，《景憲先生苦口文》（不分卷），民國鉛印本，南京圖書館藏，索書號：GJ/808754，第97～100頁。
〔註4〕　陳夔龍，《夢蕉亭雜記》卷一，《清代歷史資料叢刊》，上海：上海古籍出版社，1983年，第60頁。
〔註5〕　震鈞，《天咫偶聞》卷六，初編二十二輯0219，沈雲龍叢本，第470頁

　　另外，特別需要指出的是：姚文棟對時局的看法與核心權利層的看法不謀而合。恭親王奕訢在辦理第二次鴉片戰爭善後事宜時，曾上著名的《統計全局摺》中提出了治國方針，「滅髮撚爲先，治俄次之，治英又次之」。〔註6〕時間過去二十年，局勢有了一定的變化，奕訢認爲的「心腹大患」——太平天國運動和撚軍已被剿平，次要矛盾上升。且日本經過明治維新，現實上已經對中國構成威脅。可見，姚文棟對時局的判斷並非毫無根據。

　　姚文棟的關注點還輻射到英俄等國的動向，曾翻譯「英俄兩國文字《西卑利亞新造鐵路圖說》，繪印成帙」。〔註7〕

　　　俄國新聞云：西卑利亞大鐵路俄政府規畫已久，因工程重大遷延數年，至本年始定議。開築分爲三段：自打穆斯克至額爾庫特斯克爲第一段；自拜喀爾湖至納爾嗔斯克爲第二段；自烏蘇里至浦潮斯德爲第三段。本年六月下旬，米堪羅親王赴西卑利亞，一爲耶喀特堡新開博覽會，一爲打穆斯克新設大學校，特往二處臨視。其時，自耶喀特堡至打穆斯克之間正在鋪設鐵路，自打穆斯克以東，即現所規畫之三段也。俄皇於六月二十日準內閣之奏，特派黑龍江太守鈞羅夫伯、東部西卑利亞太守依苛納奇夫將軍督辦事宜。而陸軍大臣總其成，限定五年竣功。計：自俄京聖彼得堡至提烏們五日，自提烏們至打穆斯克三日，自打穆斯克至額爾庫特斯克渡拜喀爾湖至納爾嗔斯克二日，自納爾嗔斯克下黑龍江至烏蘇里四日，自烏蘇里至浦潮斯德一日，凡十五日間可由俄京直抵浦潮斯德。俄廷以此事委之鈞羅夫伯及依苛納奇夫二人者，其意注重行軍不待言矣。現須俟百哥拉鐵路告竣，即由譜納夫將軍率領夫役往西卑利亞開辦。此人熟悉鐵路事宜，價廉而工速，歐洲諸國所共知者也。

　　　又，英國新聞載波磨利之說云：西卑利亞地方富於鐵、炭，是以俄造鐵路用費極省，只雇用夫役一項，每名每日六片斯。一片斯，即銀洋一角二分也。照此計算，每英里需用二千五百魯林，合銀洋六百二十五圓。此外，木料更不值幾何。從前，美國建築鐵路依路順序鋪設，每日可成六里。今俄國不用順序之法，乃係數處同時興

<hr>

〔註6〕　賈楨等編，《籌辦夷務始末》（咸豐朝）卷七十一，第十七～十八頁，沈雲龍叢本，第 5740～5742 頁。
〔註7〕　姚明輝編輯，戴海斌整理：《姚文棟年譜》，《近代史資料》總 125 號，第 151 頁。

工，其蔵事當倍速。即以順序六里計之，五百日亦可成三千里長之
鐵道，況數處同時興工。則歐亞二洲東西貫通往來，必在指顧間矣。

聞西卑利亞之南方一片平原，最宜畜牧，雖有夫役數百萬名食
用可無虞。不給此項，大鐵道告成俄國貿易必極盛，可占亞細亞全
洲之半。此事非今日始知，十七年前和穆百利早已言之矣。近年，
俄國農民爭赴西卑利亞西部開墾居住，絡繹不絕，蓋由其地便於耕
作且有畜牧之利。本年八月初，俄國政府下令禁民移徙前往，殆因
人數已滿，恐有爭奪田畝之患。或是俄民在歐洲者，聞西卑利亞開
築鐵道，爭往赴工，故有是令歟？

案：俄屬烏拉嶺以東之地，總名西卑西亞。亦曰：悉比利亞。
此鐵路緜互新疆、蒙古、黑龍江之北，吉林之東，與我中國大有關
係。亟譯之以告世之留心邊務者。〔註8〕

姚文棟通過翻譯英、俄兩國的報紙，詳細介紹了俄建西伯利亞鐵路的計
劃、線路、造價、施工等情況，以及俄推動移民的經營西伯利亞計劃，其目
的是提醒國內西伯利亞鐵路的修建與我中國大有關係，並請留心邊務者予以
關注，其用心可見一斑。

第二節　姚文棟的西北邊防策略

一、俄羅斯對中國的威脅

在《籌邊論一：論俄羅斯》篇中，姚文棟全面回顧了自清代以來俄羅斯
領土東擴的歷史沿革，以及中俄間各款條約對中國領土的蠶食的情況。姚文
棟對中國西北、正北邊防的認識主要是基於沙俄對中國邊境的威脅，所以他
開宗明義說：「終爲中國患者，必在俄國」。〔註9〕

康熙二十八年，與俄定界。以流入黑龍江之綽羅那阿倫穆河，
相近格爾必齊河爲界。自大興安嶺以至於海，山之陽爲内地，山之

〔註8〕　姚文棟《俄羅斯屬地西伯利亞新造鐵路圖說》，葛士濬編：《皇朝經世文編續
　　　　編》卷一百十八，沈雲龍編：《近代中國史料叢刊》第 57 輯，臺北：文海出
　　　　版有限公司，1966 年，第 3162～3163 頁。

〔註9〕　姚文棟：《籌邊論一：論俄羅斯》，《籌邊論》，上海圖書館藏，抄本，索書號：
　　　　063853。原書未標頁碼。

陰爲俄羅斯地。此爲立約之始。自喀爾喀叩關內附，於是北徼亦與俄接。

雍正五年，議定北界。自楚庫河以西，沿布爾古特山至博木沙畢鼐嶺爲兩國邊境，而開市於恰克圖。此爲通市之始。

乾隆間，蕩平準夷，於是西北徼亦與俄界相近。然其時，兩國接壤自興安嶺西至津濟里克而止耳。科布多、烏里雅蘇臺卡倫外有烏梁海等部；伊犁、塔爾巴哈臺卡倫外有布魯特、哈薩克等部。又，其外有隙地交界，遠者相距千餘里，近者數百里。

自咸豐十年，《天津條約》內開。此後西疆未定之交界，以山嶺、大河之流及中國常住等處卡倫爲界。俄因卡倫一語，遂逾隙地而南，將哈薩克、布魯特、烏梁海諸部全行侵去。於是北徼、西北徼無地不與俄接。

回部喀什噶爾邊外向有浩罕爲我藩屬，光緒二年，俄滅浩罕，於是西徼亦與俄接，此爲俄肆併吞之始。

咸豐十年，更定東界。自黑龍江以北，又自烏蘇里河逾興凱湖至圖們江口以東，悉歸於俄。無端要割東偏數千里之地，增設阿穆爾省及東海濱省，於是東徼亦與俄接，此爲攘占邊地之始」〔註10〕。

姚文棟列舉了一系列重大歷史事件：康熙二十八年中俄簽訂的《尼布楚條約》，是中俄間首個條約，劃定了雙方東段邊界。〔註11〕雍正五年，中俄簽訂了《布連斯奇界約》、《恰克圖界約》、《阿巴哈伊圖界約》和《色楞額界約》的系列條約〔註12〕，劃定了雙方中段邊界。其中《布連斯奇界約》簽訂後，薩瓦在給沙皇葉卡捷琳娜一世的奏摺中說：通過條約，不僅使中國在邊境上割讓有利於俄之地帶，而且以前從未屬於俄的土地，也有所獲，俄國使團的其它官員也洋洋得意地稱條約對俄國「極其有利」；《恰克圖界約》開始了雙方條約框架內的貿易活動，恰克圖互市也有助於保持中俄邊境局勢的「相對」穩定，俄國在執行其擴張政策時，自然要顧及它在對華

〔註10〕姚文棟：《籌邊論一：論俄羅斯》，《籌邊論》，上海圖書館藏，抄本。
〔註11〕王鐵崖：《中外舊約章彙編》第一冊，北京：三聯書店，1957年，第1頁。
〔註12〕王鐵崖：《中外舊約章彙編》第一冊，第5～26頁。

貿易上所取得的巨大利益。乾隆年間，蕩平準噶爾叛亂之後，中俄西段邊界開始靠近，但中間相隔著諸多部族，問題並不突出。咸豐十年，自中俄《天津條約》簽訂始，沙俄開始了瘋狂蠶食中國領土的行動，侵佔了中國東北及西北的大面積領土。《天津條約》是一個嚴重損害中國主權的不平等條約。通過該約，沙俄取得了第一次鴉片戰爭後力圖取得的沿海通商權利，並憑藉最惠國待遇條款，一舉取得了英、法、美等國日後在中國可能獲得的侵略權益，同時，該約為沙俄以勘界為名進一步割占中國領土埋下了伏筆。

　　姚文棟認為，中俄間的正常通商貿易，同樣被沙俄視作為其蠶食中國領土做準備。

> 咸豐十年、同治元年、光緒七年各條約，內有俄商准往蒙古貿易；又准由恰克圖、科布多、歸化城各路前往天津及庫倫，准設領事；張家口准設行棧各條。是蒙古一路聽其往來也。伊犁、塔爾巴哈臺、喀什噶爾、吐魯番、嘉峪關皆準設領事；又准俄民在關外及天山南北兩路各地方貿易，是新疆一路聽其往來也。咸豐八年，許俄人遊歷東三省；又新約准兩國人民在黑龍江、松花江、烏蘇里河行船；並在沿江陸地貿易，是東三省一路亦可往來。此為闌入內地之始。〔註13〕

　　他明確指出，沙俄百餘年來東西吞併，由烏拉爾山脈一路向東直至太平洋，這種瘋狂擴張的行為對中國構成了實質性的傷害，「攘奪我外藩，跨取邊內要害之地，其鯨吞之欲駸駸未饜」，擴張之欲望從來沒有滿足，而且如快馬疾馳，呈加速之勢。沙俄對我國東、西部邊疆的侵略，在姚文棟看來中國就像失去了左右臂膀。他認為，俄國商人往來內地，是企圖以「山海、嘉峪兩關，及喜峰、古北、張家、獨石、殺虎五口以外之地為甌脫」，所謂「甌脫」指兩國邊界間的緩衝地帶，姚氏此說就是認為俄仍然對中國領土覬覦的野心。因此他說：「其包藏禍心，譬猶懷刃入室，非止履霜堅冰」，在他看來，沙俄的野心，與入室強盜無異，已經化作實際的行動。

　　由於沙俄對中國巨大的威脅，姚文棟對中國人對俄的兩種錯誤認識進行了駁斥。一種錯誤認識認為，俄土戰爭後，沙俄擴張的野心被遏制。亞歷山大二世被炸死，國內正處於多事之秋，無暇顧及中國，不必杞人憂天。另一

〔註13〕姚文棟：《籌邊論一：論俄羅斯》，《籌邊論》，上海圖書館藏，抄本。

種錯誤認識是低估了沙俄與中國通商的野心，認爲其通商行爲只是牟利。且中俄剛剛簽訂了《改訂條約》，相信沙俄會遵守新約。姚文棟諷刺說：「前一說，則文士頌揚之恒辭；由後一說，乃庸流窺測之淺見，要非藎臣憂國者所敢道也」。〔註14〕，所謂藎臣，始見《詩‧大雅‧文王》，「王之藎臣，無念爾祖。」言其忠臣也。他用心良苦地勸說，「此吾中國臥薪嘗膽之秋，非少安無事之日」。〔註15〕憂國之心拳拳懇切，足見忠心可鑒。

　　他指出，「就中國目前而論，粵撚削平，西陲軍事又復告藏，四鄰輯睦，釁波不生。視咸同之交，中外棼擾氣象大不侔矣。然謂之國家閒暇則可，謂之已治、已安則不可」。雖然亂黨平叛，軍事設施也已竣工，似有洋洋乎悠閒之態，但委實不敢自安。因爲中國面臨有內外「五憂」：俄國借貿易之機，往來穿梭內地，探看中國虛實，第一憂；英國不能在中國東部沿海地區、長江內河謀取更多利益，轉而覬覦中國的西藏和雲南，第二憂；法國在中國西南邊疆活動頻繁，試圖殖民越南，第三憂；沙俄、日本都有侵吞朝鮮半島的野心，朝鮮有可能淪爲下一個琉球，第四憂；中國內地社會動蕩，矛盾衝突不斷，第五憂。姚氏所謂的此「五憂」，並非虛言妄語，其憂國憂民之心可以洞見。他質問中國的「有識之士」說：「無振作自強之實，不思弭優於未萌，而徒幸敵之有事，以苟安於旦夕，是豈所謂久安長治之良策乎？」〔註16〕以僥倖之心態，不思未雨綢繆之良策，揣測敵方無戰事，自欺欺人，苟安於亂世。因此，文士粉飾太平之說不攻自破。

　　至於貿易說，姚文棟則舉以實例剖析西方列強的所作所爲：

　　　　至於通商往來，雖意主貿易，然不得過信其竟無異志。從前，西班牙初至呂宋，僞兵艦爲貨船，請地如牛皮大陳貨物。既已允許，因剪牛皮相續爲四圍，求地稱是，又築城立營，猝以炮大攻，呂宋竟爲所滅。荷蘭兵船避風至噶留巴，羨其地勢雄闊，餌萬丹借海岸片土修船，又以設立木柵蔽內外爲請，既因襲破萬丹並取巴地。此兩事可爲交涉龜鑒。蒙嘗觀諸國議約，近者數年變更，遠者十數年變更，未有可守至數十年者。英吉利初至五印度，亦借通商爲名，事機順手遂吞併其地。今泰西所立公法，各國皆允遵守，然大利所

〔註14〕姚文棟：《籌邊論二：破庸人之論》，《籌邊論》，上海圖書館藏，抄本。

〔註15〕姚文棟：《籌邊論一：論俄羅斯》，《籌邊論》，上海圖書館藏，抄本。

〔註16〕姚文棟：《籌邊論二：破庸人之論》，《籌邊論》，上海圖書館藏，抄本。

在，往往違犯，不顧空言要約，斷不足恃，此皆明徵也。

姚文棟列舉西班牙侵佔呂宋、荷蘭霸佔噶留巴、英國殖民印度等史實，指出假借通商為名，實行殖民之實是西方列強的一貫伎倆，「交涉龜鑒」，足以成為我們可資吸取之教訓。且所謂「公法」，幾年即可變更，在各國的利益面前更多是一紙空文，不足為恃。這也從一定程度上破除了國人的幻想。

他還特別指出，「俄來貿易，較之西洋各國尤有不同」，因為「西洋通商多擇瀕江富庶之地，而俄獨眈眈於脊弱之蒙古，凋殘之新疆」，因此，俄專為牟利說不可信。沙俄與內地貿易由恰克圖直逼張家口，其「潛謀伺釁」之意，不可不防。姚文棟從沙俄為中國「首患」的主導思想出發，提出了中國西北、正北邊防的具體策略。

二、姚文棟的西北籌邊對策

姚文棟的西北籌邊策略的主要涉及中俄邊境西段。新疆之於中國軍事戰略地位毋庸贅述，姚氏的主要籌邊主張在於加強中央對新疆的控制，即設立行省和移民屯墾。

中央對於新疆管理舊制的缺陷是「職分相侔，事權不一」，相侔，即相等。設立行省可以有效地改變這一狀況，應當借助左宗棠平定新疆的有力時機強力推動新疆設省。

> 昔賈生之論治道曰：令海內如身之使臂，臂之使指。今自朝廷逮行省，自行省逮州縣，此正身使臂、臂使指之義。是以秦平百越，置郡；漢平西南夷，置郡；西域始通，亦置郡；我高宗初定準部回疆，即議及郡縣，中輟未行，一不果。道光時，浙人龔自珍撰《西域置行省議》上吐魯番領隊大臣，不為轉奏，二不果。及今乃又三不果。夫廷議以為難者，囿於蒙古、西藏之例耳。不知蒙古、西藏雖未郡縣，而有郡縣之意。蒙古每旗一扎薩克，猶州縣也。十數旗一盟長，猶道府也。內蒙古屆三年則簡派大臣蒞盟，猶國初之有巡按也。外蒙古統於定邊將軍，猶今之有督撫也。藏內噶布倫以下大小番目及辦事喇嘛，皆稟命於駐藏大臣。駐藏大臣督辦藏事，前藏與達賴喇嘛商之，後藏與班禪額爾德尼商之，是猶督撫之有兩司屬員也。惟新疆以職分相侔、事權不一之將軍、都統、參贊、辦事大臣等專閫而居，分地而治，官與官不相親也，官與民不相親也，民

> 與兵亦不相親也。所謂:一脛之大幾如腰,一指之大幾如股,屈伸
> 不舒,勢難聯絡。〔註17〕

姚文棟認為,行省郡縣管理之道,猶如身體控制胳臂、胳臂控制手指,如脛、指伸展不舒,全身萬難聯絡。新疆三次議郡未果,不能與內蒙、西藏同比。內蒙、西藏的管理方式,因地制宜,靈活多變,且政令暢通,上下協調。官與官之間不相溝通,官與民之間缺乏交流,民與兵之間不相往來,如何長治久安?他感慨說,中央治理新疆所花費的精力、人力、物力不少,取得的效果卻微乎其微,「至於一叛再叛」,且「屢煩大兵征討,勞眾糜餉,遠涉經年,擲款鉅萬」,趁此西部局勢稍有安定的時機,亟須改弦更張,設立行省,以對抗俄國對中國西北邊疆的威脅。

對於新疆地廣人疏,不利於抵禦俄國侵略的狀況,姚文棟提出通過大規模移民來達到屯墾戍邊的目的。

> 新疆地皆膏腴,牛羊、麥麵、蔬瓜之賤,金礦之旺,徭役賦稅
> 之輕,皆什倍內地。又有俄、回各國貿易之利,一開行省則總督、
> 巡撫、布政、按察、巡道、提督、總兵等大員銜命蒞止,攜帶屬員、
> 幕友、家丁、書辦、差役等人數當以千計,已儼然成一省會。方今
> 天下一統,地無分民,人滿之區望風麕來,正是酌盈劑虛之妙用,
> 有何躊躇乎?且蒙謂必果無民更有一策。今華人之在外洋者,聞暹
> 羅約有二三十萬人,呂宋約有二三萬人,新加坡約有十數萬人,檳
> 榔嶼約有八九萬人,新老金山約有二三十萬人,長崎亦不下十餘萬
> 人,此輩皆傭工謀生,富商大賈百不能一二也。洋人以犬羊蓄之,
> 甚有遭殺戮之慘者,今若盡數招回中國,移置新疆,無去國之悲而
> 有安生之樂,新疆雖遠近於外洋,吾知其必樂從也(夑石侍郎云此
> 策不可行)。〔註18〕

姚文棟改變新疆面貌迫切之情溢於言表,「有何躊躇乎」更顯其焦慮之態。開設行省之利弊在他看來清晰可見。但是,十分有趣的是,姚文棟居然提出將海外華人移遷新疆,而且想當然地認為從此再無「去國之悲」,盡顯「安生之樂」。且不說是否華人在海外盡被洋人「犬羊蓄之」,就這一過程之繁瑣浩大,則如登月般不可想像。因此,「海外移民實邊」的策略過於出於臆想,

---

〔註17〕 姚文棟:《籌邊論五:論西北邊防》,《籌邊論》,上海圖書館藏,抄本。
〔註18〕 姚文棟:《籌邊論五:論西北邊防》,《籌邊論》,上海圖書館藏,抄本。

以至於王文韶都認爲不可行，這也從一個側面暴露出姚氏籌邊思想中脫離實際的成分。但對於新疆設省以保證中國西北邊疆不再遭受沙俄蠶食、維護邊疆地區穩定的重要意義，姚文棟看的非常清楚，他說：

> 自來藎臣之籲謨碩畫，往往阻於庸眾人之議論。……蒙嘗觀康熙時，戶部尚書米思翰、刑部尚書莫洛議撤三藩，廷議呶呶爭之，而聖祖卒聽米思翰、莫洛。雍正時，雲貴總督鄂爾泰議苗疆改流，廷議又呶呶爭之，而世宗卒聽鄂爾泰。道光時，協辦大學士英和議南漕海運，廷議又呶呶爭之，而宣宗卒聽英和。夫群臣之議論略可識矣。不明古不通今，不准理度勢，而好逞臆說，以所謂迴言之當察，不必一一可聽。今左相西陲設省之議，遠則法苗疆之成謨，近亦彷盛京、吉林之新例。《記》有之：一張一弛文武之道。於法祖之議固無悖也。〔註19〕

他將新疆設省類比於清代歷史上的裁撤三藩、改土歸流和南漕海運，後三者對於清朝鞏固統治、穩定朝局的作用毋庸贅述，由此可見，新疆設省在姚氏籌邊理論中的重要作用。質言之，姚氏所持論不爲無見，所謂「西疆由此奠安，即國家億萬年有道之長，實基於此」的認識也不爲過。姚文棟在文章中多次以「呶呶爭之」形容群臣爭議，呶呶之意，撅起嘴巴喋喋不休，非常形象地刻畫了「不明古不通今、不准理度勢、好逞臆說」的朝廷眾生相，姚文棟力排眾議、極力自逞的急切心情躍然紙上，雖憂國之態，卻也令人不禁莞爾。

三、姚文棟的正北籌邊策略

姚文棟所謂的正北邊防，即是指中俄邊界的中段，也是中俄陸路邊界中最長的部分。有清一代，承擔中俄中段邊界防衛任務的主要是蒙古各落。他認爲正北邊防的問題有兩個：

第一，「考蒙古舊時，只有恰克圖一處爲外戶，而以庫倫爲內險。……庫倫至烏里雅蘇臺二千里間處處通連，門戶不一。又，庫倫准設俄領事，與俄共此內險。而俄商准由恰克圖、科布多穿越兩蒙古進張家口，歷東壩、通州直抵天津，京師肩背後路、地勢皆令熟習。……今以虎狼之俄而聽其出入內地，北方隱憂，莫大於此」。〔註20〕門戶大開，實爲兇險。

〔註19〕姚文棟：《籌邊論五：論西北邊防》，《籌邊論》，上海圖書館藏，抄本。
〔註20〕姚文棟：《籌邊論四：論正北邊防》，《籌邊論》，上海圖書館藏，抄本。

第二，蒙古各部承平日久，戰鬥力下降極大。「蒙古地方生計拙而兵力弱，從前準噶爾未滅，戎馬蹂躪（蹂躪踐踏），如入無人之境。……蒙古人才甚少，兵亦積弱」。

要改變這種被動局面，首要任務當然是整頓軍隊：

> 蒙古人才束縛於黃教，……國初亦借黃教以柔蒙古獷悍之風，爾時立法各具微意，然在今日則宜變通。……廢黃教之經典轉而練習邊防，則不患蒙古無人才。即蒙古兵現雖疲弱，蒙謂亦可振刷使成精銳。

> 昔元世祖起朔漠，滅國四十，以有中原。又涉流沙、逾葱嶺、西洋、西竺盡建藩封，爲開闢以來版圖所未有，皆用蒙古兵之力。本朝乾隆時，超勇親王策淩練蒙古兵千人，與準噶爾喋血再戰，斬首數萬，準夷大創。其時，賽音諾顏一軍，兵不過千人，而雄於漠北，此皆訓練有傚之明證。〔註21〕

姚文棟認爲：蒙古各部民風彪悍，中國歷史上不乏其作戰勇猛的先例，但是信仰佛教和長時間的和平時期，導致軍紀鬆懈、武備廢弛也是客觀事實，如能「申明舊章，督令勤加訓練，將見蒙古境內人皆干城，地皆金湯」，可以作爲威懾俄國的可靠力量。

其次，在軍事部署上，姚文棟建議要做出一定的改變：

> 今蒙古扼要之地，東則庫倫，西則烏里雅蘇臺，皆當訓練大支重兵，常川駐頓，以固門户。……又，恰克圖與庫倫爲唇齒，烏里雅蘇臺以科布多爲肩臂，宜於庫倫大支兵内分出一小支駐恰克圖，烏里雅蘇臺大支兵分出一小支駐科布多，皆令輪流調換。腹地中，如東庫倫、西庫倫兩處爲汗山兩端要地，亦須練兩支活兵，無事駐防，有事肆應，如此則蒙古邊防如布棋子要著已定局勢，可不致動撓。

恰克圖，俄語意爲「有茶的地方」，位於俄蒙邊界界河的北岸，和南岸的蒙古國的阿勒坦布拉格（買賣城）隔河相望。科布多歸烏里雅蘇臺節制，乾隆二十六年於此設科布多參贊大臣，統轄阿爾泰山南北、厄魯特蒙古諸部和阿爾泰烏梁海、阿爾泰諾爾烏梁海諸部。庫倫，即現在烏蘭巴托。皆爲戰略要地。另外，蒙古地區肩負正北邊防的重任，但是其糧食等戰略物資的儲備是短板。姚文棟提出雙管齊下的方針，一方面，「大漠以北，如鄂爾坤河、拜

〔註21〕姚文棟：《籌邊論四：論正北邊防》，《籌邊論》，上海圖書館藏，抄本。

達里克河、推河、齊老圖河等處，皆有可耕地畝，可導令蒙民耕種。否則量移八旗閒散，或酌撥綠營兵分駐屯墾，一二年後，喀爾喀便不慮乏食」。另一方面，他提出將鐵路用之於鞏固邊防，「如果鐵路盛行，亦當推達邊外，以通貨物而便糧運，此則各邊皆然，不特蒙古一路也」。在疆防海防大爭論的年代中，姚文棟總是能別出心裁，無論是「量移八旗閒散」，亦或「酌撥綠營兵」，都堪稱一絕。另外，鐵路用於邊防的想法同樣相當具有新意。

四、姚文棟對中俄邊界東段邊防的認識

中國東北部邊界，除了中俄東段邊界外，還與朝鮮半島接壤。從戰略的層面來說，山脈、河流作為天險歷來為兵家必爭之地。近代以來，沙俄對中國領土不斷蠶食，中俄領土接壤的東段也是其侵略中國的主要方向之一。自鴉片戰爭之後，通過一系列不平等條約，沙俄的軍事力量越過大興安嶺向南滲透，與中國以黑龍江為界，使得中國東部邊防所依賴的天險全失，屏障皆無，不但東三省岌岌可危，且「混同江、綏芬河、圖們江三海口經絡其間。輪舟出海，五日至燕齊，十日至吳越，二十日至閩粵，萬里往還直呼吸間事。……吉林瀕海之地及三海口亦且盡為俄屬」。〔註22〕由此可見，沙俄已經直接威脅到北京和中國東南沿海地區的安全。另外，姚文棟認為，「俄既有圖們江海口，便駐重兵於琿春，以圖朝鮮，朝鮮危機又伏於此」。

要化解這一危機，姚文棟提出要「三管齊下」：

第一，在東北地區建立一支強大的水師。

  泰西諸國在長江中行船，假無操防水師，將有反客為主之勢。今俄人在混同江、松花江中行船，事同一例，即當仿照辦理。查《念（會）典則例》載：順治十八年設吉林水師營。又，康熙十三年自吉林移駐水師營於黑龍江。然則吉林、黑龍江在祖宗朝為腹地，尚有水師防營。今為邊地，又值多事之秋，則水師營之不可緩亦審矣。況參酌舊制，不必甚費更張，而於邊務大有裨益。〔註23〕

他建議，當務之急是加強吉林水師的力量，避免西方列強橫行長江的舊事重現。姚氏的這個認識對於江防理念的提出具有重要的意義。

〔註22〕姚文棟：《籌邊論三：論東北邊防》，《籌邊論》，上海圖書館藏，抄本。
〔註23〕姚文棟：《籌邊論三：論東北邊防》，《籌邊論》，上海圖書館藏，抄本。

第二，加強陸軍實力，「江防陸防並重」。他提出在東北地區實行屯墾，在混同江、松花江沿岸的「三姓、呼蘭、齊齊哈爾、阿勒楚、喀拉林、伯都訥各城中酌設重鎮數處，又輔以陸地旗屯」，發揮東三省可耕地面積大、土地肥沃的自然地理優勢，其戍邊的成效也會明顯。如此一來，則「若辦理陸團，不特與水師有輔車犄角之勢，又可扼守嫩江、松花江兩口，兵食胥足，節節有防，東徼可以高枕無憂」。客觀地說，姚氏「江防陸防並重」的思想頗具新意，且具有相當的可操作性。

第三，從中俄東北邊防的角度出發，提出中朝軍事同盟和聯日抗俄的思想。後文會有詳述。

五、從西北邊防策略論邊防人才的培養

在姚文棟「籌邊」思想中重要的一環是培養專門邊防人才，姚氏稱其為「邊才」。姚文棟將人才分為三種：吏才、邊才和使才。這三種人才各自有不同的作用，「吏才治民，內培元氣者也。邊才以固吾國。使才以聯與國外，資防護者也」。〔註24〕三者統一於自強的主題之下，不可或缺。

他認為三種人才之中，吏才、使才較容易選拔和培養，而邊才的選拔和培養則較難。

> 吏才之淺者，但知以催（催）科聽訟為能事，而不知以農桑教化為本圖，然讀書譚古之士猶能知之。使才之淺者，但知通外洋語言文字，及留心製造為洋務，而不知探索各國地形、政事、搜訪出洋人才為大綱，然雄才大略之士猶能知之。此吏才、使才所以未必少也。

> 造就吏才之法，不過為士之時勉以實學，到官之日勉以實心。造就使才之法，不過始以翻譯令知舊事，終以遊歷令知近事，此造就吏才、使才所以未必難也。〔註25〕

他認為邊才較難培養的原因在於，首先要有大局觀，不但要知己知彼，更要洞悉內外策略之間的相互影響，「非特防維要隘，尤必措置鄰藩；非特措置鄰藩，且須歸復舊屬，此邊事所以不易言而人才所以少且難也」。其次，要

〔註24〕姚文棟：《籌邊論八：論儲養邊才》，《籌邊論》，上海圖書館藏，抄本。
〔註25〕姚文棟：《籌邊論八：論儲養邊才》，《籌邊論》，上海圖書館藏，抄本。

有實踐的精神。對於邊情的瞭解要親自踏勘，切不可道聽途說，「不知各邊情形者不足以理一邊，不知各國情形者亦不足以理一國之邊。是故，不親歷吉林、黑龍江，不知東北邊情形也。不親歷喀爾喀四部，不知北邊情形也。不親歷伊犁、回疆，不知西北邊情形也。不親歷西藏及滇、粵邊境，不知西邊與西南邊情形也」。〔註26〕

他特別以中國西北、正北、東北和西南邊疆的局勢舉例，剖析各種因素相互作用的複雜狀況，來說明邊才不易得。

> 伊犁、塔爾巴哈臺邊外向有布魯特、哈薩克為我藩屬，回疆之喀爾什噶爾邊外向有浩罕為我藩屬。今浩罕滅於俄，而天山南路無輔車之固；布魯特、哈薩克服屬於俄，而天山北路無唇齒之安。

> 外蒙古烏里雅蘇臺、科布多邊外向有烏梁海為中俄限隔，今烏梁海全隸於俄，而北徼無屏藩。

> 雲南、廣西邊外向有緬甸、安南為我藩屬，今緬甸受制於英，安南受制於法，而南疆多窺伺。

> 僅僅存者，如西藏邊外之廓爾喀，英人猶眈眈欲得之以為通藏之計。盛京、吉林邊外之朝鮮，俄人亦眈眈欲得之以遂其表海之心。萬一廓爾喀有失，則患中於四川，不止前後藏也。朝鮮有失，擾及沿海各省，不止盛京陸路也，是則所賴於邊才者。〔註27〕

對於培養邊才的具體方法，姚文棟建議改革用人制度，推廣左宗棠平定新疆之後滿漢參用的做法，使那些願意獻身邊防的人得到親身實踐的機會。

> 東三省、漠南北、新疆、衛藏等處，官員向皆滿缺，漢員尠（合成字，甚少，罕有）至其地。自西陸用兵，主帥、屬僚多漢人。吉林近派漢大臣幫辦，幕府亦多漢人，於是人漸知新疆、吉林情形。今若推廣滿漢參用之意，令北邊、西邊皆仿新疆、吉林辦理，則多一漢員閱歷，即國家多一人才。

他還建議，大力建造鐵路、發展輪船運輸，使其直達各個邊疆地區。交通的便利，不但有助於邊疆的鞏固，而且有助於人們邊疆地區自然地理條件、風俗習慣的認識，那麼必然有助於國民邊防意識的培養。

〔註26〕姚文棟：《籌邊論八：論儲養邊才》，《籌邊論》，上海圖書館藏，抄本。

〔註27〕姚文棟：《籌邊論八：論儲養邊才》，《籌邊論》，上海圖書館藏，抄本。

第三節　尋求出使機會

理想與現實之間巨大的落差，不停地考驗著當時的新一代知識分子，同樣不停地在折磨著姚文棟，他感慨道，「何事奔波到蘇州，旁人錯認爲身謀。書生心事不如此，願爲蒼生作馬牛」。〔註 28〕情思鬱結才爲詩，詩言志，傳心聲，或許姚氏的詩歌不足以令他科舉中式，但字裏行間透露出的「澤被蒼生」的個人抱負無疑是令人欽佩的。他不但時刻激勵自己，同時也鼓勵那些「志同道合」者，「伏處常爲梁父吟，清事豈敢戀山林。世人碌碌鮮知者，有弟天涯同此心」。

姚文棟對於時局的看法日漸成熟，尤其對於俄羅斯等國對我的威脅更是洞若觀火，在理論層面的武裝告一段落後，他更加急切地尋找著報國之路。對邊防地理的研究越深，對國家前途的憂慮越甚，使他迫切地想通過親身實踐驗證自身理論的正確性。正如他在論述邊防人才培養時所述，不親歷吉林、黑龍江，怎麼會知道東北邊情形如何；不親歷喀爾喀四部，怎麼會知道正北邊情形如何；不親歷伊犁、回疆，怎麼會知道西北邊情形如何；不親歷西藏及滇、粵邊境，又怎知西邊與西南邊情形如何。其實，他內心深處還有著更大的志向，有一個聲音肯定在呼喚：不親歷俄羅斯，怎麼會知曉環伺枕邊、虎視眈眈的敵人情形如何？

帶著這樣的心情，他走出了家鄉。1880 年初到北京時，在王文韶府，不久即入徐郙府。徐郙，字頌閣，嘉定人，同治元年狀元。徐郙延聘姚文棟，固然不能排除老鄉的因素，但是其對姚文棟學識的認可當爲主因。

一、初遇蹉跎

晚清落魄文人尋求出身的重要途徑之一即投身地方大吏的幕府，姚文棟最初的選擇與此類似。他的東家徐郙，此時官拜內閣學士，爲同光朝近臣，《翁同龢日記》載，徐郙六十大壽情況，「頌閣賜壽，慈聖匾額，聞明日尚有面賜，極優渥」。〔註 29〕徐氏聖眷之隆可見一斑，這無疑對姚文棟有很大的幫助。

〔註 28〕姚明輝編輯，戴海斌整理：《姚文棟年譜》，《近代史資料》總 125 號，第 146 頁。

〔註 29〕翁同龢著，陳義傑整理：《翁同龢日記》第五冊，「光緒二十一年九月十九日」條，北京：中華書局，1989 年，第 2847 頁。

　　仔細檢閱姚文棟年譜，其中的一個小細節頗爲讓人費解。「光緒六年庚辰，二十九歲」條下，有「四月二十七日，先府君由滬入都。五月初五日到。……十月十五日，先府君南旋，二十九日到家」。〔註30〕翌年「三月二十五日，先府君由滬啓行入都，仍住蘇園教讀」。姚氏一年之內兩赴京師，其返滬也似未有要緊之事，此舉定有意爲之。其意欲何爲，尚需細辨。

　　姚文棟北上教讀本非糊口之舉，亦非僅添閱歷。其一，姚家家境富裕，不需以此爲業。如前所述，姚文棟的曾祖父姚秉衡精通「堪輿」，完成了最初的積累。其祖父姚錫嘏科舉無成，轉而經商，五十年「略有居積」，並常作救濟鄉里之舉。其後，「自潤生府君出仕以迄今，茲七十年間，累代競資以養廉」。〔註31〕《姚文棟年譜》中從未有姚氏兄弟在上海本地教書爲業的記述。其二，姚文棟一年間，在京教讀五個月，回家呆了五個月，來回路上折騰了一個月，從東家的角度看亦非良師之選。

　　如果說，姚文棟北上是以教讀爲幌子，實際是爲了尋找出國開闊眼界的機會，一切就變得順理成章了。姚氏後來同住東京使館的同僚楊守敬的日記可以爲此事作出注釋。楊守敬初受何如璋之邀赴日，可是由於何如璋與張斯桂之間不睦，遲遲不能就任隨員。其後得知「接任者爲仁和許竹篔（景澄），故何公同年，又爲余友李蒓客之門人。孺初與鐵香知余在日本尚未受事，乃交向許公說項，允之，已出奏矣。……（黎庶昌）充日本欽使，……自參贊以下一人步留，唯留守敬與長崎領事余君瑃。余不解其故，……守敬往拜，則見故人張廉卿（裕釗）之子靜廬（沆）在焉，並有廉卿一信，囑守敬爲管束，乃知廉卿與黎公爲兒女姻家，其子即黎公之女婿，黎公所以奏調守敬者，爲廉卿之力薦也」。〔註32〕由楊守敬的記述可知，前後三任駐日使臣選拔隨員各有不同，其中熟人的「力薦」是不可或缺的重要條件。很顯然，光緒六年，滿懷希望的姚文棟並未獲得繼任駐日欽使許景澄的賞識，遭遇挫折，郁郁回到上海，繼續其讀書、科舉的人生規劃。可是絕望之下，事情又出現了轉機，許景澄的出使之途並未成行，光緒七年正月許因「丁外憂，未及東渡」〔註33〕，其繼任者爲黎庶昌。當光緒七年三月初七，黎庶昌獲任出使日本

〔註30〕姚明輝編輯，戴海斌整理：《姚文棟年譜》，《近代史資料》總125號，第146頁。

〔註31〕姚明輝編輯，戴海斌整理：《姚文棟年譜》，《近代史資料》總125號，第140頁。

〔註32〕郗志群整理：《鄰蘇老人年譜》，謝承仁主編：《楊守敬集》第一冊，武漢：湖北人民出版社，1997年，第16～17頁。

〔註33〕高樹：《許文肅公年譜》，《國專月刊》第四卷第三號，第44頁。

大臣後〔註34〕，得到消息的姚文棟隨即返回京城，再次爭取出國的機會。

　　雖然他始終將西北邊防列爲頭等大事，將俄羅斯看做頭號敵人，但在暫時無法靠近俄羅斯時，選擇東渡日本，仍不失爲接近他心中夢想的一種選擇。

二、得以成行

　　無論是血緣關係、地緣關係，抑或是學緣關係都是需要大加利用的資源。例如，爲尋機遊歷東北而一籌莫展的胡傳，就與姚文棟在北京相遇了，「聞同門姚子良館徐頌閣閣學家，孫子興館嵩犢山侍郎家，皆訪見其人。閏七月，邀子良同遊西山，夜宿靈光寺，各談所志。子良欲出使東洋，曰，同文之國易得其實在情形也。鈍夫志在出關遊東三省，……子良曰，子出關不圖差事，但求護照，甚易力也，吾當代子謀之」。〔註35〕後因胡傳已通過張佩綸介紹給吳大澂而作罷。胡姚見面之時，姚文棟已經立志遊歷日本，後來姚文棟果然作爲出使日本大臣黎庶昌的隨員成行。

　　黎庶昌選定姚文棟作爲隨員的具體情形至今不得而知，「往昔星使遵義黎公知君才，奏派隨節東渡，贊襄鉅細，譽望翕然」。〔註36〕意思是一致稱頌。黎庶昌如何得知姚文棟的才能，並中意其爲隨員等情況卻語焉不詳。目前學界最明確的說法爲，「1881年（光緒七年），黎庶昌被任命爲第二任出使日本大臣。他從歐洲回到上海時，認識了姚文棟，並讀到他的籌邊論著。黎庶昌很欣賞姚文棟的學問、文才和抱負，認爲駐日使團正需要這樣的人才，便邀請他同行。而姚文棟當時年方三十，雄心勃勃，也願意到外交工作中施展自己的才能，於是欣然接受邀請，放棄科舉仕途，甘當駐日使團中的一名隨員，開始了他十年外交生涯」。〔註37〕從上述的描述看來，黎庶昌在被任命爲出使日本大臣後，歸國時，黎姚二人在上海見面，從而有了姚氏日本之行。以現有的史料來看，上述說法似乎有待商榷，據筆者推測黎姚二人在北京見面的可能性更大。

〔註34〕《德宗景皇帝實錄》（二），《清實錄》第五十三冊，北京：中華書局，1985年，第840頁下。
〔註35〕胡傳：《鈍夫年譜》，歐陽哲生編：《胡適文集》1，《附錄》，第504頁。
〔註36〕姚文棟：《讀海外奇書室雜著》，「後序」，光緒十九年刻本，南京圖書館藏，第53頁。
〔註37〕王曉秋：《近代中日文化交流史》，《中華近代文化史叢書》，北京：中華書局，1992年，第184頁。

　　第一，《鈍夫年譜》和《姚文棟年譜》都證明姚文棟有北京之行。

　　第二，在 1880～1881 年間，姚氏確實從北京短暫的返回過上海。「光緒六年十月十五日（1880 年），先府君南旋，二十九日到家。光緒七年三月十五日（1881 年 4 月 23 日），先府君由滬啓行入都，仍住蘇園（徐郁邸）教讀」。〔註38〕姚文棟回滬的原因《姚文棟年譜》中並沒有解釋。但是，另外的史料卻能夠給出答案。1881 年 1 月，龍門書院考課，姚文棟名列一等。〔註39〕5月 17 日，《申報》刊登「松江府試三覆上海縣前列名次」，姚文棟不在其中。同日，姚文棟名列龍門書院考課特等之列〔註40〕。很顯然，姚文棟回滬一是沒有被許景澄選爲隨員，二則是爲了參加松江府試，可惜再次失利。姚文棟平復了心情，在龍門書院考課結束後，再次北上進京。

　　第三，黎庶昌歸國抵滬的具體日期。根據《黎庶昌評傳》載，「光緒七年（1881 年）七月，庶昌遊歷各國後回到巴黎。這時曾紀澤已經完成《中俄伊犁條約》的簽約任務（同年正月簽署），回到巴黎。庶昌向使館僚友辭行時，曾紀澤寫有兩詩相贈。……七月初，庶昌由馬賽港登上輪船，啓程返國，經四十來天的海上顛簸，八月中旬抵達上海，與家人團聚」。〔註41〕該說法有幾點不確之處。其一，曾紀澤完成談判後，光緒七年二月初二，抵達巴黎〔註42〕。十二日，往倫敦。〔註43〕二十日，返巴黎。〔註44〕三十日，與黎庶昌在巴黎見面〔註45〕。三月初七，返回駐日使署。〔註46〕需要注意的是，曾、黎此次見面與黎庶昌歸國無關，因爲此時黎庶昌尚未接到改任駐日本大臣的任命〔註47〕，其歸國日期自然無法確定。其二，黎庶昌歸國前，

〔註38〕姚明輝編輯，戴海斌整理：《姚文棟年譜》，《近代史資料》總 125 號，第 146頁。

〔註39〕1881 年 1 月 16 日《申報》第 2773 號第 3 頁，「上海劉觀察甄別龍門書院」，《申報》影印本第 18 冊。

〔註40〕1881 年 5 月 17 日《申報》第 2887 號第 3 頁，「松江府試三覆上海縣前列名次」，「書院課題並附名次」《申報》影印本第 18 冊。

〔註41〕黃萬機：《黎庶昌評傳》，貴陽：貴州人民出版社，1989 年，第 88 頁。

〔註42〕曾紀澤：《出使英法俄國日記》，《走向世界叢書》，第 415 頁。

〔註43〕曾紀澤：《出使英法俄國日記》，《走向世界叢書》，第 418 頁。

〔註44〕曾紀澤：《出使英法俄國日記》，《走向世界叢書》，第 421 頁。

〔註45〕曾紀澤：《出使英法俄國日記》，《走向世界叢書》，第 423 頁。

〔註46〕曾紀澤：《出使英法俄國日記》，《走向世界叢書》，第 425 頁。

〔註47〕黎庶昌改任駐日本大臣的任命，於光緒七年四月十四日到達，曾紀澤爲黎庶昌改謝恩摺，隨後寫一函致尊齋。曾紀澤：《出使英法俄國日記》，《走向世界

與曾紀澤見面的地點在倫敦。據曾紀澤《出使英法俄國日記》載，光緒七年四月十九日，返回倫敦。〔註48〕「（六月）廿二日，……（晚）飯後，至車棧迎候黎蓴齋星使，同車回署，在客廳坐談片刻」〔註49〕，可知黎庶昌遊歷各國回巴黎的時間為六月二十二日（1881 年 7 月 17 日）。另，「七月初三日，晴。辰正起，茶食後，蓴齋來辭行，久談。……巳時二刻，與蓴齋同車至京克羅斯車棧，伺火車展輪後乃歸」。曾氏所提到的「京克羅斯車棧」指 King's Cross，即倫敦國王十字車站。此外，黎庶昌已經接到任命，所以曾紀澤對其迎送禮節、稱謂上亦有所改變。十七日，曾紀澤啟程赴俄換約〔註50〕，一個多月後才又回到巴黎——雖然光緒七年有閏七月——自然無法與黎庶昌在「七月初」再次見面。其三，黎庶昌在途「經四十來天的海上顛簸」，光緒七年為閏七月，倘如作者所說七月初出發，八月中抵滬，時間不可能是四十來天。其四，筆者未見關於黎庶昌出發歸國具體地點、時間的記載，可黎氏抵達上海的日期是確鑿無疑的，即光緒七年八月初六（1881 年 9 月 28 日），並非如《評傳》所說「八月中旬」。據《申報》載，「新簡出使日本之黎蓴齋星使由西班牙參贊任調放，曾經列報。昨天午後五點鐘，乘法公司輪船到滬。星使本有公館在滬城，聞小有耽擱，再行北上陛見云」。〔註51〕

黎庶昌在上海耽擱了 12 天，於 1881 年 10 月 10 日啟程入京觀見，「新簡出使日本欽差黎蓴齋觀察，由英回滬，曾經列報。茲聞欽差於今日附輪北上入都陛見。再行出洋赴日云」。〔註52〕

第四，姚文棟在北京的行止。閏七月間，姚文棟尚在北京。據《鈍夫年譜》載，光緒七年「閏七月，邀子良同遊西山，夜宿靈光寺，各談所志。子良欲出使東洋，曰，同文之國易得其實在情形也。鈍夫志在出關遊東三省，……子良曰，子出關不圖差事，但求護照，甚易力也，吾當代子謀之。而天津章芹生回書亦至，……次日，使人探之，……越三日，具衣冠往拜（張

叢書》，第 434 頁。
〔註48〕曾紀澤：《出使英法俄國日記》，《走向世界叢書》，第 436 頁。
〔註49〕曾紀澤：《出使英法俄國日記》，《走向世界叢書》，第 453 頁。
〔註50〕曾紀澤：《出使英法俄國日記》，《走向世界叢書》，第 461 頁。
〔註51〕1881 年 9 月 29 日《申報》第 3022 號第 2 頁，「星使來滬」，《申報》影印本第 19 冊。
〔註52〕1881 年 10 月 10 日《申報》第 3033 號第 2 頁，「星使北上」，《申報》影印本第 19 冊。

佩綸）。既見，索觀平日著作，歸錄舊作《春秋狄地考》、《魏徵王珪論》、《李鄴侯論》與之。復見，……次日，姚子良來告曰，彭頌田主政償受業於吳太僕，吾與之言子出關遊歷，不求差事，但求給一護照，渠亦肯作書，子當往見之。鈍夫以已見張侍讀，蒙允爲作書，並待顧接眘期附伴告之。曰，顧觀察之弟顧康民主政吾亦相識，聞具將自送其兄之眷屬，子計必遂矣」。〔註53〕

　　胡傳的這段紀錄雖沒有確鑿的日期，但依然可以作出如下判斷：其一，姚文棟在北京的境遇不差，依然有餘力主動發動人脈爲胡傳謀劃。其二，按照胡傳的記述，在閏七月中，胡、姚兩人保持接觸的時間不短，保守估計亦十餘天。從閏七月初算起，已到月中，這就意味著姚文棟爲胡傳忙完後，需立即趕回上海，保證與八月初六抵滬的黎庶昌見面。這裡有兩個疑點，姚文棟如何知道黎庶昌的行期？姚文棟在上海通過誰能與黎庶昌見面？這些均未有史料證明。可以肯定的是，即使姚文棟希望能及時掌握黎庶昌的行程，創造與之見面的機會，在北京也比在上海方便的多。其三，最關鍵的一點，姚文棟在與胡傳的交談中，已明確告之「欲出使東洋」。這說明在黎庶昌出使日本國大臣的任命下達後，至黎庶昌歸國以前的這段時間裏，姚文棟已經通過人脈將目標鎖定了黎庶昌，不難推測出至少有人，而且是有相當能量的人答應爲姚文棟說項此事。這種情況下，姚文棟趕回上海製造與黎庶昌接觸的可能性就很小了。當然，從黎庶昌出洋前的履歷看，他曾長期宦遊江浙一帶，對江浙士人群體的情況較清楚，且有機會與之發生交往，對龍門書院的學風也肯定會有所瞭解，這些都爲姚文棟出任其隨員創造了有利的條件。其四，姚文棟在北京教讀期間，目的是在京師製造輿論，形成有利於兜售其「籌邊」理論的氛圍，塑造其堪當使才的形象，而非偏之上海一隅，當然這樣說並不是爲了否定他的才能和努力。姚文棟最終達到了目的，當然是建立在學識長期積累的基礎上，開始踏上實現個人抱負的旅途。

　　姚文棟最終能夠成行得益於王文韶的推薦，「受知於黎蓴齋星使，係王文勤公介薦，蒙奏調從使日本」。〔註54〕其子姚明輝的這個記述應該是可信的。從姚文棟後來經歷中也能夠找到一些旁證。例如：1896 年，姚文棟「入都赴總理衙門投咨銷差，蒙恭親王（諱奕訢）垂詢外交。……會出使美國大

〔註53〕胡傳：《鈍夫年譜》，歐陽哲生編：《胡適文集》1，《附錄》，第 504〜505 頁。
〔註54〕姚明輝：《序》，姚文棟：《籌邊論》，上海圖書館藏抄本，1957 年，原書未標頁碼。

臣缺出，恭親王及大學士李屬意先府君，名冠請旨之單，而有人需索不遂，未奉御圈（圈第三名伍廷芳）。旋奉諭旨，直隸補用道姚文棟仍發往北洋，交王文韶差遣委用，書留覽。又蒙兵部尚書徐郙等奏保人才，奉旨交軍機處存記」。〔註55〕從這則記述中也可以看到姚文棟與王文韶、徐郙關係匪淺。而姚明輝所說的蒙恭親王垂詢外交也確有其事，1896年8月間，進京赴總理衙門報到。11月7日，恭親王奕訢上奏摺為回京銷差的姚文棟請獎，「姚文棟隨使東西兩洋，時逾十稔，熟諳洋務。復自備資斧遊歷印緬等處，周歷險要，勞瘁不辭，實為艱苦卓絕。所著各書於經界交錯，悉心考究，洵屬有裨邊務。……臣等詢以交涉要務，所對具有條理，足徵歷練有素……倘蒙聖恩發往沿海洋務最繁省份差委補用，必能得力。謹將該員等送由軍機處恭呈御覽」。〔註56〕而時為兵部尚書的徐郙亦上奏摺保舉姚文棟，稱「姚文棟沉潛篤實，專精輿地之學，隨前出使大臣黎庶昌、洪鈞、薛福成等遍歷外洋十餘年之久，到處考察其兵制、輿圖，復由印度至雲南窮鄉僻壤，人跡不到之處，裹糧深入，測量繪圖，著述甚豐」。〔註57〕另外，一些零星的紀錄也反映出姚文棟當年在北京的活動，他在給友人的信中提到，「文棟前在京師，從寶中堂家借鈔《黑龍江外紀》八卷」〔註58〕，其中的寶中堂，即總理衙門大臣寶鋆。

綜上所述，姚文棟從北京返回上海的可能是許景澄被任命為第二任出使日本大臣，姚未獲得推薦。不久，許在出使之際丁憂去職。黎庶昌獲得任命，而姚才得以成行。姚文棟在京期間接觸到寶鋆、王文韶、徐郙等當朝重臣，而且，寶、王二人更直接管理總理衙門。通過著書立說等活動，姚氏成功地展示了自己，也讓別人看到了自己經邦濟世的決心和勇氣，得到多位朝廷重臣的賞識，最終獲得了進身之階——作為黎庶昌的隨員出使日本。

姚文棟的人生迎來巨大轉機。

〔註55〕姚明輝編輯，戴海斌整理：《姚文棟年譜》，《近代史資料》總125號，第179～180頁。

〔註56〕奕訢：《奏為出洋期滿補用道姚文棟彭光譽回京銷差呈遞書籍援案請獎事》，中國第一歷史檔案館藏，軍機處錄副，檔案號：03-9444-012。

〔註57〕徐郙：《奏為保舉直隸候補道姚文棟送部引見事》，中國第一歷史檔案館藏，軍機處錄副，檔案號：03-5347-050。

〔註58〕姚文棟：《與盛杏蓀觀察書》，《讀海外奇書室雜著》，光緒十九年刻本，南京圖書館藏，第23頁。

第三章　姚文棟東北邊防思想研究

第一節　姚文棟出使日本

一、姚文棟與黎庶昌

　　奔走了兩個月，黎庶昌完成北上覲見於 1881 年 12 月 9 日（光緒七年十月十八）回到上海，《申報》予以了高度關注，「前日招商局之保大輪船由津抵滬。探得新簡駐日本欽差黎蓴齋觀察附輪而來。大約襜帷小住，即當溯赴東瀛也」。〔註1〕又準備了一個多月，於 1882 年 1 月 20 日（光緒七年十二月初一）乘馭遠號兵輪東渡赴任。2 月 9 日抵達日本橫濱。〔註2〕2 月 14 日抵達東京。〔註3〕

　　這裡需要注意一個細節，姚文棟最初隨黎庶昌出使並無隨員身份，而後

〔註1〕　1881 年 12 月 11 日《申報》第 3095 號第 1 頁，「星使抵滬」，《申報》影印本第 19 冊。

〔註2〕　1882 年 12 月 2 日《申報》第 3445 號第 10 頁，「左宗棠片」，《申報》影印本第 21 冊。「再光緒七年十月十五日，接準總理各國事務衙門咨稱請派語熟日本路程之兵輪船一號，以便駛送出使日本大臣黎庶昌東渡等因。當經咨由江南提督飭派管帶馭遠輪船參將金榮，添配煤油，遵照伺送黎庶昌。隨即抵滬，即於七年十二月初一日乘坐該兵輪出洋。是月二十一日安抵橫濱，該船於八年二月二十九日回防」。

〔註3〕　姚明輝編輯，戴海斌整理：《姚文棟年譜》，《近代史資料》總 125 號，第 146 頁。1882 年 3 月 5 日《申報》第 3173 號第 2 頁，「東瀛來信」，《申報》影印本第 20 冊。「昨接旅居日本人來信云，黎蓴齋星使已於去臘二十六日接印任事」。光緒七年臘月二十六日，即 1882 年 2 月 14 日。

由黎奏派為駐紮東京使署隨員，〔註4〕也就是說在其到達日本一個多月以後才被黎保舉為隨員。清季早期駐外使館官員的構成，可以看作是國內政治生態的延伸。通常主要官員（正使、副使）由清廷任命，而其它隨行人員由出使大臣自行奏派保舉。例如，清季首個駐外使臣郭嵩燾，出使前觀見時，兩宮皇太后專門問道：「所調各人，想皆係所素知？」郭對曰「是」。〔註5〕自此，出使大臣以下，參贊、翻譯、文案等均由其保舉成為慣例。所以隨員具有一種含糊而特殊的身份，這也很容易使人聯想到流行於晚清地方督撫治理中幕僚群體的存在，主官與幕僚之間的關係存在政治體制內、外雙重內涵。一則，體制外是雇傭關係，相當於東家與雇員。再則，幕僚可以得到主官的推薦從而進入體制內，獲得相應的政治地位，結成利益群體。由於幕僚的選擇權在主官本人，一般來講雙方在合作之初就存在交好的可能性和必然性。

可是令人驚奇的是，黎庶昌與姚文棟的私人交往並不和諧，更談不上密切。姚氏在寫給友人吳宗濂的信中明確批評黎庶昌及使館工作，「使局上下，皆顧惜錢財，無意軍國者乎。……宜分遣幹員，借遊歷為名，在此兩地（馬關、鹿兒島）留心訪察，則其一舉一動無不盡知。……弟係出使人員，苟有所見原可呈明星使，奈今星使杜門著述，注意千秋。且費其一錢，必銜之刺骨。進言之路，久杜不行。即署內寅僚，多係學習穿衣吃飯之人，意不在此，亦無可與議。因思閣下雖未登仕版，而樓臺近水，獻曝非難，且久抱忠忱，必不因避嫌自阻。似宜於謁見廖堂憲時將此事反覆陳說，或言之於總辦，必當有採及者，但須由總署派員東渡，悉心密訪，最為得力。若交使署辦理，亦必切實言之，否則仍是應以虛文而已。弟因實見此事樞紐甚微，而關係極大，建白無路，故轉以央人」。〔註6〕吳宗濂，上海嘉定人，與姚同鄉，當時在京師同文館學習法文、俄文。姚文棟信件中的言語可以看作是對其近三年

〔註4〕 姚明輝編輯，戴海斌整理：《姚文棟年譜》，《近代史資料》總125號，第146〜147頁。需要注意的是，《姚文棟年譜》中沒有「光緒八年」條。在「光緒七年辛巳」條下，有「二月初十日，奉欽差出使日本國大臣黎奏派，為駐紮東京使署隨員」的記載。根據《德宗景皇帝實錄》（二），光緒七年三月己巳條載，「命二品頂戴記名道黎庶昌為出使日本大臣」，可見，《姚文棟年譜》所記「二月初十日」，為光緒八年，即1882年3月28日。

〔註5〕 郭嵩燾著，湖南人民出版社校點：《郭嵩燾日記》第三卷，長沙：湖南人民出版社，1981年，第60頁。

〔註6〕 中央研究院近代史研究所：《中法越南交涉檔》四，《中國近代史資料彙編》，臺北：中央研究院近代史研究所，1983年，第2079〜2080頁。

使館工作感受的總結，「無意軍國」、「杜門著述，注意千秋」、「費其一錢，必衡之刺骨」、「進言之路，久杜不行」、「署內寅僚，多係學習穿衣吃飯之人，意不在此，亦無可與議」、「若交使署辦理，亦必切實言之，否則仍是應以虛文而已」等語句，不但將黎姚二人的關係，而且將使館的日常工作狀態刻畫的明白無誤。

Chow Jen Hwa 的研究稱：「黎庶昌與其隨員的關係並不像他的前任那樣和睦。何如璋對他的隨員有著絕對的信心，在隨員之中有許多類似黃遵憲一樣充滿智慧的人，黎庶昌的隨員看上去並未得到他的尊重。……黎庶昌和姚文棟之間的關係很冷淡，黎庶昌似乎不對他職員的忠告給予很多的注意。……儘管在黎的任期內這種令人愉快的狀況有所改變，但是使團的工作並未因公使與隨員之間關係的惡化而受到影響」。〔註7〕Chow 氏的研究，大陸目前現存的資料並無明確的證據兩人交惡，說法不無道理。黎氏對待下屬的態度從與姚同期駐日隨員楊守敬的日記中可見一斑。光緒六年四月，楊守敬受首位駐日大臣何如璋的邀請赴日，正趕上何與副使張斯桂因爭調隨員鬧意見，結果何、張二人均被替換，而繼任者就是黎庶昌，好在何、張二人在卸任前合辭保舉楊出任清駐日使館的隨員，於是楊守敬就有了和黎庶昌共事的機會，不過迎來的卻是一個下馬威。

> 及黎公歸，引見後則使館自參贊以下一人不留，唯留守敬與長崎領事余君璹。余不解其故，館中人以爲採余虛聲而得之。及黎公到橫濱，何公以守敬爲黎公奏調之人，著至橫濱接待。守敬往拜，則見故人張廉卿（裕釗）之子靜盧（沆）在焉。……

> 守敬接待黎公即返，張君隨余到東京。次日，黎公入使館，則頗有申飭語，謂『吾向不聽旁人言爲愛憎』，意以守敬招張君先入使館有私也。守敬聞之，乃言：彼爲我同鄉故人子，其父且有信囑我管束，彼欲同我赴使館，何可拒之？守敬與公素不相識，因廉卿之薦而留此，廉卿必向公嚴楊某之生平，而公始允之，今初見即以齟齬之行相詰責，公亦知「左手持天下之圖，右手扼其吭，有識者不爲」，請從此辭，勿復多言！守敬即束裝待發，而黎公乃向何公道歉，自任出言無狀，請何公爲轉圜，何公言：「楊君素懷氣節，去志已決，

〔註7〕 Chow Jen Hwa, *China and Japan-The History of Chinese Diplomatic Missions in Japan, 1877~1911*, Singa-pore：Chopmen Enterprists, 1975，第148～150頁。

公必欲留，請公自向楊君言之」。黎公乃至余室，面慚而謝過，且言：
「余此來無襄事之人，滿擬藉君贊助一切，昨日魯莽，幸勿爲罪」。
守敬乃以其言告知何公。及詢之同來隨員，乃知黎公之待其隨員常
無狀，而又隨自認過。何公乃勸余且留之以觀其後。其時，館中隨
員皆立而回話，守敬與約並坐而談，黎亦允之。既而始知黎無城府
人，其語言不檢，頂撞不校，且常受挾制，又不善計算，往往吃虧
而不敢言。〔註8〕

事情不大，甚至可稱爲瑣事，黎、楊初見即鬧的不愉快，黎庶昌小題大
做，動輒「申飭隨員」、「隨員皆立而回話」的做派，使得本就如驚弓之鳥一
般的楊守敬徹底發作。〔註9〕好在楊的推薦人張裕釗與黎庶昌本爲兒女親家，
在黎庶昌放下身段的安撫之下，楊守敬留在駐日使館也就順理成章了。楊氏
所謂「知黎無城府人，其語言不檢，頂撞不校，且常受挾制，又不善計算，
往往吃虧而不敢言」的評價，從其親身體驗看來也算言之有據。

楊守敬還記載了另一件關於刻《古逸叢書》的故事：

黎公本文章之士，於古書源流不甚了然，當初議刻《叢書》
時，我即自任爲黎公每部代作一跋，而不署我之名，黎公則笑云：
『我自有我之跋，君自爲跋可也』。及爲原本《玉篇》跋各成一通，
刻之，黎公寄伯寅尚書，回書則云：『君既囑楊君任刻書，即請楊
君代作跋，何必以空文爲重儓！』而黎公赧然，遂不作跋，亦不願
守敬作跋。故《叢書》，如《玉燭寶典》、正平《論語》、《史略》諸
書均有札記（札記），皆輟不刻，至今仍存守敬篋中。〔註10〕

刊刻《古逸叢書》是黎庶昌出使日本期間的重要文化活動，一直是學界
研究關注的熱點，但其中的過程更能使人進一步瞭解參與者的狀況，黎庶昌
「貪圖虛名，且不能成人之美」，這就是楊守敬的感受。

兩則逸事，一做派，一學問，雖不全面，倒也能管窺黎氏的性格與爲人。
「無城府」是性格，「語言不檢」是修養，「自作書跋」是自信，「不願成人之
美」是品性。黎庶昌出自曾文正幕府，匡扶清廷的不世之功自然與有榮焉。

〔註8〕　郗志群整理：《鄰蘇老人年譜》，謝承仁主編：《楊守敬集》第一冊，第16～17
頁。

〔註9〕　楊守敬謂：「左手持天下之圖，右手扼其吭，有識者不爲」，出自《文子》「左
手據天下之圖，而右手刎其喉，雖愚者不爲」，意指黎庶昌仗勢欺人。

〔註10〕　郗志群整理：《鄰蘇老人年譜》，謝承仁主編：《楊守敬集》第一冊，第18頁。

且做派受行伍薰陶，學問不入行家法眼，貪圖虛名也算人之常情。當然，此不過楊氏一家之言，黎庶昌自有過人之處，但其不是本文研究的範疇。

列舉楊守敬，是因爲姚文棟與之地位相當、所處環境相同、仕途之坎坷相似、都有大志向，其心態、感受當有相似之處，與同一位主官相處兩人的反應亦類同。這有助於把握姚文棟的心理狀況。姚文棟不但與黎庶昌不睦，且對使館同僚亦不大看得起，除了前文他指責「署內寅僚，多係學習穿衣吃飯之人」外，在與友人的信中還多有詬病，

> 見示大著，內所論倭之地理形勢了若指掌，崇論閎議，雋筆英詞，然非有長才遠略，又烏能獨具隻眼？其餘書箚、雜記亦皆論事有識，用筆爽利，佩服佩服！使西瓜代，當必更有著錄，拭目俟之。承示在倭力辭銅價平餘，移以充賑等情，具以聆悉。自中外通交以來，出洋者自欽使而下咸識爲求名要利之途，豈復有輶軒問俗之意？甚且行同商賈，種種謬妄，貽夷人以姗笑，爲中朝之大羞。奉使者罔上而營私，推轂者醜正而惡直，可爲浩歎。如足下之潔清自矢，不受非議之財，若是豈惟僕所聞而欽佩，夷人當亦爭誦使君之賢。來示謂以忠信篤敬、行己有恥二語自勵，可謂有志之士。〔註11〕

孫詒經爲姚文棟的前輩，時任戶部左侍郎，在他給姚氏的覆信中表達了對其地學研究的首肯，「了若指掌」；對其品格的讚賞，「潔清自矢」，以及對其時事見地、文字用筆的激勵，「雋筆英詞」。詞句間可以看到姚文棟對同僚一些行爲的批評。姚氏以「忠信篤敬」和「行己有恥」自勉，顯示出不屑和自矜的態度，這種表現固然與他較強的憂患意識和學術價值取向有關，也與其較爲富裕的家境脫不開干係。姚文棟熱心公益事業，即使身處東瀛亦總是參與賑捐，《申報》多有記載，例如，1882 年 11 月 18 日、1883 年 11 月 16 日都有其捐賑的記錄，兩次各捐 30 元。最特別的是 1888 年 6 月 28 日的記錄：

> 十五日，文報局交來姚子梁太守、子讓孝廉惠函：因萱堂六旬大慶，將祝壽筵資移賑，彙到英洋二百元。按：二君係隨星使駐德國贊襄通商機宜，萬里重洋，塤箎協奏，茲以慈幃介壽，節省酬賓

〔註11〕孫詒經：《孫子授侍郎書》，《讀海外奇書室雜著》，光緒十九年刻本，南京圖書館藏，前 1 頁。

　　席費拯彼災，較諸舞彩稱觴尤爲眞切，所謂養親志若二君，其誰與
歸？除挈收票布復外，謹登報簡，以鳴謝忱。上海三馬路興昌協賑
公所竹坪陳煦元謹誌。〔註12〕

　　英洋，即鷹洋，製造地點是墨西哥，這種銀元通過貿易進入中國，清代
中後期在長江以南甚爲流行。一次性捐賑 200 元，可謂不小的手筆，伯氏吹
塤，仲氏吹箎，姚氏兄弟的行爲作派可見一斑。姚文棟爲人直率，品行端方，
急公好義，志向遠大，自然對身邊齷齪之事深惡痛絕，且身負眞才實學，自
視甚高，所以屢屢直言。姚文棟的聲名也給自己贏得了發展的機會，他被接
任的駐日欽差大臣徐承祖留任隨員，「徐孫麒星使於九月十六日遷至總
署，……茲聞各大僚之交薦條者，紛紛不絕。徐星使選舉甚嚴，並不瞻徇情
面，其眞有才幹者，雖無人薦引亦必然羅致。聞已聘請蔡刺史錫勇、徐主政
廣坤、姚別駕文棟。按：姚別駕本係黎星使隨員，此次徐星使擬請姚君蟬聯
而下，亦足見星使之愛才」。〔註13〕（別駕，係官名，全程爲別駕從事史，漢
代設置，爲州刺史的佐吏。清代官職有通判，與別駕官職相似。故稱通判爲
別駕。如此稱謂，說明是時姚文棟已有通判職銜。）

二、積極投身文化交流活動

　　對於日本之行，熟悉和瞭解姚文棟的人都抱有較高的期望。光緒八年正
月，《申報》刊登了孫點感懷同門之作，「上海姚子良文棟，武功信偉人，才
志磐盤大，卓有經世略，方域親圖繪。君精地輿之學，挾策走長安，風雲欣
際會，王事獨賢勞，隨使東海外。日本星使奏調隨行，長風送□裏，波光落
襟帶。蓬萊在咫尺，長□發天籟。從遊違素志，東來淩岱泰。展卷一涉想，
夜深無聊賴」。〔註14〕

　　這一方面也是關於姚文棟研究的研究者們著墨最多之處。

　　第一，以文會友。從初代駐日公使何如璋開始，重視文化交流成爲中日
外交的重要內容。「在第一屆中國駐日使團中，對中日文化交流貢獻最著、影

〔註12〕1888 年 6 月 28 日《申報》第 5456 號第 10 頁，「壽筵移賑」，《申報》影印本
　　　　第 32 冊。

〔註13〕1884 年 11 月 16 日《申報》第 4166 號第 2 頁，「謝絕情面」，《申報》影印本
　　　　第 23 冊。

〔註14〕1882 年 3 月 11 日《申報》第 3179 號第 3 頁，「歲暮懷人十詠」，《申報》影印
　　　　本第 20 冊。

響最大的人物，並非公使何如璋，而正是這位參贊黃遵憲」。〔註15〕「黃遵憲
風塵僕僕漫遊日本各地，參加各種集會，結交各方面人士。他還常常與日本
詩人唱和詩篇，通過口說筆談題詩宣傳中日友好，進行文化交流，並和很多
日本人士結下了深厚的友情」。〔註16〕黃以深厚的學養，友善的心態博得了「日
本人士的尊敬和愛戴」，〔註17〕同時也為後續中日間的交流奠定了良好的基
礎。

　　黎庶昌就任公使後，與日方文人雅會亦沒有停止，不但規模愈加擴大，
而且開始定期召開，前後共進行了九次，參加的人數也由第一次的近二十
人，直至後來的六、七十人，可謂文人盛會。〔註18〕黎庶昌曾記述，「余以
光緒七年冬奉使日本，有與國同文之樂；暇輒與縉紳儒流敘交會飲，諸君子
或為詩文以張之。而上巳、重陽，每歲必舉特別之會，使與蘭亭、龍山相配。
光緒十三年，余奉命再至。國好日密，駸駸有唐世遺風。愈益無事，益得與
諸君子道故舊、為宴樂。於是，會者愈繁，……歲不下數十聚」。〔註19〕姚
文棟作為使館隨員不但參與詩會，而且受黎庶昌的委託將光緒八年重陽詩會
的詩作編為《重陽登高詩》一冊。次年，中日雙方再次聚於清駐日公使館之
西樓，中方參加的有黎庶昌、楊守敬、姚文棟等八人。姚文棟即席賦詩二首：

其一，《九日登高，應教賦呈》

　　　危樓百尺俯層巒，詩酒重聯九日歡。

　　　一座人才名下選，八州地勢檻前看。

　　　因憐晚節須簪菊，不為秋風早整冠。

　　　辭賦由來傷篆刻，故將經術挽狂瀾。

其二，《謹次東坡〈九日黃樓〉詩韻，再呈誨正，並質諸君》

　　　隔宵聞道園丁說，芳菊凌晨花正發。

　　　滿城風雨作重洋，笠履人來泥滑滑。

　　　使君西樓張瓊筵，招賢肯結王生襪。

　　　登壇誰是酒中豪，舉觴共對花前呷。

〔註15〕 王曉秋：《近代中日文化交流史》，《中華近代文化史叢書》，第 142 頁。

〔註16〕 王曉秋：《近代中日文化交流史》，《中華近代文化史叢書》，第 144 頁。

〔註17〕 王曉秋：《近代中日文化交流史》，《中華近代文化史叢書》，第 155 頁。

〔註18〕 〔日〕實藤惠秀著，陳固亭譯：《明治時代中日文化的連繫》，臺北：中華叢
書編審委員會，1971 年，第 44～65 頁。

〔註19〕 黎庶昌：《宴集三編統序》，黎庶昌等著，孫點編，黃萬機點校：《黎星使宴集
合編》，貴州：貴州人民出版社，1992 年，第 120 頁。

更喜嘉賓能獻禮，卻笑狂生空荷鍤。

座間藹若天地春，不道秋高氣肅殺。

或為覓句陳無已，如僧入定坐枯剎。

或為敏捷王仲宣，藻思頻抽絲軋軋。

品如李劉合居上，名高元白疇能壓。

詩成各自慎磨礱，還恐干將留缺齾。

吁嗟乎！登高須有作賦才，無才不似能言鴨。

秋風容易又經年，日月驚心飛電雪。〔註20〕

　　姚文棟的詩，雖稱不上上乘之作，但也可圈可點，描繪精緻人物活靈活現，從姚氏的詩作中，清駐日使館組織詩會的情形可見一斑。文會亦達到了「國殊而道同」〔註21〕的溝通目的，與會的日方文人也感慨「同文之國，意乞相投，情實等一家」，〔註22〕「紫金峨冠之客，草莽韋帶之士，團坐膠輵，歡如一家」。〔註23〕膠輵團坐，意思是雜亂無章，說明各等人士不分彼此，不拘形式，歡快之態盡顯。

　　姚文棟初到日本，即和「『新文詩』的森春濤、槐南父子一派常相往來。而以重野成齋為中心，每月一次，在星岡茶僚所開的麗澤社詩會，姚也常出席」。〔註24〕作為後繼者的姚文棟也通過參加日本文人雅士的集會，很快地得到了他們的接納和認同，被稱為「第二個黃遵憲」。「日本文人墨客，有稱姚為『子梁詞宗』，也有敬仰他為『大文宗』者」。由此可見，姚氏在日本文人圈中的聲望與地位。

　　除了詩詞唱和以外，姚文棟還遍覽日本的風土人情。例如，他曾受友人之邀赴龜戶賞梅，「一日，童子報曰，有人自龜戶來，知梅花已盛放。遂命導遊，車行十里餘至其地，乃一神社，榜曰龜戶。余入門周歷庭宇，見有稚梅十數株，娟秀可愛。訝其少又無老梅，不如曩所聞。問之賣茶女，乃曰距

〔註20〕黎庶昌等著，孫點編次，黃萬機點校：《黎星使宴集合編》，貴陽：貴州人民出版社，1992年，第27～28頁。

〔註21〕黎庶昌：《重九宴集詩序》，黎庶昌等著，孫點編次，黃萬機點校：《黎星使宴集合編》，第4頁。

〔註22〕藤野正啓：《大清公使署重陽宴集序》，黎庶昌等著，孫點編次，黃萬機點校：《黎星使宴集合編》，第6頁。

〔註23〕石川英：《宴集編序》，黎庶昌等著，孫點編次，黃萬機點校：《黎星使宴集合編》，第122頁。

〔註24〕〔日〕實藤惠秀著，陳固亭譯：《明治時代中日文化的連繫》，第69頁。

此三四百武，有所謂臥龍梅者，龜戶勝處也」，「枝幹蟠屈，左右倒垂，乍見之疑是老松，其花薄紅色」，「又有吾國人劉香琴兩詩在楹間」。姚氏也賦詩留念，「塵寰擾擾總堪憐，蠻觸爭蝸蟻奪膻。猶有此間香雪海，春深穩護玉龍眠。縱然不是池中物，俗眼相看也不妨。我欲化身來伴汝，暫將東海抵南陽」。〔註25〕閒情逸致呼之欲出。姚氏還記錄了與友人曾根俊虎探訪小向村梅園，偶遇梅園主人野崎保，野崎氏講述該村由來，其祖先事跡，梅園興衰的故事。姚氏因此感慨，「此何異避秦人隱居桃源，而不知劉項曹馬之起滅於泡影間」。〔註26〕

　　姚文棟在與日本畫家瀧君和亭的交往中，極力稱讚其繪畫技藝的高超。「日本畫有兩種。一曰國畫，乃其古法。一曰唐畫，則取法於我者。……唐畫尤工者，首推瀧君和亭。和亭所居處曰紅梅町，築樓數楹，下臨茗溪，前對孔林，有山水花月之趣，所謂畊香館者也。予嘗至樓中觀女弟子作畫，爲題四季花圖卷。其郎君才八齡，能對客揮毫，予贈以一詩。蓋君子之風，致不在晉唐人以下，故能精詣入神，爲東海畫家之冠」。「近出示畫剩四卷，乃少年時，縮摹宋元名人舊跡，自山水人物以及花卉蟲魚翎毛之屬，凡數百圖，殫精極工，莫不逼肖，君之鑒藏之富，臨摹之勤，即此可以想見一斑矣」。在姚文棟看來，瀧君和亭能夠成爲日本中國畫的佼佼者，達到了「自成一家」的境界，除了其受中國文化的影響具備「君子之風」外，「業精於勤」也是令人欽佩之處。〔註27〕

　　1883年冬（光緒九年），姚文棟受砳見花蹊女史的邀請，在友人蒲生重章的陪同下訪問成蹊館，觀摩該校舉辦的有數百位女生參加的學習成果考試。該活動場面盛大，給姚文棟留下了深刻的印象。

　　　　明治十六年冬十一月廿五日，砳見花蹊女史試其女生徒數百人
　　　　於成蹊館。先期女史貽書迎子梁姚君往觀，又以書招余陪賓。余往
　　　　則見女史炫服席於館之西窗下，東面而坐。女生徒數十人，正服穿
　　　　緋褲，侍坐於其右。其它席於東壁下，西面而坐者若而人；席於南
　　　　軒，北面而坐者若而人，亦皆女生徒也。

〔註25〕姚文棟：《觀臥龍梅記》，《讀海外奇書室雜著》，清光緒十九年刻本，南京圖書館藏，第10～11頁。

〔註26〕姚文棟：《小向村梅園記》，《讀海外奇書室雜著》，第38頁。

〔註27〕姚文棟：《畊香館畫剩序》，《讀海外奇書室雜著》，第37頁。

頃之，一少女自北房出，徐步而前，撒白鹽禳席。又一少女隨之，揮桃茢而禳。禳畢，又一少女揭神位於北壁，題曰八意思兼大神。有二少女攜白木長幾來置諸神位前，如是者二三疊。於是，緋褲女生徒皆起，持果蔬魚鳥弊用，徐步而前，轉傳之前者，前者拜而承之，又轉傳之其前者，數十傳而後進之神位前幾上。進畢，一少女置小幾於座上。塾長姊小路桃子出祭文，朗讀之。

讀畢，二幼女就幾側，披講漢書，音吐清晰，娓娓可聽，一曰西村信子，年甫九歲；一曰丸山姓子，年甫十歲。

講畢，鋪氍毹，生徒數百人更迭而進，提大筆作孿窠書，書或大於人。其最幼而工者，曰三條富子，年甫九歲；曰岩崎茂子，年甫八歲；曰岩崎富子，年甫七歲；曰前田隆子，年甫若干。而余之女，春桂年數歲亦與焉。

既而，又令諸生徒作畫。幼而能工者，曰三條智惠子，年甫十一；曰三條西濱子，年甫十二；曰松野鐵千代，年甫十一；曰松平鞆子，年甫十歲；曰古屋錫子，年甫若干。桃子作淡竹數竿，風姿灑然，姚君子尤屬意焉。書畫畢，徹神羞，其儀如初。

蓋斯館之創在明治八年，至今又八年矣。館之側爲三宜樓，女史擁皋比處也。三宜者，以宜月、宜雪、宜花而名。余嘗記之曰：所貴乎斯樓不獨雪月花也。女史門下，百千閨秀，他日薰陶有成，其智識瑩然如月，其節操皎然如雪，其藝文爛然如花，是則三宜之大觀矣。今余果獲此大觀，可證余言之不誣也。因爲此記，一貽女史，一貽姚君。〔註28〕

姚文棟在日本友人蒲生重章的陪同下，作爲特邀嘉賓參觀了成蹊館女子學校的學習成果展示活動，學生們爲姚展示了儀禮、朗誦、書法、繪畫等技藝，其表現得到了姚文棟的讚賞，教育的成果無疑是豐厚的。如此大規模的女子教育在當時的中國並不多見。

姚文棟在日活動的內容豐富，接觸廣泛，一則開拓了自己的視野，再則也與一批日本文人建立了深厚的友誼。姚氏在日五年，歸國省親之際，日方友人多有送別詩作，「平時縞紵（縞紵一詞出自《左傳》，意即朋友間互贈禮

〔註28〕 〔日〕蒲生重章：《觀成蹊館試女生徒記》，河田小桃編，由良久香校定：《海外同人集補遺》，中國國家圖書館藏，清光緒刻本，第3～5頁。

物）訂交，篇什唱酬素不乏人。此行祖帳東門者亦復稱盛，投贈詩文行篋爲滿」。1888 年 6 月間（光緒十四年五月），姚氏結集刊刻《歸省贈言》，收錄「詩四十一首，文五首」，以賀其母六十壽辰。費延釐爲之作序，評價道：「姚君有母在堂，而奉使外邦，日抱其眷戀庭闈之意，即例以風人之陟屺瞻望者，亦復何愧焉？且古人之養志之義所包尤廣。聞姚君之母太夫人在家嘗貽書其子，以大義相勗，欲君之移孝以作忠，則姚君誠遠大自期，以爲顯揚之本。爲之母者得遂其教子有素之志。其有不暢然意滿者乎？吾意太夫人得此一編，方自幸其子之立身、交友均無愧於義方之教」。〔註29〕

　　回憶與姚文棟之交往，日方友人也多有感慨。丸山鑽曰：「時以文想講習地日星岡會，曰麗澤。清國姚君志梁居東京數年，亦來與斯會焉。……我與大國書同文，車同軌，勢如唇齒，情均兄弟。矧使軺往來，修好同盟，未有今日之盛」〔註30〕。齋藤薦信則更看重姚氏的操守，曰：「君子哉若人。姚君奉職之勤，孝友之篤，與其文辭之長，昭昭播一時人之所共知也。若夫清廉孤介之操，篤信之所獨見也。事雖若瑣細，推之可以成大節，振之可以矯末俗」。〔註31〕此評論可做標杆，論及其敬業、交友、文采。村上信忠則認爲姚氏遠超史書所載的「才臣」的地步，工作休閒兩不誤，思慮周詳，從容不迫，「姚君高才博學，敏於吏事。雖庶務紛揉，簿書填委，未嘗一日廢風雅，與我同人文酒馳逐，雕琢萬象以縱其才思。而其指揮雍容，籌慮精密，所部畫、交涉諸事，壇坫之間無間言焉。嗟夫！如姚君可謂能稱使職者矣。……君與我邦賢士大夫周旋盤敦，歡如一家。聲氣應求不渝金石，僑箚之誼無以尚焉。何哉？君至性薰陶，人人深知所致也」。蒲生重章稱讚姚氏「交滿天下」。〔註32〕川口罵則對姚氏提出希望，盼其將在日本的所見所聞、世界大勢進呈朝廷以圖消除禍亂〔註33〕。姚文棟則作《友說》一篇，〔註34〕

〔註29〕　費延釐：《〈歸省贈言〉序》，河田小桃編，由良久香校定：《歸省贈言》，中國國家圖書館藏，清光緒刻本，第1～3頁。

〔註30〕　〔日〕丸山鑽：《送姚君志梁省親歸國序》，河田小桃編，由良久香校定：《海外同人集》（卷下），中國國家圖書館藏，清光緒刻本，第1頁。

〔註31〕　〔日〕齋藤薦信：《前題》，河田小桃編，由良久香校定：《海外同人集》（卷下），中國國家圖書館藏，清光緒刻本，第3頁。

〔註32〕　〔日〕蒲生重章：《前題》，河田小桃編，由良久香校定：《海外同人集》（卷下），中國國家圖書館藏，清光緒刻本，第5頁。

〔註33〕　〔日〕川口罵：《前題》，河田小桃編，由良久香校定：《海外同人集》（卷下），中國國家圖書館藏，清光緒刻本，第5～6頁。

〔註34〕　姚文棟：《友說》，《讀海外奇書室雜著》，光緒十九年刻本，南京圖書館藏，

總結了自己與日本友人的交往，以回應雙方的友誼。姚氏此說也得到了友人蒲生重章的贊同，蒲生氏將所著《近世偉人傳》共十四卷贈送給姚文棟，以期成為「益友」，且「餘暇以示之鄉黨朋友，則麗澤之義尤為宜」。即使臥病之中的岡千仞也感歎「唯子梁域外知己」。〔註35〕日下寬作《送志梁先生歸省》：

> 交情同萬里，不隔海西東。
>
> 舉杯歡何盡，操觚意自通。
>
> 新篇論友道，舊國錄民風。
>
> 明日掛帆去，相思渺遠空。

從中雙方的交往亦可見一斑。

三、尋訪古籍

　　中日兩國一衣帶水，自古以來商貿往來不斷，文化交流亦隨之擴大。日本人學習漢學的主要載體是漢文典籍，且長期以來搜求不已，並妥善保存。從而使得很多中國已失傳的版本在日本卻有收藏，因此，歷史上中國學者對日的訪書活動屢見不鮮。「中國文人學者大規模從日本搜求逸書的高潮是在十九世紀八、九十年代」。〔註36〕日本明治維新之後，處於自強運動之中的中國社會精英將探究的目光對準了自己的鄰居，尤其是派遣駐日公使之後，搜求、整理、刊刻出版日本中文古籍逸書成為多位大清駐日使館官員的重要任務之一。其中的佼佼者當屬楊守敬和姚文棟，二人同一時期開始在大清駐日使館任職，楊氏的重要成果表現為《古逸叢書》的刊刻出版。楊守敬回國後，姚文棟在第三任駐日公使徐承祖的支持下，刊刻了森立之的《經籍訪古志》，其訪書活動的成果亦頗為可觀。

　　楊守敬在記敘其在日訪書時談到：「庚辰東來日本，念歐陽公百篇尚存之語，頗有搜羅放佚之志；然茫然無津涯，未知佚而存者為何本？乃日遊市上，凡板已毀壞者皆購之，不一年遂有三萬餘卷」。〔註37〕後來，楊氏「交其國醫

　　　　第51～52頁。

〔註35〕〔日〕岡千仞：《岡千仞鹿門》，河田小桃編，由良久香校定：《歸省贈言》，中國國家圖書館藏，清光緒刻本，第3頁。

〔註36〕王曉秋：《近代中日文化交流史》，《中華近代文化史叢書》，第291頁。

〔註37〕劉昌潤整理：《〈日本訪書志〉緣起》，謝承仁主編：《楊守敬集》第八冊，第27頁。

員森立之，見所著《經籍訪古誌》，遂按錄索之」。〔註38〕在黎庶昌駐日公使任內，楊守敬爲其隨員，黎氏「見余所爲《日本訪書緣起條例》，則大爲感動，遂有刻《古逸叢書》之志。……且有爲立之所不載者數百種，大抵醫書類爲多，小學類次之，於是由黎公擇取付梓人，囑守敬一人任之」。〔註39〕從中可以看出，黎、楊等人對尋訪、刊刻古佚書活動用力之深。

與楊同爲隨員的姚文棟似未參與《古逸叢書》的編輯出版工作，但其對楊的工作內容、進度是相當關注的，並且他個人對訪書活動也投入了相當的精力。姚文棟對於中國古佚書流佈爾日本有著自己的認識和見解，他認爲：「隋煬帝時，日本遣大禮小野妹子來聘。妹子歸奏曰：臣之還，隋主授臣以書。臣船經百濟，百濟逼臣奪書。此爲中國書東流之始。自後，遣唐之使相望於道，又頻遣留學生來唐，由是其國書籍漸富。然彼史無藝文志，無由考知其書目及諸書存佚、聚散之由。……中國經五代之亂，書多散亡，轉有藉日本以流傳者矣」。〔註40〕對於日本古佚書的保存狀況，他介紹說：「近世書目家，前有藤佐世之《日本現在書目》，又有今人森立之《經籍訪古志》，粗足以資考證。立之云，彼國所傳古鈔本具存。隋唐之舊，爲宋元人所不能睹者，蓋不下數十百種。至於宋元板及朝鮮刊本，爲明以來諸家所未睹者，尤指不勝屈」。〔註41〕姚文棟也認爲森立之的話沒有誇大的成分。他還評價中國駐日公使館設立以來的訪書活動，「光緒三年，番禺何公使日本，訪搜佚書無所獲。然日人知中國之求之也，乃稍稍出其所有，以聞於世。今星使遵義黎公復搜之，未一年間，不脛而至者殆及二十種，則將來之續有所獲益，未可限量矣」。在他看來，經過兩代公使的努力訪書活動取得了一定的成效，堅持以往必將成果豐厚。姚文棟還附上《新得佚書目錄》，介紹駐日公使館新近得到的《玉篇》等十四種佚書，其中九種已重刻，五種未刻。姚文棟上書請求刊印佚書。〔註42〕他還上書總理衙門要求與日方交涉，希望能夠對足

〔註38〕劉昌潤整理：《〈日本訪書志〉序》，謝承仁主編：《楊守敬集》第八冊，第25頁。

〔註39〕郗志群整理：《鄰蘇老人年譜》，謝承仁主編：《楊守敬集》第一冊，第18頁。

〔註40〕姚文棟：《讀海外奇書室雜著》，「答東洋近出古書問」，光緒十九年刻本，南京圖書館藏，第17頁。

〔註41〕姚文棟：《讀海外奇書室雜著》，「答東洋近出古書問」，光緒十九年刻本，南京圖書館藏，第18頁。

〔註42〕姚明輝編輯，戴海斌整理：《姚文棟年譜》，《近代史資料》總125號，第152頁。

利學校所藏《論語義疏》進行抄錄。〔註43〕他對刊刻此六種著作的重要性進行了說明：

> 一（梁）皇侃《論語義疏》，十卷。此書南宋時已佚。國朝雍正初年，日本山本井鼎等作《七經孟子考文》，自稱其國足利學中有此書寫本，始知海外尚有流傳。乾隆時，新安鮑氏購得之，刊入《知不足齋叢書》中，爲此書復入中華之始。經浙江巡撫採進《四庫》，隨已著錄。文棟東渡，後訪其足利學所藏寫本，乃與鮑本體例絕不相類，文字亦間有異同。因復博詢耆儒，始知隋唐舊傳惟存寫本一部，山本井鼎作考文時，尚無副本。其後有根遜志者，始將此書授梓。然仿邢昺疏變更體例，非復皇氏之舊，鮑所據者即此刻本。盧抱經序稱其：扶微舉墜之意懇懇，欲大其傳，而不爲一邦之私秘。而不知其淆亂舊章，已盡失盧山眞面目也。文棟竊按：皇氏此疏採引衛瓘等十三家之說，漢晉經學託以綿一線之傳。宋國史志已稱其博極群言，補諸書之未至，爲後學所宗。況六朝經書傳於今者，幾無完帙，獨賴此疏巋然爲靈光之存。乃僞本流傳百有餘年，而眞本猶晦藏於滄溟五千里之外。近來，日本崇尚西學，篾棄漢籍，誠有如服元喬所云：足利之藏不可保。今而不傳後世恐復散失者，一髮千鈞，危亦甚矣！宜就足利學借鈔定本，刊刻流播，以惠士林。不獨爲皇氏之功臣，抑且彌鮑氏之缺憾，豈非曠世一逢之盛舉乎？

一（唐）釋慧琳《一切經音義》，一百卷；（遼）釋希麟《續一切經音義》，十卷。慧琳《音義》見於宋《高僧傳》，所謂《大藏音義》者也。宋元以來，釋藏本皆附刊元應《音義》，而不及此書，故阮氏元《四庫未收提要》以爲今已不傳。希麟《續音義》，諸家都未著錄。文棟初到日本，晤老儒森立之，始知高麗國所刊藏經有此兩書在其中。日本元文丁巳年，獅谷白蓮社曾將慧琳本重刊延享。丙寅年，高野山北室院復將希麟本續刊，版合爲一，至今尚存。因商之寺僧，兼屬書賈刷印，數年以來流通漸廣。其後，晤老僧澈定，復知高麗刻藏經藏於芝山增上寺中，偕之往觀，見其版式寬長，每半頁僅五行，每行僅十五六字。字大如錢，書法撫歐陽率更，寶光溢於紙上，聞係豐

〔註43〕姚明輝編輯，戴海斌整理：《姚文棟年譜》，《近代史資料》總 125 號，第 152 頁。詳見，陳捷：《關於清駐日公使館借抄日本足利學校藏《論語義疏》古鈔本的交涉》，《版本目錄學研究》第二輯，第 375～408 頁，國家圖書館出版社 2010 年。

臣秀吉寇朝鮮時所得。其時朝鮮八道胥遭蹂躪，經籍焚毀無遺，秀吉攜歸日本者亦只此一部，海外更無第二本矣。文棟竊按：兩《音義》為佚書之淵海，小學之津梁，學者所當必讀，非僅供好奇嗜古者之摩挲也。獅谷、高野兩刻，版式縮小，非復舊觀，又有謬誤，實不足為據。如將高麗原本用西法影照，可以寄遠模刻，亦一勝事。元應《音義》雖經莊虛庵、錢獻之、孫淵如諸家校刻，究亦不如朝鮮本之精，須三種合刻乃為完璧也。

一（唐）楊上善《黃帝內經明堂》，十三卷存一卷；《黃帝內經太素》，三十卷存二十七卷；（唐）李勣《新修本草》，二十卷存十卷。文棟竊按：唐代醫書傳世極稀，此三種自宋以來未見著錄，其佚久矣。日本亦只有寫本，流傳未廣。《黃帝內經明堂》序云：以十二經脈各為一卷，奇經八脈復為一卷，合為十三卷。與《舊唐志》所載楊上善《黃帝內經明堂》類成十三卷者，卷數適相符合，疑即是此本。無類成二字，又未知是寫者訛脫否？《新修本草》第十五卷末，載顯慶四年，各官銜名次，則即陳氏書錄《大觀本草》注所云：唐顯慶又增一百四十種，廣為二十卷，謂之《唐本草》者。其舊經一卷及陶隱居所增七卷皆包在其內，猶可藉以窺見古《本草》之真。今以唐氏《證類》校之異同錯出，可互相是正也。日本好古家小島學古得楊上善兩書於仁和寺，狩谷卿雲得《本草》於西京，而皆未付梓，迄今傳鈔者重，則訛誤益多。若叢而刻之，是亦醫學之美譚，古書之幸事矣。〔註44〕

《姚文棟年譜》中提到所著《東槎續著》，其書未刊，特將《請刊佚書節略》全文照錄於此，姚氏對六部古書的流傳、收藏、版本、存世狀況做了介紹，並加有按語逐一進行分析、評價。其中，姚氏上書總理衙門，請求交涉重鈔足利學校所藏《論語義疏》，但該版本因人阻撓而未及刊印，其中的原委日人稻垣天真有所記載：

> 清國姚君志梁，癖耽古籍，訪知我足利學藏有《皇侃論語疏》真本，上其事於總理衙門，欲請奏聞朝廷刊頒黌舍誡，表章經學，發潛闡幽之盛事也。天真為君購得松元家所藏古鈔本，而君猶未慊於意。函商櫪木縣廳遣人就足利學借鈔。未及蕆事，而君奉簡書敦促，有太西之行。會某星使新抵日東，以書讒君於朝，謂足利學本非古書，君之言不可信。由是此書雖上之總理衙門而罷刊頒之議，

〔註44〕姚文棟：《請刊佚書節略‧東槎雜著》，《牧令篇，籌邊論，東槎雜著》，清抄本，上海圖書館藏，原書無頁碼。

君之志卒未能達也。……聞某星使因足利學本亦夾引《邢疏》，遂
疑古鈔本皆出於《邢疏》之後，是又考古之疏也。噫！皇氏眞本晦
藏已閱千年，得姚君表章之，而厄於某星使之瞽說，是尤可痛惜者
也。天眞不揣譾陋，謹舉其所聞書以貽姚君，俾錄於重鈔本之後，
以破耳食者之疑云。〔註45〕

　　從稻垣氏的記述可知，《皇侃論語疏》最終未能刊印出版的原因有兩個：
姚文棟因奉調爲出使俄德奧和四國大臣洪鈞的隨員，出使歐洲。另一個主要
的原因是，二次出任駐日公使的黎庶昌對該版本提出質疑，認爲「足利學本
非古書」。不過，姚氏所鈔之本也因此而成爲國內罕見的珍本。

　　因爲在日的詩會、訪書活動，姚文棟也與日本著名漢學家森立之發生了
接觸。在明治十八年一月溫知社的例行發布會上，淺田常（即淺田惟常）與
姚文棟有過初次交流，「淺田：溫知發布會上清客來至，中有姚文棟在。僕
始接芝眉，將傾意盡情。特奈稠人密坐，杯盤狼藉，失禮於君子，失敬。姚：
他日更相過從，以傾胸臆可也。今日聞祭神農，來瞻盛儀，不謂祭事已畢，
甚悵」。〔註46〕從文字間可知，姚文棟希望能觀摩神農祭祀儀式，可惜未能
如願。其實，他此行還有另外一個目的，就是希望與森立之進一步接觸。此
次溫知社的活動中，森立之曾接到姚文棟的書貼，「曾至高齋，又上野西樓
同席。弟暇日欲趨訪請問貴邦古籍」。從雙方的接觸來看，姚曾經造訪過森
立之的書齋，並且一同參加了光緒九年（1883 年）重陽節清駐日公使館舉辦
的詩會。自黎庶昌卸任，徐承祖接任公使以來，使館留任的人員很少。黎庶
昌任內尋訪古書的主力楊守敬回國，其任務就自然落到姚文棟的身上。

　　姚文棟協助徐承祖刊刻出版了日藏漢籍的重要書目之一的《經籍訪古
志》。爲此，他與編者之一的森立之接觸日趨頻繁。他留書於森立之希望刊
印《經籍訪古志》，「弟知交中多好古博通之士，貽書來屬代鈔此書者，不勝
其夥。弟故創意排印之，以應好事者之求。公使之令弟徐承禮亦愛此書，相
與慫惥徐公使，因舉以付梓，是此書排印之原始也」。〔註47〕可見，是姚文
棟首先興起刊刻此書的想法，並努力將其付諸實現。爲此，他多次與編者接
洽，商請撰寫跋語等瑣事，「《訪古志跋》望早日交下，因全書將蕆事也。天

〔註45〕〔日〕稻垣天眞：《重鈔〈論語皇侃疏〉眞本書後》，河田小桃編，由良久香
　　　　校定：《海外同人集》卷上，第89～90頁。
〔註46〕陳捷整理《清客筆話》，謝承仁主編：《楊守敬集》第十三冊，第548頁。
〔註47〕陳捷整理《清客筆話》，謝承仁主編：《楊守敬集》第十三冊，第547頁。

晴之日，杖履隨意可顧談，弟必在樓（自注：此樓名曰讀海外奇書樓。）中
掃塌以俟」，〔註48〕「《訪古志》藏事在近，高製跋語，望早爲郵寄」。〔註49〕
最終，《經籍訪古志》在徐承祖的資助下得以刊印發行，「統計機器印工紙張
等，所費不貲。每部裝爲八冊，定價貳圓。惟印出部數不多，而索者紛紛，
難於遍給」。〔註50〕刊刻此書的花銷不菲，一經印成即有洛陽紙貴之盛況。

　　徐承祖亦有記述，「予銜命東來，公暇訪舊古籍，姚君子梁爲道此書，
獲之深喜，亟命以聚珍版印行，公諸世之同好者」。〔註51〕森立之則敘述了
楊守敬和姚文棟與《經籍訪古志》的淵源，「此書曩者守敬楊氏以重價得一
本，甚愛之。余曰：此本係偷抄，其誤不少。原本在我手，宜校正。其後，
未及校正而分手。頃，子梁姚先生奉孫麒徐公之命，將活字刷印此書。徐乳
羔先生亦責成之，而子梁先生實首任其事也。因令余校正，余不堪抃喜，逐
一就原本校之」。〔註52〕編者森立之的喜悅可想而知，而姚文棟爲此付出的
努力也最終隨著《經籍訪古志》的散播流傳而廣爲世人所知。隨後的兩年中，
姚文棟在日本友人得幫助下反覆對其修訂，使其更爲完備。

　　　　日本之有古書會由來已久。此書會中所輯，先後相承，出於眾
　　手。蓋搜訪勤則見聞日積，討論密則來歷益詳。中土古本之流落外
　　洋者，散而得聚，晦而得彰，胥於此書是賴。顧從來未有刻本，亦
　　無印本，但有傳鈔之本，各擇其意所欲者，往往闕略不全，且柴訛
　　不勝究詰。未嘗不傳播四遠，供好事者秤販，實則已失盧山眞面目
　　矣。予來此，會其會中所稱先進都已不及見，曩所云後起者亦皆垂
　　垂老矣，且寥落若晨星，與之語，有後不見來者之慨。予憂此書將
　　成廣陵散，建議欲速印。適使署有活字機，躬自督工進行，徐星使
　　與其弟乳羔太守亦樂觀厥成焉。費絀紙昂，僅印四百部，是爲臨時
　　校正本。老儒森立夫負其責，年垂八十矣。其後予居東又二年，歲
　　月從容，得向山黃村諸人爲之助，復有三訂本，較前詳審明備。予

〔註48〕陳捷整理《清客筆話》，謝承仁主編：《楊守敬集》第十三冊，第547頁。
〔註49〕陳捷整理《清客筆話》，謝承仁主編：《楊守敬集》第十三冊，第548頁。
〔註50〕陳捷整理《清客筆話》，謝承仁主編：《楊守敬集》第十三冊，第548頁。
〔註51〕徐承祖：《〈經籍訪古志〉序》，貫貴榮輯：《日本藏漢籍善本書志書目集成》
　　　　第一冊，北京：北京圖書館，2003年，第1頁。
〔註52〕森立之：《〈經籍訪古志〉跋》，貫貴榮輯：《日本藏漢籍善本書志書目集成》
　　　　第一冊，第629～630頁。

歸國時攜全稿藏搓里。〔註53〕

　其對日藏漢籍的搜集、整理、刊印的不遺餘力，由此可見一斑。

　姚文棟對於日藏漢籍古書回流中國的貢獻並不止於《經籍訪古誌》的刊印，據其子姚明輝記載：

　　先府君在日本既印《經籍訪古誌》，又搜古書，得古鈔、古刻
　　多種，後在天津遭拳亂，毀失大半，其存於家者略錄其目如後：
　　日本大永享祿間鈔本《周易王弼注》六卷
　　日本元龜天正鈔本《孔穎達疏》十四卷
　　日本明應文龜間鈔本《周易注》九卷《纂圖互注周易略例》一
　　卷
　　日本古鈔本《周易注》殘本四卷
　　日本古鈔本《尚書孔氏傳》十三卷
　　日本天正六年秀圓鈔本《尚書孔氏傳》十三卷
　　日本古鈔巾箱本《毛詩鄭氏箋》二十卷
　　日本古鈔蝴蝶裝本《禮記·曲禮》殘文二十二葉
　　日本古鈔宥後題名本《論語集解》十卷
　　日本古鈔蝴蝶裝本《論語集解》十卷
　　日本古鈔卷子本《黃帝內經·明堂》一卷
　　日本古鈔本《黃帝內經·明堂》一卷
　　日本永正十五年鈔宋蕭世基《診脈捷要》一卷
　　日本應寶二年鈔蝴蝶裝本《古陰陽書》一卷
　　日本德元年鈔蝴蝶裝本《唐德惠和尚之碑》九葉
　　日本舊鈔魚叔權《考事撮要》二卷
　　日本舊鈔狩谷望之《古京遺文稿本》一卷
　　日本舊鈔本《中金衡印話》二卷
　　日本文化元年狩谷望之《手鈔六集帖目》
　　日本舊鈔本《論語異本目錄》
　　日本舊鈔本《足利學校藏目錄》
　　日本舊鈔本《地志目錄》

〔註53〕姚明輝編輯，戴海斌整理：《姚文棟年譜》，《近代史資料》總125號，第149
　　～150頁。

日本舊鈔本《書名人譜》

日本舊鈔本《本朝畫圖品目》

影印日本古鈔《趙志集》玻璃片十七片

日本古刻《尚書孔氏傳》十三卷

日本古刻活字本《毛詩傳箋》二十卷

日本天明乙巳本《詩經傳箋》二十卷

日本古刻活字本《禮記鄭氏注》二十卷

朝鮮活字古本《春秋胡氏傳》三十卷

朝鮮古活字印嘉靖十六年朝鮮王賜益陽君本《爾雅注疏》十六卷

日本天保甲辰松崎明覆影刻北宋本《爾雅》三卷

日本文政十二年覆刻南城曾燠刻依元人影宋鈔本《爾雅音圖》三卷

日本覆刻古寫手卷本《論語》殘本一卷

日本天保八年刻石川之裂縮臨管相手書卷子本《論語集解》十卷

日本正平甲辰刻本《論語集解》十卷

日本天文癸巳阿佐井野刊本《論語》十卷

日本文化辛未仙石政和覆刻天文本《論語》十卷　附《校異》一卷

日本刻清氏點本《論語》十卷

日本覆〔刻〕宋小學本《音注孟子》十四卷

日本享保辛亥刻印□紙本《七經孟子考文補遺》三十二冊

日本元文丁巳獅谷白蓮社刻本《一切經音義》一百卷

日本延享丙寅高野山北寶院刻本《續一切經音義》十卷

日本翻刻明正統本《立齋先生標題解注音釋十八史略》七卷

朝鮮古刻本《古今歷代標題注釋十八史略通考》八卷

日本文政八年刻《八史經籍志》十種（《前漢書‧藝文志》、《隋書‧經籍志》、《舊唐書‧經籍志》、《新唐書‧經籍志》、《宋史‧藝文志》、《宋史‧藝文志補》、《補遼金元藝文志》、《補三史藝文志》、《補元史藝文志》、《明史‧藝文志》）

日本應永年間刊本《唐才子傳》十卷

日本慶長十八年活字印本《七書》（《孫子》三卷、《吳子》二卷、《司馬法》三卷、《黃石公三略》三卷、《六韜》六卷、《尉繚子》十五卷、《唐太宗李衛公問對》三卷）

日本弘化乙巳覆刻嘉慶年全椒吳氏覆宋乾道本《韓非子》二十卷

朝鮮古刻本《劉向新序》十卷

日本嘉永八年森氏刻本《□經》三卷

朝鮮古刻朴世茂《童蒙先習》一卷

日本明治七年刻《大越史記全書》五種（《外紀全書》五卷、《本紀全書》九卷、《本紀實錄》六卷、《本紀續編》三卷、《本紀續編追加》一卷，皆安南人著）

日本明治十五年活字本《資治通鑒》二百九十四卷

日本明治十五年刻《資治通鑒》二百九十四卷

日本精刻《初印館本》十七帖

以上繫日本、朝鮮古鈔、古刻精善各書，此外所得宋元明古刻之流傳日本者未列」。〔註54〕

姚文棟藏書的成就，亦為時人所關注，王謇稱：「（姚）家有昌明文社書庫，藏十六萬卷，以日本版本為最多。內有秘籍三種尚存，餘均毀於丁丑（1937年）之亂。三種者：（一）稿本《經籍訪古誌》，為日本古書會編纂。……（二）唐寫本《周易肇疏》，宋以前疏與注單行，至宋始合刊一。……（三）皇侃《論語義疏》古鈔本，現存南京圖書館。此外尚有日刊本之《論語》十數種，更有古今中外地理圖書若干種與魏默深、何秋濤原稿，均付之一炬矣」。〔註55〕遺憾之餘，王謇讚歎姚文棟：「扶桑訪古搜經籍，劫火猶存秘籍三。周易疏單論語義，魏何遺稿莫能探」。姚文棟駐日期間對漢文古籍的搜求工作，不但對漢文古籍的回流貢獻良多，而且姚氏也成為中國近代知名的藏書家之一。

〔註54〕姚明輝編輯，戴海斌整理：《姚文棟年譜》，《近代史資料》總125號，第153～156頁。

〔註55〕譚卓垣等撰，徐雁譚華軍譯補：《清代藏書樓發展史　續補藏書紀事詩傳》，瀋陽：遼寧人民出版社，1988年，第327～328頁。

四、介紹日本名家、名著

姚文棟在與日本漢學界交往的過程中，與很多日本知名學者結下了深厚的友誼，並且不遺餘力地宣傳他們治學的方法和成果。例如，他爲中國學者介紹了日本歷史學家岡千仞（振衣）及其著作《涉史偶筆》、《涉史續筆》。

> 予隨使節來日本，遍交東都能文之士。深得於史學者二人，曰青山季卿延壽，曰岡振衣千仞。季卿承父兄之續業，得諸童稚聽受之餘，其事佚而易。振衣積數十年之學力，又求良師友於四方，而後卓然有所成立，其事勞而難。予嘗讀振衣所撰米、法兩書，歎其能究心於域外大勢。後讀《尊攘紀事》，始英美通商迄將軍歸政，十數年間之事跡瞭如秩如。每紀一篇傳以論斷，辭筆明快，尤服其有良史才焉。顧念振衣胸羅萬卷，筆有千秋，當其俯仰古今，慨然於王霸盛衰之由，及賢奸忠佞、是非邪正之辨，意必有採緝成一家者。
>
> 予與振衣交兩年於茲，而未睹其書，因舉以問振衣，振衣笑曰：「日本邦史學，賴氏與青山氏備矣，余何述焉？若維新以來，官家自有史局，非草茅所當秉筆無已。嘗有《涉史偶筆》、《續筆》兩書，《偶筆》已刊行，今將梓《續筆》，子盍序之」。予受而卒讀，《偶筆》紀織田、豐臣、德川三氏事，凡六卷。《續筆》紀紀秀、忠家二代，分幕府、家門、譜第、列藩四門，凡七卷。昔青山延於撰《明徵錄》，仿朱子《名臣言行錄》體例，爲儒林所珍。振衣此書與《明徵錄》相類，蓋史家勸善之微意也。
>
> 吾聞振衣在鄉築廬於鹿門山下，名曰「藏名山房」，有一亭曰「草私史亭」。松元士權、松林飯山、原仲寧諸名流皆爲記之。維新而後，移家東京，而不得志於當世，倩沈梅史書「窮愁著書」四大字，欲借文字以抒其無聊不平，必將有大著作出焉。予拭目待之。

〔註56〕

姚氏算得上是岡千仞的知交。他認爲岡千仞與青山延壽不同，岡氏沒有家學淵源的背景，全賴個人後天努力求學，得名師指點，最終厚積而薄發。他通過閱讀岡氏的《米利堅志》、《法蘭西志》、《尊攘紀事》等著作，認爲岡千仞有「良史才」，這是相當高的評價。岡千仞在日本學界的聲望與地位也引

〔註56〕姚文棟：《涉史續筆序》，《讀海外奇書室雜著》，光緒十九年刻本，南京圖書館藏，第14～15頁。

起了中國國內學者的高度關注，1884 年 6 月中旬，岡氏隨卸任的楊守敬相伴來到中國，《申報》予以報導：「日本岡鹿門先生，名千仞，字振衣。今之豪傑士也。素居仙臺，以文學稱於時。及長讀書於昌平黌舍，所交多名下士。鹿門博聞強識，尤爲世所推許。……生平以國史自任，最稔於當代掌故。日本戊辰之亂，奧羽諸藩奉仙臺藩侯爲盟主，執牛耳以抗王師。岡君獨執大義，侃侃持正論以折群藩，有司羅織其罪，遂收下獄。是時，其危間不容髮，而岡君毅然不撓。……維新以來，岡君至東京，入史館，掌學校藏書事。開拓北海之役，岡君首倡其議，久之，頗收厥效。後崗君以目疾去官家居，壹意著書。……久思作中土之遊，擬南窮閩粵，北極燕趙，一豁其襟袍。積賣文所入一千五百金爲遊貲，亦足以豪矣。前日抵滬，行篋中有書數百卷，諸友引薦筆箚數十函，此固日本名流中之矯矯者也，想所至之處，必當倒履爭迎矣」。〔註57〕《申報》還後續報導了，岡千仞自京城返滬後，與滬上諸名流筆談的情況。〔註58〕

岡千仞此次來華與中國朝野進行了廣泛的接觸，在他與上海書院士子的交流中，雙方多次提到了姚文棟。岡氏甫至上海，便與上海龍門、正蒙兩書院的士子進行了筆談。6 月 9 日，中方參與者爲孫照、姚文枏、葛士濬、范本禮和張煥綸〔註59〕。其中，中方有人提到：「昨得姚君子梁書，知臺旌涖滬，得蒙識荊，不勝欣幸」。其中有人介紹朋友希望與岡千仞見面，「于君係南匯邑附生，經學書畫無不講究。姚君子梁所著《日本兵要》一書渠曾爲作序，蓋于本姚君舊友也」。雙方談到龍門、正蒙書院，岡千仞提出希望能見到龍門書院山長鮑源深，「鮑花潭（源深）先生之事，因子梁先生而耳其高風，不知可得進謁否？」。張煥綸說：「昨接子梁先生信，悉先生涖滬，特來展謁，並領雅教」。姚文枏說：「履得家兄書，稔著撰等身，幸得承教」，岡則回應說：「曾於長兄公所拜觀先生試卷，敬服甚」，「弟與子梁君至親，子梁君亦嘉弟老實無他，頻煩（繁）往來，常日：吾來日東得忘形知己，君之在日東實無親如僕者。諸公皆因姚君而得見者」。綜上所述，岡千仞與上海書院士子的交流之始是從姚文棟開始的。張煥綸肄業時與姚文棟並稱「不進秀才」，可謂志同道合。姚文枏更是姚文棟的胞弟。岡千仞也因姚文棟而熟

〔註57〕 《文士來遊》，《申報》1884 年 6 月 15 日，第三版。

〔註58〕 《日事客談》，《申報》1884 年 12 月 18 日，第一版。

〔註59〕 易惠莉：《中日知識界交流實錄——岡千仞與上海書院士子的筆話》，《檔案與史學》2002 年第 6 期，第 8～10 頁。

悉龍門、正蒙書院的學風。姚文棟就像雙方的中介，迅速地拉近了彼此的距離。岡千仞也對上海書院士子頗爲欣賞。雙方談論的話題自然也就廣泛而深入，自強、中法戰爭、外交等無所不談。由此可見，姚文棟在其中重要的紐帶作用。

姚文棟介紹的日本漢學家還包括小山朝弘。小山朝弘，字毅卿、遠士，號楊園、春山。家境富裕，自幼學習醫學，兼攻儒學、歷史。及長以行醫爲業，同時開辦私塾貼補家用。幕末，小山氏鼓吹「尊王攘夷」，1862 年獲罪入獄。姚氏曾予以推介：

> 小山遠士爲予海外文字交。嘗於米華堂席間，聞其舊著有《留丹稿》，因就索之，已而遣伻貽予。開卷雒誦，則其壬戌獄中所作也。蓋當德川氏末，造秉政者非其人，外患既殷，內訌交作。一時義憤之士，慷慨激昂，思欲有所補救。而卒至大興黨獄，先後罹慘禍者不知凡幾，遠士亦其一也。予讀其獄中詩有：「雖然拙計就囚去，扶植綱常千百年」、「心事光明若圓月，置身獄裏亦何傷」等句。爲之唾壺擊碎，欲補入《乾坤正氣集》中。又云：「獄窗雖窄不遮眼，俯仰靜觀天地寬」、「一片丹忱仍耿耿，天猶不怨況尤人」。是則處優患而不改常，度知其中有充然自得者焉。非所謂有道之君子耶？嗟乎！氣運否塞至極，而後有天地再清、山河重秀之一日。自明治復辟，大政維新，遠士簪筆雍容，和其聲以鳴盛，若自忘身世之曾經桎梏者。而同時下獄，如大橋、菊池、兒島、橫田諸人，則皆墓有宿草，死者不可復生矣。天之報施善人，何其有幸有不幸歟？吾讀是編爲遠士慶，不能不爲諸子惜也。〔註60〕

很顯然，姚文棟推介小山氏的目的有兩個：其一，日本當時的情況與中國自鴉片戰爭以來的局勢相似，都是「外患既殷，內訌交作」，開明之士力圖有所補救，期待「有天地再清、山河重秀之一日」。其二，推許小山氏品格，所謂「一時義憤之士，慷慨激昂」、「處優患而不改常」，且維新後「自忘身世之曾經桎梏」。此兩點對於中國知識分子都有足資借鑒之處。

在姚文棟搜集日本散佚漢籍的過程中，還萌生出將日本漢學家的研究成果介紹給中國知識分子的想法。他認爲這種交流必然有助於加深中國知識分

〔註60〕姚文棟：《留丹稿跋》，《讀海外奇書室雜著》，光緒十九年刻本，南京圖書館藏，第 36 頁。

子對日本的瞭解，爲此他特別制定了一個編輯日本漢學成果文集的計劃。

中國與日本同文之盛自隋唐以來二千有餘載矣。每覽延喜天曆之際，人才蔚起，作者彬彬，雖沿六代之衰而文辭斐然，後來莫尚焉。保平而降，武門專權，此事中廢不絕如線。迨天正、文祿，而古文始興，一洗當初駢儷之習。然贋古之弊往往而有寬政以還，趨向漸正。至於明治，能者益多，風會之所漸摩，固有日新一日者乎。夫中國文字遠自三代近逮本朝，群籍流傳遍於海外，東邦人士類能誦之。日本與我比鄰，而名流著述渡海甚尠，斯亦同洲之闕事，藝林所留之憾者也。

文棟從大使之後，乘槎東來，通好於友邦，觀風於域外，意欲博徵文獻，勒成總編，以廣亞東之美譚，冀垂不朽之盛事。不揣譾陋，部分爲三：上古文章。權輿伊始，如《經國集》、《文萃》、《續文萃》，以及都氏、菅氏文章擇其尤者，名曰《日本文源》；德川開府江城，投戈講藝。東海文學於斯爲盛，其間作者更僕難終，擬叢爲《日本文錄》一書，以彰著作之淵海；至若維新而後，才人學士群萃東都。僕來此三年，敦盤之會無役不從，縞紵之投知交幾遍。既共同人欣賞，宜與異代殊科。凡有新篇別加銓次，竊仿述庵司寇之例，名爲《海外文傳》。

文棟才識凡庸，於詞章一道未有所得，今欲妄操月旦，評騭古今，得毋唐突儒林，貽嗤大雅乎？惟是夙好所在，鑽仰有年，見獵心馳，入山必採。況受行人之職，宜陳太史之風，是用布告東瀛，徵求典冊。無論已刻未刻，總期囊括無遺。且文棟隔海遠來，見聞有限，非借他山之助難免掛漏之虞。所冀朝野諸公不吝枕秘，或示以書目或寄以鴻編，尚得蔚爲巨觀，藉償奢願。異日風行中土，當亦諸君子所深願者爾。〔註61〕

姚文棟計劃將日本漢學研究成果按時序編爲《日本文源》、《日本文錄》和《海外文傳》三部，以介紹各個時期日本漢學研究的名家、名篇，姚氏此種想法無遺是開創性的有益嘗試。爲此姚文棟進行了大量的工作，至其離開日本赴歐之前，已經取得了初步的成果，「選編《日本文源》、《日本文錄》、

〔註61〕姚文棟：《東海徵文啓》，《讀海外奇書室雜著》，光緒十九年刻本，南京圖書館藏，第39～41頁。

《海外文傳》三種，各若干卷」。〔註62〕與此同時，他還編輯了《日本經解彙函》一書，集中介紹了「日本經解十九家六十五種」。

姚文棟此舉得到了日本學者的響應與稱讚。土屋宏撰寫文章以爲臂助，

> 廣東海文選樓者，志梁先生選輯日本文處也。予上書爲廣其意。……前日聞之松尾耕三，執事頃者選我邦文。其說曰：日本之文分爲三部。錄延喜天曆以後文爲第一編，名曰《日本文源》；叢元和以後文爲第二編，名曰《日本文錄》；明治紀元至今日爲第三編，名曰《海外文傳》。於戲可謂盡矣。

> 宏嘗論曰：我邦文，古昔在朝中，中世在野，今則朝野無處無焉。蓋亦分爲三部之意而偶與執事說符。抑宏又有說：四海萬國，各異文章，而求其雅馴精粹者，莫如支那古文。若夫泰西之文，非不詳且密，然此注疏之類而已，惡足以望支那古文哉？何謂支那古文？周秦兩漢作家是也，唐宋明清名手是也。聞之英人某嘗譯歐公《醉翁亭記》，曰：原文如金玉，子文如泥土。蓋亦道其實也。何者？起句「環滁皆山也」，僅僅五字中包括千景萬勝，其簡雋之妙累注疏文幾十字非所能彷彿也。由此觀之，彼中有識者皆慕支那古文也，必矣！夫一人所慕，萬人慕之，括而充之則四海萬國慕支那古文也，亦必矣。則安知千百歲之後，不四海之文盡變爲支那古文乎哉。

> 當此時有卓識如執事者，出選四海古文成一大文錄，則其壯觀亦何若也。此宏所期乎千百歲之後，即亦今日執事所以選「日本文錄」之意也歟。執事以爲何如？松尾生云：執事微拙文。即繕寫近藝十篇，請教幸賜雌黃。別呈老友橋本晚翠文稿一卷，事具於小傳。又有片山沖堂、中村三蕉皆南海老學士，宏生平所受益者。前日以書報執事之盛舉，寄至文稿將速呈之執事。〔註63〕

土屋氏讚賞姚文棟編輯日本漢學研究成果的計劃，稱與自己的願望不謀而合。他還極力讚美中國傳統古文的「簡雋之妙」，認爲是其它文字所不能比

〔註62〕姚明輝編輯，戴海斌整理：《姚文棟年譜》，《近代史資料》總125號，第150頁。

〔註63〕〔日〕土屋宏：《廣海東文選樓說》，河田小桃編，由良久香校定：《海外同人集》卷上，第84頁。

擬的。對於姚文棟的編纂計劃，土屋氏不但立即「繕寫近藝十篇」，且呈上老朋友橋本的文稿一卷，並積極聯繫其它文壇朋友該項計劃，索要文稿，其推廣之誠可謂不遺餘力。

橋本維孝也提到姚氏的編纂計劃：

> 清國姚君志梁，隨黎公使來我邦。我邦之史乘無不瀏覽，其政治□替，風俗醇漓，以及文教、武功之興廢張弛，莫不考核而有得於心。君之志，蓋將大有所爲也。頃者，又搜採我邦千有餘年間之文章，分爲三部。夫文章經國之大業，不朽之盛事。世治，則天下之文章在朝廷；世亂，則在布衣韋帶之士。凡其論說序記，皆足以補史乘之闕。而文氣之渾厚恭靡，亦可以覘世運之盛衰也。然則，君有是撰，不又可以見君之志乎？聞君欲破五大洲浪，遍讀其奇書，……君他年歸大國之日，凡足跡所經，睹聞所及，考諸人事，究諸物理，捨其短而取其長，進則輔朝政建洪勳於當時，退則著書以垂則於千載，於是男兒能事畢矣。……太史公曰：高山仰止，景行行止，雖不能至，心嚮往之。余於君亦云。〔註64〕

通過橋本氏對姚文棟所爲的讚賞，可見姚氏「取長補短」的用心，古人云：行萬里路，讀萬卷書。「欲破五大洲浪，遍讀其奇書」，姚文棟可謂苦心孤詣。

綜上所述，姚文棟作爲清駐日使館的隨員從事了大量涉及中日文化交流的工作，不但繼續延續前人傳統搜求日藏漢籍，而且開始積極地向國內介紹日本漢學研究的成果。他通過實地考察日本文化、風俗、教育等領域，以期深化對日瞭解，增進民間友好交往。通過相互文化認同，進而達到思想、情感的認同，亦可視爲晚清早期駐日使官的外交實踐和有益探索。

第二節　姚文棟東北邊防策略

一、姚文棟對中朝關係的認識

對於沙俄圖謀朝鮮，姚文棟在《籌邊論》中並未展開論述，但是他並未忽視這一問題，在出使日本期間，他撰文表達了自己的看法。

〔註64〕〔日〕橋本維孝：《讀海外奇書室記》，河田小桃編，由良久香校定：《海外同人集》卷上，第 83 頁。

其國（筆者按：朝鮮）東西南三面瀕海，近年海禁大弛，開仁
川、釜山、元山三口與日本及泰西諸邦通商往來，五洲之賈舶、兵
艦梭織於海上。而東北一隅與鄂羅斯隔江爲鄰，聲息相聞。……夫
日本之窺伺朝鮮數百年於茲矣，國中人當無不知之。而鄂欲逞志亞
洲，必首發難於朝鮮，則或未知也。鄂之強，於五洲歐亞諸國皆有
戒心，彼所憾者無形便之海口耳。是以欲得土耳其於西，不得則欲
得波斯於南，又不得則欲得朝鮮于東，其巨測之心豈復可量。

朝鮮自開海禁而後，識時之俊傑揣摩風尚，無不競談海務以策
自強。然愚謂：海與邊並重。海事近而爲禍淺，邊事遠而爲禍深，
若邊海並籌可也。若顧海而略於邊，是大不可。夫朝鮮安平、咸鏡
二道，其民鷙悍耐寒，若可用以防邊。然地廣而荒，未得古人實塞
下之意。今宜移民於鏡城、鍾城以北一帶之地，開墾荒土以裕餉而
足民，爲邊庭久遠之計。〔註65〕

姚文棟對朝鮮邊防提出自己的建議：首先，要重視俄、日對朝鮮半島的
野心。朝鮮對日殖民野心歷來重視，但也不能忽視沙俄。沙俄對出海口的迫
切需求，是其侵略朝鮮的最大動力。其次，朝鮮對北部陸地邊疆的防禦亟待
加強。「海事近而爲禍淺，邊事遠而爲禍深」，在「邊海並籌」的前提下，實
行移民屯墾，充實安平、咸鏡二道的防禦力量以抵禦來自沙俄的威脅。

另外，姚文棟還從中國東北邊防的角度出發，提出中朝軍事同盟的思想。

朝鮮聘貢我朝以來，列祖列宗覆之如一家。國有大饑，則海運
槽粟以賑之；國中討賊，則頒有功將士萬金以犒之，我朝之待他國
未有隆於朝鮮者也。

……朝鮮于我朝非獨情誼如一家也，其土宇毘連亦如一家之相
依倚，不破除畛域不足以保朝鮮。以海道言之，燕臺固仁川之應援
矣。而我陸路琿春一軍與慶源、慶興二鎮夾豆滿江以相犄角，亦如
常山蛇勢。第二鎮得地而力弱，而我軍所駐距海太遠，非用武之地。
將來如有鄂警，宜於豆滿江（筆者按，圖滿江）口添練水師，我軍
渡江而南協力相守，乃足以當雄敵。此愚所云：不分畛域者也。

畛域，意指界限。需要特別指出的是，姚氏提出的「中朝軍事同盟」的

〔註65〕姚文棟：《贈朝鮮人李秉輝歸國序》，《讀海外奇書室雜著》，清光緒十九年刻
　　　　本，南京圖書館藏，第8～9頁。

思想，相對於中國傳統的「籌邊」理論而言是一個巨大的突破。因為，它突破了既往中國與朝鮮的「宗主國與藩屬國」的窠臼，為中國傳統的「朝貢體制」增加了新的內容。在姚文棟看來，中朝間的傳統友誼，是雙方結成「軍事同盟」的堅實基礎。同時，對中日關係而言，中朝「軍事同盟」的存在，客觀上增加了中國邊疆防禦的縱深和籌碼。

二、姚文棟對中琉關係的認識

從戰略層面來看，姚文棟的判斷無疑是正確的。但是實現「聯日抗俄」的最大的現實困擾在於中日琉球問題。針對國內要求對日強硬，以武力解決琉球問題的呼聲，姚文棟提出了反對意見：

> 近時議者又因日本吞滅琉球謂必問罪救邢，此甚不可。夫琉球朝貢中朝有年，論字小之理，自須出為調停，然事有緩急重輕，不可貿然不加審度。中國欲爭琉球必與日本失和，而未必終能保全，失一日本即束藩棄以與俄，而隱憂伏於肘腋。兩利相權，孰輕孰重；兩害相權，孰緩孰急，識微者必能辨之。

> ……此事中日各持一見，斷不可以理喻，萬一激開兵釁，無論元世祖平壺之役棄十萬眾於海外，前事可鑒。即使幸獲全勝，彼困而我亦疲，必有乘敝而議吾後者，此豈老成謀國者所敢輕易嘗試者乎？

> 且中之屬國棄於人而不與較者多矣！《會典》所載布魯特、哈薩克、霍罕博羅爾、巴達克山、塔什罕、愛烏罕等皆朝貢之國，今皆隸俄版圖，中朝度外置之重於失和故耳。今重喙獨爭一琉球，而不及西域各回國，又不知琉球之得失為輕，而日本之離合為重，此所謂一孔之論也。〔註66〕

他認為，中國助琉球復國的說法，從感情上講是合理的，但是基於琉球兩屬的現實看來，中日發生戰爭的可能性很大。一旦中日失和，那麼中國恢復琉球的戰爭目標能否實現是一個疑問，即使戰勝日本，沙俄必收鷸蚌相爭之利，中國可能遭受的損失遠遠大於日本。且姚氏認為，琉球是中國的藩屬國，其重要性與中國本身的疆域不能同日而語。近代以來，沙俄在蠶食中國領土的過程中，中國西北、北部的眾多藩屬國都被其吞併，基於此，中日間

〔註66〕姚文棟：《籌邊論七：論日本》，《籌邊論》，上海圖書館藏，抄本。

爲琉球問題失和，而導致中國本土可能遭到更大的侵害是不明智的選擇。很明顯，姚文棟「聯日抗俄」的主張，是基於中國國家實力較弱、不足以完成保衛邊疆安全的現實局面之下的無奈選擇，從這個層面看來，姚文棟的「籌邊」思想具有相當的戰略眼光。

姚氏提出「琉球換和平」的構想，但這並不意味著他對日本侵略琉球等歷史問題有所認可。相反，他專門翻譯《琉球小志》並做跋語，敘述中琉、琉日之間的歷史淵源，以駁斥日人爲霸佔琉球而編造的種種歪理邪說，揭露其恃強淩弱的稱霸野心。

> 琉球鄰近日本，然自古不相往來。唐時，日本僧圓珍航海，遭颶風飄至琉球，舟人大號曰：我等將爲琉球所噬，若何！又，日本嘗呼琉球爲『噉人之國』，此皆見於源氏《大日本史》。其後至尚巴志王時，始與日本通聘問。尚寧王時，始服屬於日本，蓋在明中葉以後矣。近時日人好事者穿鑿附會，以爲南島朝貢，古初簡策已有之。又謂，舜天王是其皇族源爲朝之子。甚至疑開國祖天孫氏亦爲其裔，多方牽合，思掩其滅琉之罪。不知南島指薩南諸島而言，非即琉球。服天遊重刊《中山傳信錄序》已自辨之。源爲朝流於鬼島，因琉球有鬼界島而相混。源氏史雖載以事，而等諸存疑，以其無確證故也。若天孫氏之稱本於《中山世鑒》，固已言『姓氏不可考』矣。何由知是日本後裔？尤爲鑿空無稽！凡此諸說，皆不見於日本古書。即問之琉人，亦茫無知者，其不足取信於天下萬國也，明矣。

> 夫寬文中作《日本通鑒》，不嘗自稱爲吳太伯後乎！而《善鄰國寶記》及《通鑒提要》等書皆云：『垂仁天皇時，遣使大夫聘漢，漢帝賜以印綬』。然則我以一旅之師滅日本而縣之，告於萬國曰：『日本，爲我中華吳太伯之裔。且自漢以來，聘貢於我。今改建郡縣，諸國不勞過問』。試問日本臣庶之心服乎、否乎？今之琉球，何以異是！至於文爲、制度，琉、日間有相同，乃皆是沿襲中華古制，此尤不足置辨者矣。予譯《琉球小志》既成，附錄彼中人士論著，而析其誕妄如右〔註67〕。

在《琉球小志‧跋》中，姚氏指出，日本爲達到霸佔琉球的目的有意僞

造歷史。例如：「南島朝貢，古初簡策已有之」，「舜天王是其皇族源為朝之子」，「（琉球）開國祖天孫氏亦為其裔」，他認為這些均為無稽之談。他進一步指出，琉、日兩國皆沿襲中華古制，日本霸佔琉球的事實有目共睹。姚文棟在《贈朝鮮人李秉輝歸國序》中也提醒，「夫日本之窺伺朝鮮數百年於茲矣，國中人當無不知之。」〔註68〕可見，姚文棟對日本威脅整個亞洲地區安全的趨勢看的是非常清楚的。他曾向友人感歎，「此案（琉球）懸宕已五六年，昔年曾許還我南島，而今並寂無所聞，使節兩更，辦理未得其要，深為憮然」。〔註69〕失望之情悵然已久。

姚氏著《琉球地理志》，由《琉球地理小志》、《琉球小志補遺》和《琉球說略》三個主要內容組成，前有張煥綸、陳允頤、余璥等人的序，中間有日人所著《琉球立國始末》、《琉球形勢大略》、《沖繩島總論》及序言兩篇等內容，其後有姚氏跋語。姚文棟言明，《琉球地理小志》譯自「日本明治八年官撰地書」，內容分疆域、（經緯）度數、形勢、沿革、區劃、山嶽、河渠、港灣、岬角、海峽、島嶼、暗礁等內容。而《琉球說略》則譯自「文部省刊行的學校中幼童肄業之本」，按照北、中、南等方位，逐一介紹琉球的疆域範圍和主要的島嶼、港口、海道等內容。

《琉球地理志》歷來被認為是「最早漢譯的日文圖書」、〔註70〕「近代中國翻譯的第一部日文書籍」、〔註71〕「近代中國最早的一部漢譯日籍」〔註72〕等，其根據大約都是出自實藤惠秀所著之《明治時代中日文化的連繫》，該著有專節論述《琉球地理志》稱「我們更需要記憶者，是為：這乃是近代中國人最初漢譯日本書的事」。〔註73〕其實，實藤氏對自己的說法亦有存疑的態度，因為，該著前一節中他曾說「我想：本應該把姚的最初的著述（？）《琉球地理志》提出來談一談」，〔註74〕原文中的「？」，很明顯實藤惠秀先

〔註68〕 姚文棟：《贈朝鮮人李秉輝歸國序》，《讀海外奇書室雜著》，光緒十九年刻本，南京圖書館藏，第8頁。

〔註69〕 姚文棟：《與虎臣兵部書》，《讀海外奇書室雜著》，光緒十九年刻本，南京圖書館藏，第29頁。

〔註70〕 鄒振環：《影響中國近代社會的一百種譯作》，北京：中國對外翻譯出版公司，1994年，第87頁。

〔註71〕 張敏：《略論姚文棟邊防思想及實踐》，《史林》1999年第2期，第76頁。

〔註72〕 時培磊：《明清日本研究史籍探研》，南開大學博士學位論文，2010年。

〔註73〕 〔日〕實藤惠秀著，陳固亭譯：《明治時代中日文化的連繫》，第81頁。

〔註74〕 〔日〕實藤惠秀著，陳固亭譯：《明治時代中日文化的連繫》，第77頁。

生僅就他所討論的「東槎二十二種」而言，這是一種很嚴謹的處理方法，而並非是定論。筆者前文亦提到《安南小志》譯自何種文字，都有待於進一步考證。姚文棟談到輯譯《琉球地理志》的動機時說：「琉球自前明隸吾華版籍於今已五百餘年，歷來冊使多有紀述，文棟來海外細加訪求與舊日所聞每有不合，而地理一項疏舛尤甚，無一可憑，因亦專輯一書，務求詳實」。〔註75〕

三、姚文棟對中日關係的認識

　　對於中日關係，姚文棟用力最深。從其駐京教讀，至出使日本，再至出使歐洲，各階段都曾撰文闡述其思想，核心內容就是「聯絡日本，協力以防俄顧」〔註76〕，以下簡稱為「聯日防俄」。

　　姚文棟「聯日防俄」籌邊主張客觀依據有兩個方面：第一，日本的自然地理位置決定了其戰略地位的重要性。

> 　　日本在中國之東，美國之西，俄羅斯之南，介居三大國間，於中國形勢大有關係。中使赴美必道日本，是日本為首途也。俄欲窺伺中國，必先連結日本，是日本為外戶也。

> 　　蒙嘗論日本之於中美，猶春秋晉吳之有宋，通則為左右手之相援，不通則如物之哽於喉咽。日本之於中俄，猶春秋晉楚之有鄭，得鄭者強，失鄭者弱。何言之使俄與日本為一，則俄常伺釁於臥榻之旁，中國必不能安枕。日本與中國為一，則日為中國守其門戶，中國可以高枕無憂。〔註77〕

　　姚氏認為，日本的地理位置極為特殊，它處於中美交通的必經之地。此路通，則中美可以相互呼應，施以援手；不通，則如鯁在喉，相互隔絕。在中俄博弈的層面上，日本的戰略地位更為重要，日俄聯手則中國不復有寧日，中日聯手則抗俄有望。

　　第二，「聯日抗俄」是中國所面臨的內外交困局面的客觀要求。姚文棟認

〔註75〕姚文棟：《與虎臣兵部書》，《讀海外奇書室雜著》，光緒十九年刻本，南京圖書館藏，第30頁。

〔註76〕姚文棟：《籌邊論七：論日本》，《籌邊論》，上海圖書館藏，抄本。參見：氏著：《答倭問興亞》，《讀海外奇書室雜著》，光緒十九年刻本，南京圖書館藏，第7頁。《亞細亞同人會記》，張德彝：《稿本航海述奇彙編》（六）卷十，「光緒十六年六月十七日」條，第478～484頁。

〔註77〕姚文棟：《籌邊論七：論日本》，《籌邊論》，上海圖書館藏，抄本。

為中國的周邊局勢已經有了很大的變化，因應變化則籌邊的策略亦須變化。明朝抗擊倭寇是中國沿海邊防唯一的戰略任務，因此可以集中精力作好。而此時，中國面臨列強環伺的局面，不宜與日本開戰。這也是「兩利相權，孰輕孰重；兩害相權，孰緩孰急」，反覆權衡之下的無奈選擇。

基於「聯日抗俄」的主張，姚文棟也探討了雙方聯合的可能性。

> 或者謂，日本新制軍事效法泰西，其心必向俄而背中。況俄人竭力牢籠，恐未必遂與我合，此誠俊傑識時務之言。然蒙意其亦有未必然者。日本聽西人言，建造兩鐵路，開設各機器局，衣服、正朔悉更舊制，其意欲求富強也，而財耗民怨，貧弱轉甚，近年當亦有厭悔之意。且銳意從西法者，君及大臣數人耳，故非百姓所願也。

> ……日本與中國同文。有識者，早知俄有虎狼無厭之欲，其不肯棄好於我中國也必矣。蒙嘗謂，近年出洋公使都無重大責任，惟美日秘使臣有舊金山、古巴備工事宜，時有棘手之處。其次，則日本使臣極須選擇，如能聯絡日本使不為俄用，則樽俎間有折衝禦侮之略，所謂蘇秦在齊能令燕重者。若縱日歸俄，便是辱命之罪人矣。〔註78〕

他認為，日本明治維新、全盤西化的政策不但未取得理想中的效果，而且「財耗民怨，貧弱轉甚」，民間非議之聲不絕於耳，這是「聯日抗俄」的政治基礎。當然，姚氏對日本局勢的判斷令人有「南轅北轍」的感覺，這也與他未曾親身觀察、道聽途說有關。其出使日本之後，對日本明治維新自然也有了新的認識。另外，中日間的交往源遠流長，文字相同，思想易通，這是雙方聯合的現實基礎。因此，姚文棟認為中國駐日使臣的重大任務——或者是唯一的任務，就是聯絡日本。倘不能「聯日抗俄」，也不能「使日為俄所用」，一旦「縱日歸俄」則中國面臨的局面會更加困難。

需要特別指出的是，姚文棟的「東北邊防論」提出了聯合朝鮮抗俄和聯合日本抗俄兩個主張，剖析之下「中朝聯合」與「中日聯合」有著很大的不同。簡言之，在姚文棟的設想中，中朝是軍事同盟，中日是政治同盟，兩者的差別一目了然。之所以有這樣的差別，是因為在姚文棟的心目中，日本始終是僅次於沙俄的中國外患，正如他在《救時芻言》所說的，「俄羅斯之病逼近腑臟，日本之病來自腰腎」，這種憂慮使得姚文棟一直鼓吹「聯日抗日」的

〔註78〕姚文棟：《籌邊論七：論日本》，《籌邊論》，上海圖書館藏，抄本。

同時，很隱晦地向友人提出了更爲「激進」的對日策略。

　　姚文棟出使日本後，親身感受了日本明治維新之後國家實力的變化，同時也感受到了日本侵略朝鮮的野心，他對自己的「聯日抗俄」策略做出了補充：

> 　　日本在東海中，孤懸四島，自北都視之猶几案耳。然自隋唐通聘以來，中國兵威所未及。而前有元代之喪師，後有臺灣之償，國中常舉此二事以自誇耀，頗有凌藐中國之心。
>
> 　　文棟舊日持論，以爲我與日本不宜開釁，致貽鷸蚌之憂。東來後乃知用兵一說，亦不爲無見。譬猶孩提之童，恃恩縱恣，不用夏楚，則終無忌憚。且昔孔明北圖中原，必先定南蠻。
>
> 　　今俄羅斯眈眈北方，將來伊犁及烏里雅蘇臺等處必有數場大戰。彼時傾中國全力以事北邊，日本在肘腋之間，乘虛窺伺亦大可憂。宜乘此閒暇之時，早遣一軍經略東方，收其地以爲行省，爲吾東數省之屏藩，與臺灣並爲重鎮，策之上者也。即不然，威以兵力，懾以先聲，使彼無復反之意，不致增吾顧慮，亦爲中策。〔註79〕

夏楚，是指一種荊條，教師不以教鞭警罰，學生永遠不會忌憚。諸葛亮北圖中原，平定南蠻成先決條件。姚文棟踏足日本，感受與國內時的全憑想像和道聽途說又有不同，近代日本對中國的「凌藐」之行深深地刺痛了他，於是他反思認爲，「用兵一說，亦不爲無見」。他甚至想像「收其地以爲行省」，並以爲上策，這樣暢快的前景其實一直延續到現在的國人情懷。即使不行，以重兵威懾日本，使其不敢覬覦中國領土，是爲中策。

　　同樣的想法還見諸於氏著《上黎星使書》：

> 　　琉球一案，欲日本全還中南兩島，必非玉帛所能了勢，須出於一戰。近來，京師清議及天下輿論大抵注重此案，多主用兵之議。以爲不如此，則國體不尊。當事巨公內念時艱，而又外顧物望，所以躊躇不能決也。
>
> 　　文棟竊統籌中國全局，則寧以規復琉球之兵力移爲保護朝鮮之用。琉球之亡，傷一足指而已。今歲不暇，則來歲治之，亦不爲遲。朝鮮爲國東藩，安危所繫，譬猶吳之彝陵。陸抗所云：如有警，當

〔註79〕姚文棟：《與虎臣兵部書》，《讀海外奇書室雜著》，光緒十九年刻本，南京圖書館藏，第29頁。

傾國以爭之者。

……文棟欲請閣下致書總署暨北洋大臣，極言朝鮮時勢急於琉球。日本在可用兵、可不用兵之間，但須高事定妥再以餘力運籌，庶不顧輕移重。〔註80〕

姚氏的「對日用兵說」，被日本學者實藤惠秀稱爲「姚文棟的另一面」〔註81〕，他認爲姚文棟在「親日家」一面的背後，還有「排日家」的一面。

而 Chow Jen Hwa 則認爲：

姚文棟走的更遠，他堅信攻擊日本的想法並不是完全錯誤的。這一觀點在當時被許多中國文人的共享，儘管它起源於對日本的缺乏瞭解。

姚關注日本地理地形主要是出於政治而非學術的目的，而且這種關注看起來似乎跟日本對待中國的態度有關，黎庶昌對此也給予更多的關注。中國更加關注日本態度的變化，這種變化似乎越來越不友好。

黎在對日情形的評估方面比姚或許更正確，姚則更偏愛把日本變成中國的一個省，很顯然這種態度更爲情緒化。〔註82〕

前後兩份史料對比就可以發現，姚氏對日動武是有先決條件的，即一旦日本侵略朝鮮，則中國「當傾國力以爭之」，也就是說，因琉球問題與日動武不是姚文棟籌邊策略的選項。因此，Chow Jen Hwa 所謂「姚則更偏愛把日本變成中國的一個省，很顯然這種態度更爲情緒化」的判斷，有失偏頗。

Chow Jen Hwa 稱：「姚關注日本地理地形主要是出於政治而非學術的目的」，這個判斷非常準確，但並非其獨創。實藤惠秀先生亦早有此闡發，「姚所以編此書 (指《琉球地理志》)：不消說，不是爲了學問上的目的，確爲『時局』的。……而《日本地理兵要》，是爲要歸復琉球，就應該將如何進攻日本而作的了」〔註83〕。他又說：「在中日兩國的文人墨客之間，陸續有過很和平

〔註80〕姚文棟：《上黎星使書》，《讀海外奇書室雜著》，光緒十九年刻本，南京圖書館藏，第2～4頁。

〔註81〕〔日〕實藤惠秀著，陳固亭譯：《明治時代中日文化的連繫》，第77～80頁。

〔註82〕Chow Jen Hwa, *China and Japan-The History of Chinese Diplomatic Missions in Japan, 1877~1911*, Singa-pore：Chopmen Enterprists，1975，第157頁。

〔註83〕〔日〕實藤惠秀著，陳固亭譯：《明治時代中日文化的連繫》，第82頁。

的會合；不過，那是表面的事，其裏面卻掩隱著攻日的暗流」。〔註84〕再有，「甲午戰後的日本書漢譯，大半是屬於學術書；但姚當時所譯者，不是爲學術，而是爲政治上的目的的」。〔註85〕可見，姚文棟的地理學研究帶有很強的「實用性」或「功利主義」的特徵，尤其是其海外地理學研究的譯著，多爲「拿來主義」，其根本出發點在於爲其「籌邊」思想服務，即學者們所謂的「時局」或「政治目的」。從這個角度上說，晚清邊疆史地學思潮的出現帶有強烈的民族主義特徵。

如此分析，似乎將姚文棟在日本期間的友好交往一筆勾銷，似乎將他與日本友人之間的情誼抹殺殆盡，他那些風花雪月的浪漫詩歌又情何以堪？這些看似矛盾的因素組合在一起時，其實在發生著微妙的化學反應。家事國事天下事，孰輕孰重，自有公論。

四、姚文棟對日外交思想的轉變

前文提到姚氏所著《救時芻言》，他談到中國「外病有四」，即指俄、日、英、法四國對中國的威脅，應對之策應「內充其氣體，外謹其防護」。這可以看作姚氏未出國之前的認識，也反映出當時關心時局的一般中國知識分子的認識。出使日本之後，姚氏自承其認識發生過轉變。「文棟舊日持論，以爲我與日本不宜開釁，致貽鷸蚌之憂。東來後乃知用兵一說，亦不爲無見」。〔註86〕Chow Jen Hwa 對姚氏主戰的觀點作過評價，「姚文棟走的更遠，他堅信攻擊日本的想法並不是完全錯誤的。這一觀點在當時被許多中國文人的共享，儘管它起源於對日本的缺乏瞭解」。〔註87〕這一評價似是而非，關鍵在於忽略了姚文棟思想變化的過程，而這一變化過程恰恰彰顯的是姚文棟本人從不瞭解日本到有一定瞭解的進步，不可完全抹殺。概言之，晚清中國與外國的關係，無非戰和兩端，主戰、主和的論爭從未中斷過。自第二次鴉片戰爭以後，主和的觀點暫時佔據主流，直至中法戰爭、日本侵佔臺灣時期，主戰的觀點再次得到廣泛宣揚，這是一個總的趨勢。姚文棟的主張與此契合，

〔註84〕 〔日〕實藤惠秀著，陳固亭譯：《明治時代中日文化的連繫》，第 90～91 頁。
〔註85〕 〔日〕實藤惠秀著，陳固亭譯：《明治時代中日文化的連繫》，第 93 頁。
〔註86〕 姚文棟：《與虎臣兵部書》，《讀海外奇書室雜著》，光緒十九年刻本，南京圖書館藏，第 29 頁。
〔註87〕 Chow Jen Hwa, *China and Japan-The History of Chinese Diplomatic Missions in Japan, 1877~1911.* 第 157 頁。

說明其具備鮮明的時代特徵。在民族危亡之際，以威懾回應好戰，以主動回應被動，正是姚氏外交思想進步的具體內容。這種進步可以從他不同時期的文章中得以證明。

1、《答倭問興亞》

《答倭問興亞》一文，篇幅不長，言辭激烈，觀點尖銳，這正是姚氏的本意，「凡事不極其變，則不見其眞，故吾推極言之也」。總的看來，此文的主旨是宣揚中日聯合，共同對抗西方，以達到振興亞洲的目標。

> 吾欲亞洲各國之君一年一會於天津，吾欲亞洲各國之海陸軍大將一年往來數會，則情意聯絡吩域不生矣。吾欲亞洲各國之才人學士開一大會共相論難，以研求富國強兵之術、柔遠能邇之方，則智識日開，人才奮起矣。大抵亞洲局勢中國爲主，日本輔之。如兄弟，如手足，一氣聯絡，戮力同心，則進可以經略歐美，退亦屹然自立於不敗，此爲統籌亞洲言之也。

> 如第爲中國計，則地廣財豐，一面瀕海，戰守皆便，原不必有資於日本。而爲日本計，則環海爲國，如虎在平原，無負嵎之勢。倘或強鄰開釁，兵船四集，如困長圍，此時若得我之援兵，則人心壯而國力不屈矣。凡事不極其變，則不見其眞，故吾推極言之也。

> 然則亞洲之聯絡，在日本最爲切己之要。而今之失皆日本任之，何也？琉球一案不了，則我與日本隱嫌未釋，而朝鮮亦不能無疑於日本，安得眞和睦乎？夫琉球得之猶石田也，南疆形勢亦不繫乎此，爲此區區而誤大計，吾未嘗不慨謀國者之失其方也。〔註88〕

可以看到，姚氏站在亞洲的層面上設想實現振興的途徑。在他看來，亞洲未來的格局應由中國主導，日本加以輔助，如能「戮力同心」，則亞洲可在與歐美抗衡的過程中立於不敗，甚至可以「經略歐美」。他認爲，亞洲格局由中國主導是必然的趨勢，雙方疆域、國力的巨大差距決定了日本需要中國，而中國不需要日本。在面臨法國威脅中國西南邊疆安全的現實狀況下，爲了達到聯合亞洲抗衡西方列強的目的，中國應當考慮「以琉球換和平」。姚氏此構想的提出源於日本利用琉球與中國糾纏已久，且法國在中國西南邊疆的軍事挑釁愈加嚴重，他擔心因小失大，因此建議集中力量抗擊法國入侵，這是

〔註88〕姚文棟：《答倭問興亞》，《讀海外奇書室雜著》，光緒十九年刻本，南京圖書館藏，第7頁。

一個兩害相權取其輕的無奈選擇。

姚氏所言，已經從中國一國上升到亞洲的層面，這是其進步之處。且以長遠看來，建立以中國主導的亞洲格局也是中國「復興」的重要環節，從策略、政策的角度看來也算不上錯誤。但是，他顯然低估了日本的擴張野心，「以琉球換和平」式的「中日友好」只能助長日本瓜分中國的氣焰。而這一點正是後來姚氏主張對日「用兵一說，亦不為無見」的根本原因。

2、《友說》

姚文棟另一篇主張中日友好的文章是《友說》。該篇作於黎庶昌第一任期期間，立意與《答倭問興亞》不同。《答》文是站在國家、亞洲的層面，而《友》文則立足中日民間友好、個人的層面。

他首先從朋友為人倫「五達道」入手，談個人的交友觀。「自天子至庶人莫不有友。友者，人倫之一，與父子、兄弟、君臣、夫婦並重，所謂五達道者也。」他將朋友分為「勢利之友」、「聲氣之友」和「文章道義之友」三種，指出「文章道義之友，以學問相切劘，以德行相勗勉，為得友道之正。孔子論益友曰：直諒多聞。又曰：以文會友，以友輔仁。皆此志也。文章相投的朋友通過學識互相切磋，道義相投的朋友通過德行互相勉勵，由此找到為友之道的正途。以文章來結交、親附朋友，表現了朋友的志趣。他批評「文章道義之友」有「三弊」，「泥長幼之節，則友以年閡；辨貴賤之等，則友以分閡；挾畛域之見，則友以地閡」。拘泥於年齡大小，朋友會因年齡產生隔閡；計較財富的多少，朋友會因財富產生隔閡；抓住宗派不放，朋友會因地域產生隔閡。

> 夫爾汝忘年，車笠相揖，世猶有其人。獨至兩國人才敦盤相見，輒有淩競不相下之意，務自揚詡以為國榮，其於析疑求益之義往往關如。是雖縞紵交，亦所謂面朋者耳。

那些互稱爾汝（表示親昵），以德才相交，不分貴賤而為友的人，世上尚且有。兩個國家的人才達到拿著玉敦和珠槃相見的程度，就有彼此競爭不相上下的意思，注重誇耀自己，把此看做國家的光榮，他們對於分析疑難問題，尋求更好的道理往往知曉不多。這樣的人雖然交情甚篤，也不過是所謂的非真誠相交的朋友。

「昔子貢問仁，孔子告之曰：居是邦也，事其大夫之賢者，友其士之仁者。」孔子說，居住在這樣的國家，應該在有才能的士大夫家從事，結交有

仁德的士人。「孟子曰：一鄉之善士斯友一鄉之善士，一國之善士斯友一國之善士。夫天下之善士斯友天下之善士。善士云者，其非驚聲氣之謂，其謂文章道義可共砥礪切磋相觀以善者也。顧使有幾微凌竟不相下之意，則一鄉、一國之見囿之，安能極其量於天下。然則欲為孟子所稱天下士者，固必取法乎虛衷集益之聖人，而盡化流俗畛域之見，蓋斷斷無疑也」。〔註89〕孟子說，一個鄉的優秀人物就和一個鄉的優秀人物交朋友，一個國家的優秀人物就和一個國家的優秀人物交朋友，天下的優秀人物就和天下的優秀人物交朋友。優秀人物，並非賣弄聲氣，而是說他們的文章道義能不相上下，取長補短。一鄉、一國的觀念，會束縛友誼。想成為孟子所說的天下英才，必然要拋棄流於世俗和宗派觀念的見解。

　　姚氏由「畛域之見」，進而將「交友之道」引申至兩國之間人員的交往，「兩國人才敦盤相見，輒有凌竟不相下之意，務自揚詡以為國榮。其於析疑求益之義往往闕如」。他認為兩國之間人員的交往應當遵循孔子所倡導的「居是邦也，事其大夫之賢者，友其士之仁者」的原則，才能做到「虛衷集益，不以地之遐邇而有異同之見」。他最後總結自己出使日本期間的交友情形，「文棟居日本三年，知交滿東海，而與麗澤社諸子最親，……事親之道與交友之道相資焉」。由此可見，在姚文棟看來，國家間的交往是一種個人交往、群體交往的擴大和延伸，它們的基本原則和所應把握的尺度都是一致的，即排除「畛域之見」的「文章道義相交」才是國家間友好相處的基礎。

　　他認為，朋友作為「五達道」的內容之一，是個體與他人相互聯繫的重要紐帶，是個人社會屬性的體現。友誼有多種表現形式，姚氏推崇文章、道義之交。同時，他指出文章、道義之交容易出現的三種誤區，即以長幼、貴賤和畛域作為選擇朋友的標準。他又進一步引申到跨越國界的友誼，尤其批判了「畛域之見」有可能造成的危害。姚氏此說無疑是對個人近三年來從事中日外交活動作出的總結，在他看來，國與國之間的友好交往必須建立在相互消除「畛域之見」，才能「虛衷集益」，取他人之長補己之短。姚氏的看法是基於自己成長過程中對洋務運動、西學東漸的大勢的感受，客觀上也體現了外交活動的主旨和訴求，友好是中國外交活動的永恒主題之一。

　　如前所述，姚氏在日期間從事了大量的中日文化交流工作，但無論文人

〔註89〕姚文棟：《友說》，《讀海外奇書室雜著》，光緒十九年刻本，南京圖書館藏，第51～52頁。

詩會，還是搜求古籍，抑或是介紹日本漢學研究，都與他經邦濟世的願望有著相當的距離。在他腦海中，如何解決現實生活中西方列強對中國的威脅始終是一個揮之不去的念頭。他選擇從地理學入手，著書立說以增強國人的國防意識，此一方面最終成爲姚文棟個人成就的重要內容。

第三節　姚文棟的地理學研究

　　姚文棟東渡日本的本意到底是什麼？同窗與他抒發各自的志向時，談到「子良欲出使東洋，曰，同文之國易得其實在情形也。鈍夫志在出關遊東三省，曰，俄羅斯若窺並朝鮮，則東三省皆爲所包，京師不能高枕而臥矣。不知東三省形勢，不能禦俄也。遂各決計」〔註90〕結合上文提到的氏著《救時芻言》，可見，姚文棟是將日本作爲當時時局中或對中國構成進一步威脅的鄰國加以重視的。從這一點看來，姚氏的「籌邊」思想具有很強的危機意識和前瞻性。

　　姚文棟初到日本時，通過與日本文人的交往很快就融入當地的文化圈，在見識過異域的風土人情之後，他開始把關注的中心轉移到地學之中。他在給友人的信中介紹了自己的工作，「文棟來此兩月，海東形勢粗窺一斑。現奉上游派纂《日本地理志》，故先就和文本翻出漢文，然後徐商體例，不敢以意更易致失其眞」〔註91〕，可見，姚氏在清駐日使館的工作是明確的，即編纂《日本地理志》。這項工作固然是發揮姚氏的個人興趣和特長，但也不能完全看作是其「即興」之作，換言之，這是姚文棟作爲公使隨員的主要任務。既然是任務，那麼其目的就有明確的現實指向，「琉球一案，彼中堅執故見恐非筆舌所能了。近時，議者多言：地球各邦如周季戰果局面，而不知情事正是不同。……一則，語言文字各國不同，翻譯輾轉語氣走樣。二則，恃勢不恃理。勢強者，理曲亦直；勢弱者，理直亦曲。苟有戰艦、勁兵，可以橫行一世。欲假公法以折衝於樽俎，雖舌敝唇焦亦無益也」。姚氏對中外時局的認識，可以歸納爲兩條：要知己知彼；要有強大的軍事實力。否則只憑與列強「打口頭官司」是不能改變被動挨打局面的。他提議立即創辦「南北洋兩大水師」。正是在這種思想的指導下，姚文棟駐日期間對地學、軍事

〔註90〕胡傳：《鈍夫年譜》，歐陽哲生編：《胡適文集》1，《附錄》，第504頁。
〔註91〕姚文棟：《與艾譜圖書》，《讀海外奇書室雜著》，光緒十九年刻本，南京圖書館藏，第1頁。

研究用功之深令人矚目。

　　姚文棟在日期間有多部地學著作，其作品多爲譯作，但並不妨礙姚氏爲中國近代地學研究代表人物的地位及其作品的重要性。下面按照成書的先後順序，擇其要者以展示其地學研究的成就。

一、《安南小志》

　　從目前發現的資料來看，《安南小志》爲姚文棟駐日期間的第一部譯作，〔註 92〕原著譯自日文，摘譯自引田利章之《安南史》，「姚君琉球、朝鮮、安南諸事，係採譯我邦人伊地知貞馨、近藤眞鋤、引田利章稿本」。〔註 93〕姚氏輯譯的《安南小志》未分條目，內容包括經緯、疆域、區劃、地形地貌、山川河流、港口島嶼、道里海程、氣候、人口、人種、民風、民俗、服飾、建築、婚嫁、喪葬、律法、節日、礦藏、物產、商貿等等，是一部系統介紹越南的地理學著作。1884 年刊印發行，亦被收入《小方壺齋輿地叢鈔》。

　　《安南小志》的重要性在於，其爲姚文棟駐日期間的第一本地學著作，標誌著姚氏地學研究視野的開拓，對其「籌邊學說」的建立和完善有著重要的意義。當然，《安南小志》的成書對於國內地學研究的推動作用亦不容小覷。

二、《日本地理兵要》

　　《日本地理兵要》是姚文棟最重要的譯著之一。姚氏後人稱「係中文日本地理最早之本，時在甲午中日戰前十一年」，〔註 94〕實藤惠秀則稱，「這或者是：近代中國最初出版的日本地理書」，〔註 95〕可見其對於近代中國認識世界的發軔作用。姚文棟在向黎庶昌報告編譯此書的計劃時曾說：

　　　　明治而後，盡撤藩封，由是官府私家漸有著述。然海國荒陋，

　　體式甚粗，又屢雜倭文，聲牙難讀。文棟訪搜眾說，兼聘譯人，擬

〔註 92〕姚明輝編輯，戴海斌整理：《姚文棟年譜》，《近代史資料》總 125 號，第 147 頁。「先府君著《安南小志》一卷，時中法將因安南起釁。又著《琉球地理志》一卷，時琉球問題正劇烈」。

〔註 93〕〔日〕宮原礆：《跋日本志稿》，河田小桃編，由良久香校定：《海外同人集》卷上，第 78 頁。

〔註 94〕姚明輝編輯，戴海斌整理：《姚文棟年譜》，《近代史資料》總 125 號，第 148～149 頁。

〔註 95〕〔日〕實藤惠秀著，陳固亭譯：《明治時代中日文化的連繫》，第 82 頁。

彙輯《日本國志》一書，而日人百事居奇，徵材一時未足，未能急就，有待徐籌。

又日地簇浮海中，其襟要之區皆在瀕海，故別輯《地理兵要》專詳海道情形，載筆年餘粗已就緒。文棟非不知窮兵黷武，聖世弗為；善戰上刑，儒者所戒。況皇華修好，意主懷柔，乃以《兵要》為名，得毋於義有悖。第方今五洲通道，列國爭雄，時勢與昔不同，要難拘文牽義。況日雖小國，而地近中華，其上下皆有狡謀，覬覦已非一日」。〔註96〕小國日本，在我大中華之側，人心狡詐，圖謀不軌之心久矣。

另外，姚文棟在給友人的信中也談到該書，「日本雖與吾甚近，而彼國地形時勢吾之官民素不講求，蓋鄙其小而忽之，若使用兵不免懵無把握。文棟竊不自揣，博搜彼中圖籍譯輯《地理兵要》一書以為他年籌筆之一助」。〔註97〕由此可知，姚氏譯輯此書的目的之一，使國人瞭解日本沿海之地理狀況，為可能發生的衝突作好準備。

《日本地理兵要》，共十卷，卷一為總論，內容包括：疆域、建置、山川、沿海、氣候、風土、習俗、政治、物產、人口和軍事等。卷二至卷十，分別介紹了東海道、畿內、東山道、北陸道、山陰道、山陽道、南海道、西海道和北海道。成書後呈送總理衙門，並由之發京師同文館官刻刊印。姚氏指出，「茲編係取日本陸軍省軍人所誦習之《兵要地理小志》照譯漢文，旁搜近人航海記載以附益之。又以沿海、港灣、島嶼、礁峭為海道要端，博考詳稽，分條臚載」。〔註98〕臚載，陳述也。

姚文棟對於原著既有尊重又有創新改造，一方面完全按照原文翻譯，順序不變，未有刪減；一方面以附錄的方式，節選、譯介日本人或外國人的相關議論。這樣的譯著方式別出心裁，內容及影響力都勝原著。比如在疆域的介紹中，原文較簡單，姚文棟在附錄中介紹了中根淑的短文《日本總論》，展現了日本人從古至今善於向外國學習的民族性格；在「建置」的介紹中，

〔註96〕姚文棟：《上黎星使箋》，《讀海外奇書室雜著》，光緒十九年刻本，南京圖書館藏，第 27 頁。

〔註97〕姚文棟：《與虎臣兵部書》，《讀海外奇書室雜著》，光緒十九年刻本，南京圖書館藏，第 29～30 頁。

〔註98〕姚文棟：《例言》，《日本地理兵要》，王寶平：《晚晴東遊日記彙編》2，上海：上海古籍出版社，2004 年，第 3 頁上。

又附錄了中根淑《八道論》和阪谷素《三府記》；在有關《兵制》的內容裏，選錄了日本人會澤安《論兵制》，歐洲人的《論日本水師事宜》等文章；在最後部分選錄了日本人古賀熠的《海防臆測》，詳細介紹了日本人早期的海防觀念。經過姚文棟的編譯，《日本地理兵要》頗具學術價值。

三、《日本國志》

《日本國志》爲姚文棟駐日期間的又一力作。前文提到，姚氏東渡用力最深者，無疑是對於日本地理學的研究，「文棟訪搜眾說，兼聘譯人，擬彙輯《日本國志》一書，而日人百事居奇，徵材一時未足，未能急就，有待徐籌」，因此，輯譯《日本國志》是他的首要計劃，也是他在黎庶昌第一任期內最重要的工作。經過艱苦努力，該書於 1884 年（光緒十年）最終完稿，成爲姚氏地學研究的標誌性著作，可惜一直沒有刊印出版。姚著《日本國志》得到了日本友人的讚揚，星野恒評價說：「（姚君志梁）譯我群地志書，集其大成。每卷以國爲綱，分群目以緯之。自建置、氣候、山川之大，以致租賦、戶口、驛站之細，黎然備舉，簡而不遺，洵地經之善者也。……今志梁（子梁）有是編，彼邦人讀之，殆疑東方生一新國，然足以一掃前人浮誇之習矣」。〔註99〕川口蕭更將其與魏源的《海國圖志》相比較，「姚君志梁成《日本國志》若干卷，蓋遍搜我幫人撰著，集其大成，猶魏默深之於《海國圖志》也。然默深身未嘗出禹域，其所志非其所踐。綱羅雖密，采擇未精，恐未足爲一部完書也。志梁則久客於我邦，足跡殆遍通邑、大都，又親與我學士大夫交，於內地形勢了若指掌。斯編之詳實可以徵信於後，豈《海國圖志》之比哉」？〔註100〕川口氏明確指出，姚著《日本國志》的可信程度遠高於《海國圖志》。宮原確則從姚著的取材予以評價，以證其可信，「姚君志梁邃於經，博於史，而文章尤豪。又好研地理之學，嘗著琉球、朝鮮、安南各志，頃又成《日本志稿》十卷。徵言於余，余讀之，山川之險易，都邑之盛衰，港岬島嶼之星羅棋佈，以至風俗、人民、物產、節候，鉅細畢陳，不蔓不漏。……此書引用殆及百家，皆我邦人所撰，姚君之善於取材，不遺片善」。〔註101〕

〔註99〕 〔日〕星野恒：《跋日本志稿》，河田小桃編，由良久香校定：《海外同人集》卷上，第 77 頁。

〔註100〕 〔日〕川口蕭：《跋日本志稿》，河田小桃編，由良久香校定：《海外同人集》卷上，第 78 頁。

〔註101〕 〔日〕宮原確：《跋日本志稿》，河田小桃編，由良久香校定：《海外同人集》

　　《日本國志》共十卷，正文分爲五大部分。地理部分，第一卷爲總論，附東西兩京。其後各卷分述畿內、東海道、東山道、北陸道、山陰道、山陽道、南海道、西海道和北海道。各道以國爲綱，分述疆域、形勢、沿革、山嶽等二十四門，內容以地學爲主，名勝古跡等均未包含。〔註102〕其它內容還包括：事物異稱，例如路程計量單位之不同；參考書目，姚氏共列舉 99 種；參與譯輯的日方人員名單；其它未備的內容。

　　姚著《日本國志》雖然得到日本人的稱讚，但在中國國內聲名遠不如其後成稿的黃遵憲著《日本國志》顯赫，內中固然有姚著未曾刊印的原因，研究者亦注意到二者的雷同現象。實藤惠秀所著《明治時代中日文化的連繫》中有專節評述此事，「此二人的人物、文章、業績，若相比較起來，那黃爲優秀。可是，仔細考察起來：各有各的特色。黃，在質的方面，遺有優秀的兩種著作。姚，在量的方面，有二十二種的計劃，其三分之一確能完成。『後來者居先』，在發表上，姚可以說是先一著。……黃之另外一部浩瀚大著《日本國志》，和姚的《日本國志》之間好像存有著看不見的線索相關連著似的」。〔註103〕黃計劃在先，成稿在後，而姚計劃雖後，卻成稿在前，實藤先生所謂「好像存有著看不見的線索相關連著似的」一說，大約質疑黃姚二書同名，且內容雷同。他懷疑同名之作「實黃仿照姚的名稱而改的」，且黃著首卷之《中東年表》亦爲照搬姚氏《東槎二十二種》之中譯輯的《中東年表》。對於內容雷同的現象，國內學者王寶平教授也給出了「資料同源」的研究結論。〔註104〕王寶平教授認爲黃姚二人的著作取材於《日本地志提要》，並且評價說：

　　　　最讓人驚訝的是，姚文棟引以爲豪並受到學界高度重視的《日本國志》，實非姚的研究著作，而是全文譯自《日本地志提要》！與原文相勘，姚文棟刪去了神社、佛寺、牧場、驛路、瀑布、溫（礦）泉等項以及歸屬問題懸而未決的琉球卷（原書第 75 卷），並將原書的「戶數」、「人口」二項合爲「戶口」一項。

　　　　卷上，第 78 頁。

〔註102〕姚文棟：《日本國志凡例》，《讀海外奇書室雜著》，光緒十九年刻本，南京圖書館藏，第 47 頁。

〔註103〕〔日〕實藤惠秀著，陳固亭譯：《明治時代中日文化的連繫》，第 86～87 頁。

〔註104〕詳見王寶平：《黃遵憲與姚文棟──〈日本國志〉中雷同現象考》，胡令遠等編：《近代以來中日文化關係的回顧與展望》，上海：上海財經大學出版社，2000 年。

如此看來，姚文棟在《日本國志凡例》中所列的 99 種書目爲故弄玄虛，筆者對此的高度評價亦屬誤評。……所以姚志所列的應爲地志課編纂《日本志提要》時的參考書目。

姚文棟作爲第二屆、第三屆駐日使團隨員，積極開展日本研究，……他的聲名雖不及黃遵憲，但研究日本著作之多，無人可出其右。從著作權的角度來看，他將別人的成果據爲己有，這確實留下了口實，但我們換一視角，從翻譯的角度來看，《日本國志》非常忠實於《日本地志提要》，不但篇章結構、遣詞造句，就連行款、小字、小標題也悉依原文。並且譯文流暢、文字練達。綜觀全文，我們不得不承認，這是一部學風嚴謹、水平上乘的譯著。

依筆者看來也不必苛求古人，理由如下：首先，以姚文棟駐日期間來衡量，日本也不過開始重視著作權十餘年，作爲外來者的姚文棟的著作權意識尙待考證。姚氏本身決無「將別人的成果據爲己有」的主觀故意行爲，因爲他在給黎庶昌的報告中說明「文棟訪搜眾說，兼聘譯人，擬彙輯《日本國志》一書」，注意「彙輯」本身就是「聚集材料而編輯」的含義，所以很明顯姚文棟本意並非是研究、創作全新的《日本國志》。其次，當時爲姚著《日本國志》作跋的日本友人，也談到此事，「或曰此編集腋以成，詞罕己出，謂之何？予曰：此何傷也？班史麟止以前全襲《史記》，《藝文志》採劉向《別錄》，《揚雄傳》用其自序，皆不爲掠美，況以外人而記寓邦之事，非有所因何得無誤？若使志梁唾棄一切，自創新奇，必將貽杜撰之譏，豈能傳信於後耶」？〔註 105〕可見，星野恒是見過姚著《日本國志》的稿本的，所以有「詞罕己出」的評價，但是星野氏的此種評價並不表示他對姚氏著述的否定，相反他認爲本著詳實、準確的原則，如實地反映前人研究的態度，才能使著作取信於後人。宮原確則從另一個角度予以評價，「余因又有感焉，姚君琉球、朝鮮、安南諸書，係採譯我邦人伊地知貞馨、近藤眞鋤、引田利章稿本。此書（指《日本國志》）引用殆及百家，皆我邦人所撰，姚君之善於取材，不遺片善，固可爲驚，亦知我邦人之於地理鑽研者多，雖當代名人如姚君者亦必於是取資焉。是則可喜也。並書之以誇於外人」。〔註 106〕他認爲，姚著《日本國志》取材於

〔註 105〕〔日〕星野恒：《跋日本志稿》，河田小桃編，由良久香校定：《海外同人集》卷上，第 77～78 頁。

〔註 106〕〔日〕宮原確：《跋日本志稿》，河田小桃編，由良久香校定：《海外同人集》

日文著作，恰恰顯示日本地學研究的完備。另外，從姚文棟研究地學的初衷來看，更加注重經邦濟世之用，而對於「名勝古跡無關政治者均不採錄」更成爲其一貫的原則。當然，筆者也並非否認姚著《日本國志》有「全文譯自《日本地志提要》」之嫌，需要特別指出的是，姚著《日本國志》是中國日本地學研究的早期成果之一，它的重要性在於學習、介紹——準確而詳實的介紹——而不是有開創性的研究，這也是任何一個研究領域發展的必由之路。尤其是在連自己國家邊疆狀況都不甚了了的情況下，在對日地學研究上取得超過日本人的成果是不現實的。當然，姚文棟的這種「拿來主義」式的譯著，也不能排除他與前任使團成員黃遵憲「爭先」的心理因素。

　　另外，國內對於姚文棟地學研究的反應也應當納入視野，《申報》的評論具有很強的代表性：

　　　　泰西列邦與中國立約通商於今四十年矣，中外交涉之事變故多端，日益繁賾，辦理者每稱棘手，惟事羈縻一說與之周旋，待之固未得其道，馭之亦未有合其宣。何則？由於彼此之情隔閡而不通，有如十重簾幕厚爲之障也。今欲稔熟其情形，必先親至其國，察其民風之向背，審其習俗之好惡，窺其政治之得失，揆其上下之合離，以至於山川之險易，輿地之廣袤，物產之繁庶，財賦之絀贏，亦必詳咨而博考，了然於心目之間，是非遊歷不爲功此，近今遊歷之由來也。

　　　　雖然此事也，泰西列邦行之於中國亦已舊矣。彼之來遊來處，曰官曰商曰士曰兵，凡自南至北通商各埠，爲其足跡之所至，固無論矣。窮鄉僻壤，教士亦無不至焉。日本距中國最近，語言雖異，文字則同，遊歷之員絡繹往來，幾於不絕。多改裝入內地，而尤留意於我遼東各處，測水道之淺深，繪關河之險阻，所有形勢皆在其記載之中，其用心也，可謂叵測矣。凡此皆其既往者也。

　　　　而十餘年來，我中國固漠然置之也，其有洋務委員不過略拾西人之唾餘，便已詡詡然自鳴得意，問以象緯輿圖則茫然莫知所對也，問以語言文字則僅一知而半解也，他若格致諸學更不必言。十餘年來，所有出使人員應皇華之選者，似宜遴選眞材，倍昭愼重。然恐其涉於瞻狗者，未嘗無人也。三年報最其能著書立說，或能抉奧窺

卷上，第78～79頁。

微作芹曝之獻以上，裨國是者，其有幾人乎？竊未聞之也。或有一二語涉於讚揚泰西者，即指爲有失國體，甚且得罪以去，如是而猶望其盡言勿隱，豈可得哉？

……出洋遊歷，不必同往同返，亦不必同時同地。既至一國必交其一國之賢豪長者，勢位有力之人，始得探聽其國事，隱悉其軍情。而於其鄰好各國，亦可旁咨傳詢而得之。在其國中時設茶會，開筵宴客，所以聯交誼也。平日，問俗采風亦不可廢。交接稍閒，必乘車周歷四方，所有海防邊備、炮臺營壘，遠近大小，堅固疏密，測量海道，詳紀陸程，必一一備載於日記之中，庶幾不負此舉，而遊歷乃始有裨益也。總之，遊歷人員可與出使隨員相輔而行。惟隨員各有職守，不能涉歷遠方，公事之暇，亦可悉其國政民情、土風俗尚，勒爲成書。如近日參贊黃公度之《日本雜事詩》、《日本國史》，文案姚子梁之《日本地理兵要志》皆能詳其沿革，明其利病，灼然可採，而卓然可傳者也。遊歷之員專心致志於此，何獨不能然哉？

〔註107〕

《申報》的評論是由於總理衙門訂立《出洋遊歷章程》而引發，該評論開宗明義，回顧了自鴉片戰爭後四十餘年來中外交往的嚴酷事實：執事者惟有「羈縻」一說，即「待之固未得其道，馭之亦未有合其宣」，結果自然是有目共睹。中國改變被動局面的方式是要做到「知己知彼」，而派員遊歷無疑是達到這一目的的重要途徑。相較於西方各國「官、商、士、兵」各色人等，近乎來華人員「全員參與」刺探中國的方式，中國亟需改變「閉關鎖國」的心態。在派員遊歷中國方面，即使是後起的日本也將目標鎖定在遼東地區，其「居心叵測」已顯露無疑。反觀中國，則「漠然置之」。國內有「洋務」職守之官員，則「不過略拾西人之唾餘，便已詡詡然自鳴得意，問以象緯輿圖則茫然莫知所對也，問以語言文字則僅一知而半解也，他若格致諸學更不必言」。而駐他國之使團成員，則「三年報最其能著書立說，或能抉奧窺微作芹曝之獻以上，裨國是者，其有幾人乎？竊未聞之也」。《申報》評論最後給出了遊歷人員、使團成員如何能做到盡忠職守的建議。特別以黃遵憲的《日本雜事詩》、《日本國志》，及姚文棟的《日本地理兵要志》爲例，說明了在「知

〔註107〕1887年6月5日《申報》第5076號第1頁，「書總署所定出洋遊歷章程後」，《申報》影印本第30冊。

彼」方面，這些著作的重要作用。其觀點鮮明，言辭犀利，發人深省。由此可見，國內社會對姚文棟研究的認可和贊許。

特別需要指出的是，姚文棟對於地學研究的關注還體現在與之相關的地圖製作等方面。例如，他非常推崇日人木村信卿的地圖製作技藝。

> 輿圖之難，蓋有二焉：非胸羅宙合者，不能見其大；非心析毫芒者，不能致其精。況乎全球之廣、五洲之遙，而縮寫於尺幅之上，尤非一隅、一國之比哉。

> 仙臺木村信卿君素留意方輿之學，嘗仕於陸軍省，其後以事去官，杜門覃思，益專著述。予嘗見其亞細亞東部圖及地球全圖，頗服其精審。

> 近又以坤輿方圖見示，則凡大洲中各國分界，與夫都會、城邑、商埠之所在，高山、大水之所盤紆。而輪寫島嶼之棋布星羅，細若列眉，分析具載。而於鐵道、電線，以及輪舟行海之路，昔人所未及者尤加詳焉。洵輿圖之大觀，經世者所不可闕也。至若海道、里程、國旗、徽幟，與其土地廣袤、山川高深、人口多寡之數亦具列卷中，指掌犛然，均足為考稽之一助。繪摹工細，又其餘事焉。蓋木村君喜講求中土音學，又通法文，於中西書籍無不涉覽，故其考核獨為精博。又能虛衷取善，每製一圖輒就予商榷。予雖與君有同嗜，然君業精已若此，予又何以益君哉！〔註108〕

姚氏認為，尺幅之間既見世界之大，又能見其精是地圖製作的難點。大至洲際分野，國家、山川、河流，細至島嶼星羅棋佈，纖毫可見。尤其是鐵路、電線、海道等現代交通方式的呈現，讓他不得不感慨「輿圖之大觀，經世者所不可闕也」。與木村氏的交往，使得他地學研究的視野大開，關注和搜集的內容上也愈加豐富。

除了前文提到的幾部地學著作之外，姚文棟駐日期間的研究著作還包括：

《訂正朝鮮地理志》八卷

《日本沿海大船路小船路詳細路線總圖》二頁

《分圖》六十二頁

《日本火山溫泉考》一卷

〔註108〕姚文棟：《坤輿方圖跋》，《讀海外奇書室雜著》，光緒十九年刻本，南京圖書館藏，第46頁。

《日本海陸驛程考》一卷

《日本礦產考》一卷

《日本東京記》一卷

《日本近史》一卷

《中東年表》一卷

《日本會計錄》四卷

《日本藝文志》六卷

《日本通商始末》二卷。〔註109〕

綜上所述，姚文棟駐日期間是其地學研究大成之際，其關注的範圍也逐漸延伸，由國內而至國外，由日本而至東亞、東南亞、東北亞，範圍的延伸也標誌著姚文棟地學研究思想的深入。

第四節　姚文棟論江防海防

姚文棟的「籌邊」思想中還包含江防海防的內容。從區域而論，西北、西南與陸地接壤，唯有東北尤其是日本島、朝鮮半島，江防海防尤其重要。

傳統的農耕社會和貿易上的朝貢體系，讓中國的統治者們長期以來忽視了海洋的存在，似乎來自海洋的威脅遠在天邊，似乎對外關係永遠停留在陸地的邊緣。清代自康、雍、乾三朝，東征西討，無論是沙漠還是草原，無論是山川還是溝壑，率土之濱，莫非王臣。東亞諸國，僅存日本尚未朝貢。海洋方面，雖有鄭成功一度佔據臺澎對峙，但顯然不成氣候。清代的水師，悠悠度日，巡防捕盜，維持秩序，天下太平。時間來到19世紀，太平王朝的太平盛世，被太平洋的海水攪亂了，洶湧而來的軍艦上，出現了西洋人的面孔，曾經一度覺得異常遙遠的來自海洋的危險，實實在在地靠近了。

此時的世界，已經悄然變成了海洋的世界。而此時的中國，天朝的統治者們對它卻還是茫然無知。第一次鴉片戰爭，英國人以區區一萬人左右，對陣清朝二十多萬的陸軍和幾萬水師，蒸汽機推動的戰艦滾滾而來，望者披靡，中國軍隊面對海洋怪物瞠目結舌，丟盔卸甲，幾無還手之力。英國人先進的技術設備震動了清朝的官員們，給皇帝報告中，英國人的火焰船（蒸汽動力船）有如神跡：「火乘風起，煙氣上薰，輪盤即激水自轉，無風無潮，

〔註109〕姚明輝編輯，戴海斌整理：《姚文棟年譜》，《近代史資料》總125號，第150頁。

順水逆水，皆能飛渡。」一度高枕無憂的統治者們終於嗅到了西方列強堅船利炮的硝煙味，加強海防的呼聲漸起，但是在熱鬧的爭論之後，「以守爲戰」的海防思想在朝堂之上仍呈主流之勢。絕大多數人仍然堅持近海、海口、內河和陸地防禦爲主，缺乏爭奪制海權的觀念。清政府在海軍建設方面投入不菲，1888 年，購進了鐵甲巨艦 2 艘、巡洋艦 8 艘及其它炮艦數十艘，其陣容之豪華在亞洲乃至當時的世界都可執牛耳。但是，中國的無敵海軍之師，創建之初就已經蒙上了看家護院的色彩，攻擊性不夠，統治者的海洋意識始終徘徊在海岸線附近，始終局限於對西方列強炮艦政策的一種本能反應，僅僅是一種企圖重新關上國門的較低層次的軍事防禦對策，「海患緊則海軍興，海患緩則海軍弛」。某種程度上，列強侵略中國的中國近代史，可以說就是海上侵略史。

反觀日本，作爲一個海島國家，經歷了明治維新前的一段屈辱歷史後，很早意識到向海洋拓展的重要性，海洋的巨大經濟利益，使其政治、經濟、軍事都無可選擇地與海洋聯繫在一起，爲貿易、爲資源而向外拓殖，海洋在 19 世紀中葉實際上成爲了日本的國家戰略問題。中國在提出海防戰略的同時，日本明治政府提出了更爲深遠的海權戰略。1868 年，日本確定發展海軍，戰略目標是「耀皇威於海外」。1870 年 5 月，日本兵部省提交了創建海軍建議書，提出創建海軍基本原則，規劃了海軍建設目標，確定了戰略假想敵。而中國從來沒有假想敵，沒有基於敵國的有效預警機制，只是將本土作爲戰場，海防戰略一味退縮，缺乏日本的氣魄和勇氣。日本海軍一開始就將中國作爲目標，而中國的海軍建設總是被動地因爲一個個危機而發展。因此，形成鮮明對比的是，戰爭進攻方積極備戰，防禦方卻不知所措，慌亂無爲。1894 年 9 月 17 日，中國與日本進行了一場空前的大海戰。李鴻章苦心經營 20 年的北洋艦隊，黃海損失五艦，剩下的 10 艘艦被日本人佔領。這場戰爭帶來的變化，決定了這個王朝最後的命運，甚至影響到以後幾十年的中國政治格局。

1874 年，日本侵略臺灣，這一事件引發了著名的海防與塞防之爭。儘管仍未擺脫傳統的陸防觀念，但海防和海軍則得到了更多重視。自以爲是的大清王朝，爲數萬里之外的蠻夷所敗，一批有頭腦的士大夫們意識到了中國海防所潛伏的危機。魏源堪稱中國思想家中睜眼向洋看世界的第一人，在著名的《海國圖志》中，面對強敵自海上入侵的嚴酷現實，魏源指出，禦敵上策

是要「嚴修武備」,「師夷長技以制夷」,他建議在廣東虎門設立造船廠和火器局,以形成「使中國水師可以駛樓船於海外,可以戰洋夷於海中」的有利海防態勢。很多有識之士如林福祥寫出了《平海心籌》、桂文燦有《海防要覽》、徐金鏡談《海防事宜》,李鴻章甚至還專門寫出了《籌議海防摺》,急切進言呼籲購買鐵甲巨艦。第二次鴉片戰爭後,丁汝昌擬定了《創建輪船水師條款》和《海洋水師章程六條》,提出了中國近代海防戰略的框架,包括:設機器局發展軍工、民工,創設北洋、東洋、南洋三支艦隊,分區設防、三洋呼應等。

有識之士中,姚文棟可能更清醒一些。

首先,他認為中國此時江防海防的形勢發生了重大的變化。其一,以前西方勢力主要沿海岸線活動,戰略防禦方向是南北;現在外國的輪船已經在長江內河航行,戰略防禦方向是東西。

> 西洋輪舶,自狼福山入口上溯重慶,中間鎮江、蕪湖、九江、漢口、宜昌等處,皆設通商埠頭。沿江五十餘里,東西往來,險與敵共。論扼守之要,不重南北而重東西。〔註110〕

其二,新航道的出現,大大壓縮了中國海防的戰略空間。原來的一些外洋航道上的天險,現今已經形同虛設。

> 海洋自明中葉泰西各國東來,皆由大西洋繞阿非利加洲,入葛留巴、蘇門答臘之巽地海峽。嗣後蘇爾士河開通,別有小西洋一道,從地中海、紅海而來,入麻喇甲海峽,兩海峽乃其來中第一重門戶。過瓊州七洲洋後有千里石塘,萬里長沙,為南北洋界限,其間惟天堂門、五島門、沙馬崎頭門三處可通出入,此為第二重門戶。閉鎖層疊,外夷攔入北洋自非易易。

> 今洋人別開心道,從地球西半面之美國,繞由日本國橫濱、長崎而來,正當中國江浙洋面,南洋數重門戶皆為虛設。所恃庫頁島,為混同江外蔽;旅順、燕(煙)臺為牛莊、洋河、天津外蔽;洋山、馬蹟諸山為長江吳淞口外蔽,斤斤然固守近藩而已。〔註111〕

因此,姚文棟提出加強長江水師的建設,這個提議相當具有新意,它是因應內河防禦形勢的變化而作出的策略改變,顯示出姚氏「籌邊」思想中「邊」

〔註110〕 姚文棟:《籌邊論九:論江防海防》,《籌邊論》,上海圖書館藏,抄本。
〔註111〕 姚文棟:《籌邊論九:論江防海防》,《籌邊論》,上海圖書館藏,抄本。

的概念的擴展，將長江水師的對內防禦功能擴展到對外防禦。至於長江水師的體制，姚文棟建議仿照曾國藩的規劃進行，「曾文正經畫長江水師，鱗次櫛比，節節操防，專建提督以一事權，後分隸瀕江督撫以資聯絡，江防要領已極周密。……所憂者，承平日久則軍政怠馳，是賴有不避嫌怨之大臣常力加振刷，以持其後耳」。

在海防方面，他提出要重視臺灣、朝鮮半島對中國海洋防禦的重要作用。他認為臺灣、朝鮮半島是中國海洋防禦的支點和屏障，因此中國要對俄、日侵略朝鮮的企圖予以堅決的回擊，以保護中國的海洋防禦屏障。他說：

> 至若南洋之臺灣，英與日本常覬覦，欲得之。北洋之朝鮮，俄與日本亦覬覦，欲得之。臺灣孤立海外，為東南數省屏障，今綢繆已固，可以勿憂。朝鮮屏藩兩京，當早為之備。蓋俄不得土耳其海口，而思波斯；不得波斯海口，而思朝鮮。土耳其有德、奧諸國為之保護，波斯有英吉利為之保護，故俄不能逞。其逐逐之欲朝鮮，依託東陲，苟非中國力為調護，豈能以一小國禦虎狼之俄？況又有日本窺伺於其側乎？〔註112〕

姚文棟除了提出加強三大海軍的建設之外，最特別之處在於，他「走出去」的海洋防禦策略，「中國若有頭批鐵甲船往駐黑海口，塞住俄兵出路，再以二、三批分駐蘇爾士河、新加坡兩處孔道，首尾應援，持久而後與和，未有不帖然者。若任其兵艦東來，一入北洋，處處皆可以騷擾，防不勝防矣」。姚氏此論明顯是忽視客觀現實的臆想，是混淆了中國海軍發展的短期目標與長期目標的結果，並不可取。

對於日本，在姚文棟看來，這樣一個島國，其實處處可以受到攻擊和威脅，戰艦採取運動戰術，進攻採取多面戰術，均可制勝。日本已經成為中國的海上敵國，姚文棟認為，在戰時中國對日本不要採取被動防禦戰略，應當以攻為守。一旦爆發戰爭，中國應派遣軍隊攻擊日本要害。在《日本地理兵要》中，姚文棟指出「大抵日本之要害，其瀕於東者為橫濱。」而橫濱之要害為浦賀，若派遣艦隊直搗浦賀，進逼品川，東京、橫濱勢必震動，此為正道。若同時派遣一支艦隊襲擊下關，作為牽制，是為間道。也可從臺灣出發，佔領鹿兒島，再攻擊其要害。總之，作戰方案有多種，但應主動出擊。

〔註112〕姚文棟：《籌邊論九：論江防海防》，《籌邊論》，上海圖書館藏，抄本。

第四章　姚文棟西南邊防思想研究

　　1887 年，姚文棟駐日六年，取得了豐厚的研究成果。同時，以其才識迎來了人生的又一次轉機，奉新任出使德俄奧和四國欽差大臣洪鈞奏調西洋。1891 年，姚文棟從歐洲回國，決定親自赴西南邊境考察。爲此，他由法國馬賽登船，經地中海、紅海、印度洋抵達印度，在此遊歷了孟加拉、加爾各答等地，再至仰光，然後換乘小船，進入伊洛瓦底江，經阿瓦、新街（即八募），再入大盈江，過蠻弄，乘竹兜越野人山，經盞達、干崖、南甸，抵達中緬邊界的騰越，經野人山，最後回到雲南省城。耗時四個多月，行程近四萬餘里。姚文棟此行極爲艱險，不過成果巨大，獲得了大量的詳實資料，爲西南勘界立下了汗馬功勞。

　　姚文棟的《籌邊論》作於 19 世紀 80 年代初期，其《論西南邊外英法二國》雖然對西南邊防沒有提出具體的措施，但對英法兩國的野心揭示的較爲充分，具有一定的預警作用。出使歐洲，查勘滇緬，一系列實踐活動，爲姚文棟西南邊防思想注入了新的生機與活力。

　　對於時人以爲英國重在牟利，不貪圖中國土地；而法國在普法戰爭失敗後，國力漸衰的看法，姚文棟認爲有一定道理，但對英法兩國不可不防，因爲兩國對中國西南邊疆都是覬覦已久。從雲南的地理位置來看，其在中國邊防體系中佔有重要地位。

　　　　中國談地輿者，多言雲南天末遐荒，不關形要。而不知雲南固
　　　　有倒挈天下之勢。由雲南西北入四川，則踞長江之上游。由雲南東
　　　　北道湖南，而扼荊襄，便足搖動北方。後又有印度、緬甸爲之肩背，
　　　　此所謂進足有爲，退可以守者。〔註1〕

〔註 1〕　姚文棟：《籌邊論六：論西南邊外英法二國》,《籌邊論》,上海圖書館藏,抄本。

　　相較於近代以來中國其它邊疆地區的衝突、摩擦不斷，西南邊疆一直顯得異乎尋常的平靜，首要的原因與該地區的自然地理環境有關。中國西南邊疆多高原，交通不便，物資相對匱乏，用兵極難。將中國其它地區瓜分完畢後，英法兩國不約而同的將目光投向了這裡。英國經營印度已久，圖謀西藏、雲南的規劃也最完備。

　　　　光緒三年，郭侍郎嵩燾使英國，見有一火輪車道圖，由印度直通雲南。一出臨安以東趨廣州；一出楚雄以北趨四川，以達漢口。又由廣州循嶺以出湖南，而會於漢口。乃由南京至鎮江，東出上海。又東出寧波，北出天津以達京師。詢之云：出自十餘年前，則是英人之謀潛蓄已久，又知其心之未嘗一日忘中國也。

　　　　今印度火輪車已及阿薩密，其通中國分山南北兩道。北道，由阿薩密直抵依拉襪底河。南道繞出緬甸，折而東北，以會於依拉襪底河，而達蠻允。輪船所通已及新街，新街距蠻慕一日程，距蠻允四日程，距騰越十日程。築造火輪車路亦便。夫英人規劃雲南意則巧矣。以為此路若通，可以一國自主，無別國牽制其肘。〔註2〕

　　英國的印度——中國鐵路修建計劃的中國部分由兩條鐵路構成，其一，雲南——杭州——廣州——湖南——漢口；其二，楚雄——四川——漢口。兩條鐵路交匯於漢口合一，然後循漢口——南京——鎮江——上海——寧波——天津，直抵中國的心臟腹地。因此，姚文棟斷言，「英之欲通雲南，猶俄之欲通蒙古，其意斷不專為通商」。

　　為防止英國獨霸中國西南，法國加緊其經營越南，進而控制中國雲南的步伐。於是，「英知此意，則又改圖西藏，分力兼營」，重新制定印度——中國鐵路規劃。其中國境內的規劃已久為兩條鐵路：其一，緬甸——騰越——雲南；其二，大吉嶺——西藏——四川。

　　針對中國西南邊境風雨欲來的局勢，姚文棟警告說，「西藏、雲南邊境，如大吉嶺、亞山、野人山等處，皆藩籬門戶所在，不知西南疆吏及駐藏大臣有何綢繆之備。又，邊外安南、緬甸、廓爾喀諸小國與我有唇齒之誼，已有法安輯之否？抑袖手視其顛危而不一援手」？〔註3〕

　　帶著一系列疑問，帶著強烈的使命感，姚文棟真正走進了西洋之國。

〔註2〕　姚文棟：《籌邊論六：論西南邊外英法二國》，《籌邊論》，上海圖書館藏，抄本。
〔註3〕　姚明輝編輯，戴海斌整理：《姚文棟年譜》，《近代史資料》總125號，第151頁。

第一節　周歷西洋

一、從日本到歐洲

1887 年 6 月 23 日（光緒十三年五月初三日），洪鈞被任命為出使俄德奧和國大臣。〔註4〕8 月 2 日，洪鈞上摺奏調隨員翻譯及醫官，〔註5〕姚文棟赫然在列。〔註6〕遠在東瀛的姚文棟收到消息後，即向日本的諸位好友辭行。在麗澤文社酒會上，姚文棟出示好友藍華軒所贈「長風破浪圖」，諸文友感慨良多，紛紛題詞卷上。〔註7〕

藤野正啓題詞：期望姚氏地學研究得以精進。

> 姚君志梁，聰敏有大志，隨黎星使至此邦，舟中請其友藍君華軒畫『長風破浪圖』，言將駕巨艦巡遊五部大洲。我聞姚君精於輿地，其《春秋列國疆域》及《西域地形考核》已有成書，念此行亦將欲窮討五州疆域成一大著述也。……姚君生於二千載之後，地理風土之學已為洋人所先發，然以其高明之才，施之親驗實歷之地，則其極精發微，使彼輩逡巡失色，何難之有？余請刮目以俟。

〔註8〕

小山朝宏題詞：則期待姚氏以傳播中華傳統文化為己任。

> 姚君子梁，年未滿強仕，氣壯識遠，濟以淹博之學，隨黎公駐紮我邦以三年，將以次遊歐米諸洲，竟周遊地球，其志可謂壯矣。
>
> 吾竊謂：泰西諸國，雖有強弱大小不同，其人大率智慮精深，砥礪才識。自今以往，其傑然俊秀者漸悟聖人大道不可一日缺於天地間，則吾儒之大經大法將遍佈彼國，恨未有誘導之者。子梁到於彼，則專以之自任，乘將啓之機而闡明聖人大道，使彼民知秉彝之不可已，則子梁之功遠在拓土樹民之上矣。……今子梁駕火輪大

〔註4〕　《德宗景皇帝實錄》（四），《清實錄》第五十五冊，第 268 頁上。

〔註5〕　洪鈞：《洪鈞使歐奏稿》，《近代史資料》總 68 號，第 2 頁。

〔註6〕　張德彝：《稿本航海述奇彙編》（五）卷一，北京：北京圖書館出版社，1997 年，第 18 頁。

〔註7〕　〔日〕杉村武敏：《題長風破浪圖卷》，河田小桃編，由良久香校定：《海外同人集》上卷，中國國家圖書館藏，清光緒刻本，第 7 頁。

〔註8〕　〔日〕藤野正啓：《題長風破浪圖卷》，河田小桃編，由良久香校定：《海外同人集》上卷，中國國家圖書館藏，清光緒刻本，第 4～5 頁。

舶，東西萬里，惟意之所向，爲古人之所不能爲，豈非古之不及今者耶？〔註9〕

杉村武敏題詞：更希望姚氏廣交萬國之士，以所學施以濟世。

　　　子梁襟度麗然，氣壯識遠，廣求海外交。向來在使館，行將歷遊萬國，遍審海外之情勢，其志可謂壯矣。夫古來宦遊羈旅之臣，……近者不離禹域，遠者尚不過五印度。其所交亦不及海外萬里之人，是皆古昔壯遊者之所爲，豈子梁今日之志哉？……足未躡六洲之地，烏謂周遊於四海乎！目未接萬國之人，烏謂廣交天下之士乎！……聞子梁傾産裹糧，夙事跋涉，足跡殆遍邊塞絕徼，所謂古昔壯遊者之所爲業已得之。顧子梁齒尚壯，苟進取不止，則去之米之魯之歐洲各國，廣交海外萬國之士，非難也。若夫異日立廟堂密勿大政，以今日所目睹心得者，施諸樽俎揖讓之間，其功效果何如耶？〔註10〕

小牧昌業題詞：則讚歎姚氏周遊宇內之志。

　　　清國姚君志梁，航海來我東京，從事其公署，余是以獲交君。君志氣高邁，才學富贍，尤精地理。自其在本國時，常喜出遊，驅馳遍於南北，嘗著《春秋列國地名考》，又有《西域古碑記》之纂。間者語余曰：吾有周遊宇內之志，此東來耐酸首途也。……姚君才既不群，年力方壯，不肯以少游自居，其志亦非夫徒好奇事遠遊者比。方今五洲交通，舟車往來極天覆靡不可到，人惟憂其志與力耳。君之斯行於張、徐諸人所慂精一生以爲奇者，不啻倍蓰，而其所得則又將益大而不可量。〔註11〕

秋葉斐題詞：則讚歎姚氏以天下爲己任，志在經國。

　　　駕鐵輪之堅艦，破萬里之狂濤，仁智豪傑之士莫不有願欲焉。不特恢宏志氣，愉快精神，誠以任天下之務者，自非山川風土人情，誠偏目視而心熟其施諸事業，或有枘鑿之不相容也。……清國姚君

〔註9〕　〔日〕小山朝宏：《題長風破浪圖卷》，河田小桃編，由良久香校定：《海外同人集》上卷，中國國家圖書館藏，清光緒刻本，第5～6頁。

〔註10〕　〔日〕杉村武敏：《題長風破浪圖卷》，河田小桃編，由良久香校定：《海外同人集》上卷，中國國家圖書館藏，清光緒刻本，第7～8頁。

〔註11〕　〔日〕小牧昌業：《題長風破浪圖卷》，河田小桃編，由良久香校定：《海外同人集》上卷，中國國家圖書館藏，清光緒刻本，第8～9頁。

子梁年僅超而立，英爽好學，志在經國，爲今公使黎公入幕之賓，
其祿足以副其志。……其後抑子梁之遊能記動植、物產、器械、工
藝如李君歟！將論政治、學制異同得失如丁君歟。〔註12〕

星野世恒題詞：則祝姚氏學業精進。

　　清國姚君志梁，有大志恒，欲周遊地球。其從星使黎公至我
邦，……且曰：吾之至日東是首途也。……姚君年壯而氣剛，銜大
國之命而試海外之行，……姚君在鄉既著策八篇，論時務之要矣。
其至我邦所見所聞必有加於舊者焉。浸假而軼米邦、涉歐洲，其所
見聞又有加焉，則有大所論著以陳國家大計，使我東洋再冠宇內。
〔註13〕

橋本維孝則記其事，認爲姚文棟日後之成就不可限量。

　　清國姚君志梁，隨黎公使來我邦，我邦之史乘無不瀏覽。其政
治□替，風俗醇漓，以及文教武功之興廢張弛，莫不考核，而有得
於心。君之志蓋將大有所爲也。……聞君欲破五大洲浪，遍讀其奇
書，以我邦爲首途。君今日富於所獲，既已不廉，其遊五大洲所積，
又可量哉？君他年歸大國之日，凡足跡所經，睹聞所及，考諸人事，
究諸物理，捨其短而取其長，進則輔朝政，建洪勳於當時，退則著
書，以垂則於千載，是男兒能事畢矣。〔註14〕

眾人對姚文棟的期許，固然不排除朋友間的相互捧場之嫌，但是姚文棟
駐日六年，其所作所爲、理想及用功之處亦可見一斑。同時，也不免讓姚文
棟對即將到來的歐洲之旅充滿了期待。辭別之後，姚文棟乘東京丸號回國。
〔註15〕

出使俄德奧和國大臣洪鈞於 1887 年 10 月 21 日抵滬。〔註16〕隨後幾天，

〔註12〕〔日〕秋葉斐：《題長風破浪圖卷》，河田小桃編，由良久香校定：《海外同人
　　　　集》上卷，中國國家圖書館藏，清光緒刻本，第10～11頁。

〔註13〕〔日〕星野世恒：《題長風破浪圖卷》，河田小桃編，由良久香校定：《海外同
　　　　人集》上卷，中國國家圖書館藏，清光緒刻本，第10～11頁。

〔註14〕〔日〕橋本維孝：《讀海外奇書室記》，河田小桃編，由良久香校定：《海外同人
　　　　集》上卷，中國國家圖書館藏，清光緒刻本，第12～13頁。

〔註15〕1887年10月21日《申報》第5213號第2頁，「日本郵信」，《申報》影印本
　　　　第31冊。

〔註16〕1887年10月22日《申報》第5214號第3頁，「星使來滬」，《申報》影印本
　　　　第31冊。

他分別接見各國領事、拜會地方大員，〔註17〕同時等待使團成員到齊，預定於10月30日出發。〔註18〕姚文棟匆匆抵滬，10月24日與使團會合，因一切行裝未及置備，旋即向出使大臣請假一個月，擬乘下月之船赴德。〔註19〕洪鈞帶領使團按時出發〔註20〕，並於12月3日順利抵達柏林。〔註21〕12月27日，抵達柏林。〔註22〕因使團初到，安排尚未妥當，姚文棟與張德彝住在一個房間。第二天，姚文棟便投身於繁忙的公務之中，拜會各國駐德外交官員及德國官員，共十五處之多。〔註23〕1888年1月1日，使館同事設宴公請星使、參贊，以慶賀使團多數成員身在歐洲的第一個西曆新年。〔註24〕

二、姚文棟駐德期間的遊歷及著述

姚文棟在歐著述不少，可惜大都散佚，因此考察姚氏在歐考察遊歷的第一手資料付諸闕如。幸而與姚氏同駐德者有張德彝，張氏所著《航海述奇》之《五述奇》就成為觀察姚氏的重要史料，這樣作或有所遺漏，尚有待今後史料再發現予以補正。姚文棟在柏林的活動大約可分為兩類：

（一）使館的公務活動

從張德彝的記錄看來，此類活動遠多於姚氏駐日時期。以下僅舉幾件事例，展示姚文棟駐德期間日常工作的內容，其它如迎來送往者概不贅述。

1、**參加德國宮廷朝會**。姚文棟到達柏林正值年底，不久就逢西曆新年。

〔註17〕1887年10月24日《申報》第5216號第3頁，「訂期接見」；1887年10月26日《申報》第5218號第2頁，「冠蓋往還」；1887年10月27日，《申報》第5219號第3頁，「滬上官場紀事」，《申報》影印本第31冊。

〔註18〕洪鈞：《奏報出洋日期片》，《洪鈞使歐奏稿》，《近代史資料》總68號，第4頁。

〔註19〕張德彝：《稿本航海述奇彙編》（五）卷一，「光緒十三年九月初八日」條，第33～34頁。

〔註20〕1887年10月30日《申報》第5222號第3頁，「星使啟行」，《申報》影印本第31冊。

〔註21〕洪鈞：《奏報到接任摺》，《洪鈞使歐奏稿》，《近代史資料》總68號，第4～5頁。張德彝：《稿本航海述奇彙編》（五）卷一，「十月十九日」條，第62頁。

〔註22〕張德彝：《稿本航海述奇彙編》（五）卷一，「光緒十三年十一月十三日」條，第93頁。

〔註23〕張德彝：《稿本航海述奇彙編》（五）卷一，「光緒十三年十一月十四日」條，第93～94頁。

〔註24〕張德彝：《稿本航海述奇彙編》（五）卷一，「光緒十三年十一月十四日」條，第97～98頁。

德國有每年 1 月中旬在王宮舉辦宮廷朝會的傳統，清公使館主要官員（共九人）獲邀前往參加。

　　　　乘車行五六里入五道門，走恩德林敦街，東首下車入宮，其式與英之賢眞穆斯宮相似。亦入門登樓，兩折至外廳，會各國公使隨員。立至亥初，遂排班魚貫而入，各國二等公使及希臘者皆在前，暹羅者在日本前，日本又在中華前。

　　　　其君后坐於正面，後一圈老少婦女，坐者皆王室女媳，德皇立於后右。臨內門入者，先向君后一鞠躬，右行三四步，再向德皇一鞠躬，後則轉身入內門至圓廳。廳高數丈，頂上周圍有樓、有闌杆，在上可以下視。廳之四面有門，所入者爲正門。對面一長廳通飯堂，左門通大門。前半步步栽花，香氣觸鼻，綠葉叢叢密不見壁。右門通內宮，圓廳正面中設二椅爲德皇與後座，左右四圓桌，圍列金椅，爲太子妃、公主、郡主及王室宗戚座。正中放一大琴，周圍臨柱置金椅一圈。自正面德皇左右，先坐各國頭等公使夫人，再則本國各大臣之夫人及各國二等公使、參贊隨員之夫人，至各國公使及本國文武各員亦如此按次而立於婦女座後。對面長廳前一節放一圓桌，四面置金椅二三十，爲婦女坐。右置金椅五橫，共三四十，爲官人坐。再外右鄙，又置金椅數十橫列四行，爲命婦、宮女等坐。余等末入圓廳，同日本、暹羅人立於左鄙玻璃門前。迨至坐者、立者諸事既畢，忽朝官請余等步入長廳前節，同暹羅人坐。而左鄙坐有婦女五名，爲當時著名之女伶。

　　　　少坐鼓琴，先是女伶巴蒂臘前往立歌一曲。既而散卜里又歌一曲。

　　　　正值琴聲喧嘩之際，忽朝官又來，云奉君后命，請諸位往看大清國大皇帝所贈之壽儀。乃步入長廳旁間，見正面一檀木床，上懸靈仙祝壽一幅。前桌列五件，玉水盛、玉山子、玉如意與六方瓷瓶，左右分立繡花圍屏八幅。此外，有他人所獻之景泰藍大象二隻，漆櫥、竹椅、木塔、銅爐等多件，蓋皆東方物也。

　　　　看畢轉回入座，又聞女伶郝美色、巴蒂臘同歌一曲。末則郝美色、巴蒂臘、畢姒姬、散卜里與優伶額斯得、駱特來、倭霍色、畢

柏堤八人同歌一曲。

　　後則男女起立，分排左右，德后與皇及王室老幼陸續步入飯廳，既而各國公使及本國文武夫婦亦皆前往。當夜人不足千，既不擁擠，亦不甚熱。廳長一矢橫，設長桌杯盤羅列，食則五味盈籃，酒則五色盈樽，一切任人自取。食畢少立，轉由左門出宮，登車回寓。……當余等見德后時，德后云：聞得貴國江南地方遭水災，殊覺可慘。〔註25〕

首次參加德國王宮新年招待會，想必清廷的各位外交官頗爲新奇，因此紀述的詳細至極，完全復原了當時的畫面，而且外交活動的氛圍亦有所呈現。

　　2、**參觀德皇閱兵**。1888 年 9 月 10 日，德皇檢閱馬步兵，參閱兵力達四萬餘人，姚文棟與同事三人一同參觀。

　　乘馬車東南行八九里，至淡泊豪富山莊，看德皇閱本邦十八軍體中第六馬步兵共四萬。地極寬敞平坦，一望無際。

　　兵列正南，馬車千輛在東南角。其由外部得票者前列，由巡捕廳得票者排列在後。由內城至此，沿途男女觀者如堵，男攜婦母、繈兒，擁擠沸騰，皆有馬步巡捕彈壓，指令分別左右成行。至教場，則非車不准入，更非有票者不准入。票皆橫插御者帽沿之上，橫長四寸五分，豎寬不及三寸，黃紙上印黑字，云：准某人入門之憑票，某年月日。

　　排車處亦有巡捕十數名，往來指示車夫何地停止。西面有酒肆，臨牆設高臺列桌凳，男女坐上飲苦酒看操兵者甚眾。

　　巳初，德皇率王公大臣百員，乘馬由南而至，先去各隊前後繞看一周，既而立於正北稍東。後聞巡捕喊曰：車走。於是前二行先行，按路稍南而東，第一輛住於德皇之右，陸續兩行橫列一排，以後各車橫列於後。巡捕隨車至此，逐處指示，兵則按隊由東而西，每隊至王前時將執刀兵舉槍皆對鼻前，過則將喊曰：落。乃齊落執腰旁。樂兵立王對面而鼓吹之，兵過則此班隨去，後來者排立而奏。先過步隊，既而馬隊。後則炮車八輛，分兩排，每輛六馬拉。炮手五名，一徛馬，二坐車前，二坐車後。裝載車亦八輛，每輛二馬拉，

〔註25〕張德彝：《稿本航海述奇彙編》（五）卷二，「光緒十三年十二月十四日」條，第 129～135 頁。

車箱長方以木造成，外油灰色，係載衣裝、器械及飲食之類者。按隊過畢，復按營經過一周。當日惜不操演，兵馬經過，不過潔淨整齊而已。〔註26〕

德軍的閱兵對於本國民眾而言也是熱鬧的大事。且方式與清朝不同，眾人皆以沒有目睹操演爲憾，尚有意猶未盡的感覺。同行諸人拍照、賦詩留念，一時成爲佳話。《申報》的報導，可以看出國內對此事的關注：〔註27〕

桂林詩曰：

天風隕霜鐘不鳴，黑雲壓城城欲傾。
照師作意弄狡獪，一鏡攝出金戈形。
太西講武本垣事，忽逢冠蓋來皇清。
岸然憑軾態整暇，微聞月旦車中評。
漢家威儀見者罕，呼韓俯首單于驚。
斯圖但爲留粉本，會看絲繡平原君。
柏林今已播佳話，江鄉向更徵詩盟。
我愧封侯願未成，卅年掛壁閒清萍。
對此茫茫動百感，重溟誰與誅長鯨。
而今寰宇正多故，用材勿使殊方輕。
君不見，姚崇談笑致太平，陶侃羅胸富甲兵。
元起朔漠定天下，諸孫家世堪干城。
之三君者豈凡骨，要須馳譽標丹青。
雲臺麟閣轉瞬耳，萬紙先傳海外名。

潘飛聲作《調寄金縷曲》：

圖畫人爭買，是邊城，晶球攝出，陸離冠蓋。絕域觀兵誇漢使，贏得單于下拜。想談笑，昂頭天外。渡海當年會擊楫，斬鯨鯢，誓掃狼煙塞。憑軾處，壯懷在。列河襖飲壺觴載，有佳人，買絲繡我，臨風狂態。

桂林字竹君，滿洲人。潘飛聲，字蘭史，廣東番禺人，祖籍福建。桂、潘二人，當時受聘於德國東方大學院，爲中文教習，〔註28〕適逢其會。

〔註26〕張德彝：《稿本航海述奇彙編》（五）卷二，「光緒十四年八月五日」條，第446～449頁。

〔註27〕1889年3月2日《申報》第5697號第9頁，《申報》影印本第34冊。

〔註28〕張德彝：《稿本航海述奇彙編》（五）卷一，「光緒十三年十月二十三日」條，

《申報》轉載姚文棟給朋友來信：德文報紙排印姚文棟等人合影，並報導說「（姚文棟）太守留心武備，洞見歐洲虛實。又經回疆、越南兩役，中朝陸□固駕乎歐洲之上。惟原圖篇幅過寬，去克郵附。先錄桂、潘二公題辭」。

3、德皇接見各國公使。十二月二十六日

德禮部來文，……德皇與后在白宮禮拜堂内聽經完畢，在正殿傳見各國公使、隨員等，爲此特請貴大臣偕參贊、隨員屆時前往。……

宮在五道門内恩德林頓大街，正西過橋稍南。自入五道門，一路左右男女觀者擁擠如雲，經馬步巡捕彈壓一律靜立無嘩。車過時，男有脫帽者，女有鞠躬者，幼童有舉帽齊聲歡呼者。自五道門至皇宮内外皆有官兵對對鵠立，宮外者烏衣漆帽，宮内者戴□形紅帽，紅衣白褲，各捧槍錘，見則舉起對鼻，皆恭敬之禮也。

下車入宮，步石階登樓，左旋右轉，共四十五級。入禮拜堂，堂身圓作鐘形，白石建造，嵌以黑綠花石，高約五六丈，周十二丈，四壁彩畫教中古人像，男女老幼三十餘。正面一白石石臺，臺上一石屋作龕形，中一桌上供十字架釘耶穌像，四面圍以鮮花。前二石柱，柱下各一小方桌，前掛紅圍上繡白十字，臺下左右各列金椅三行。又，左右二金門，左閉右開，對面設紅椅七。橫分三節，正中坐各國公使、隨員、領事等，左右坐本國者，共四五百人。

已正，德皇與后率大臣、命婦十餘人由右金門步入，各人起立，皇與后坐於臺右，畢駟馬等坐於臺左。堂頂立有鐵闌一圈，闌内正面及左右立婦女多人，對面設一風琴，旁立唱經男女八人，另有樓梯通於堂外。於是樂作，男女唱經三次，既有烏衣教士三人登臺。第一與第三者各執卷誦經一段，第二者立右桌後，高聲述經一段。繼而，第一者立左桌後，第三者立正中桌前，三人齊聲誦經一次。當三人誦經之際，又奏樂多次。座中人於聽經之際，時起時坐者又數次，至午初止。

皇與后先行，既而各人陸續下樓，轉入對門，即正殿也。殿頗寬敞，正面設一御座，皇立座左，后立座右。各國公使按班魚貫而入左門，先後步過皇與后前，各一鞠躬，畢出右門過跳舞廳，上下三轉而後至宮門登車，仍由舊路回公館。一路男女觀者如前，更見

第 65 頁。

各街各巷官署人家及各鋪店無不掛旗懸花者。

戌初，畢駙馬在外部請各國公使晚酌，芝房代往。戌正，余偕諸同人乘馬車沿街看燈。今日又爲禮拜之期，大街小巷行人稠密，皆有馬步巡捕彈壓。往來分路，中途走車，車亦往來分轍，魚貫成行。十字街口皆有巡捕站立，車行有定途。如，某街准走，某街不准走，不得亂行。由左而右，一切皆巡捕指使，無論何等車夫，無有不聽者。

街市各鋪以及官署、禮拜堂，雖皆閉門，而簷前門外各燃電氣煤氣燈，有橫點一排者，有作洋 W 字形者，有通樓上下作一花塔形者，有門前圈作∩形者。有點紅燈而光射里餘者，有樓頂牆頭列有石罐因而就燃大油燈者。其它或星形，或王頭，或王帽，或菊花，或竹葉，式樣種種筆難盡述，較前在倫敦所見者尤多。且各家各鋪無不於玻璃窗內橫列臘燈六盞，雖小巷小户皆然，故通城處處皆燈，眞所謂火城也。

又，各鋪玻璃窗內皆供一半身王像，或石刻，或銅鑄，或油畫，或泥塑，皆後掛國旗，或立花幛。像下圍以鮮花，前列白蠟多支，更有仿尊敬亡人之禮而頭上頂一花圈者。聞當日男女嬉遊至天明後始漸稀少。

又，各國公使署晝皆懸旗，晚皆燃燈，英俄二使館所燃尤屬燦爛。因問諸同人，答言：本公館向無此例，且公館距皇宮頗遠，不懸旗不燃燈皆可。竊謂不燃燈尚可，惟我龍旗不當不掛。若謂距宮不近，則對門之丹國領事與隔壁之和國領事何以亦皆掛旗？是不在距王宮之遠近，而在乎敦友誼重國體也。我國既與東西各國換約通商，則此虛禮亦何可廢？禮云：入國問俗。以洋禮答洋人亦不爲過，是必隨處周旋，以免貽笑於四方。幸德國不比日本之按處追究，設彼國行文來問，又將何以對答？記日本國人岡千仞之《觀光紀遊》內一則云：凡軍艦有軍禮，吉凶節時互通使問，符號約規各國一律。中五月間，扶桑艦入吳淞口，發炮廿一祝皇帝壽，而炮臺不應發遣人問，故不見一將校且是臺問是事，直曰歐米軍艦無行是禮者。蓋中國不講軍禮，故各國亦外之也。中人開口輒曰：夷狄殊類，不知禮義。自外人而觀之，爲孰知禮義。

其致今日之事，實有故也。〔註29〕

姚文棟所見之外交禮儀亦如是，德皇宮中的建築結構可以想見。而張德彝所發感慨者有二：第一，交通指揮。街上馬車行有規定，不准亂行，一切皆聽從巡捕的指揮，無論何人都要遵從。第二，懸掛國旗，張燈結綵。他認爲懸掛國旗涉及國家尊嚴，且爲國家間交往的禮儀，不可輕忽。中國人不重視與國際慣例接軌，因此而產生諸多誤會。另外，在看到德國民眾家家都擺放德皇像時，張德彝仍舊按照中國傳統習俗出發，感慨「更有仿尊敬亡人之禮而頭上頂一花圈者」，也顯示出各國文化傳統不同，而容易造成相互理解和尊重的困難。姚、張二人教育環境、經驗歷練都有相似之處，且作如此感慨，國內官民對外國的認識也可想而知了。

4、去克虜伯驗炮及參觀。

因爲公務之便，姚文棟等人有機會參觀德國著名的克虜伯兵工廠，這更是少有的特殊經歷。他們的行程安排的十分緊密，在試炮之餘，還參觀了克虜伯產品展館和其附屬的煉鋼廠。因克虜伯距柏林較遠，往來各花費一天，

> 卯正，抵艾森下車，有洋僕以馬車迎入店中，店因地名。在內洗面並食點心。巳初，廠派夥計尼達以馬車接入。廠北放炮處下車，有專司放炮人葛洛森，及管機器頭卜達，立待。彼此拉手問候畢，引至炮旁。

> 見前橫一土岡，高約二丈，作⌐形，正中橫板作洞，高深各丈餘，洞下有坑甚深。此後另一土岡，高亦如之，中亦有洞。二岡相距一箭之地。炮在橫岡洞前鐵架上，左右有路，左通岡後，右通大路及試炮力之機器房。余等先登架上驗炮膛，驗畢，看其入炮彈一、火藥二袋，套鋼圈置鋼底上閂畢。由左路轉後，箭地，登一土坡甚高。坡右豎一高杆，將燃炮時，杆頂繫一繩球，以警臨近閒人躲避。坡旁立一人，口宣號令曰：放。則坡左一人掀銅線，即見炮身後坐二、三尺，而後前進一、二尺，炮聲震，則彈子出。白煙一縷，彈落土洞坑中，共放九炮。每一放有人將鋼圈、鋼底捧來，呈驗有無透氣之處，外有火藥渣滓否。其圈與底皆放三炮一換。看畢，下土坡，卜、葛二人辭去。

〔註29〕張德彝：《稿本航海述奇彙編》（五）卷五，「光緒十四年十二月二十六日」條，第 566～573 頁。

經尼達引看集存炮式處。鐵房一大間，內存歷來各種後門，日益精進之沿革，以及各種炮彈。

又往看煉鋼處。其法有三：一炮鋼名梯格什搭爾。係用缸罐粗高各二尺餘者盛之，入火八點鐘之工倒出，其色青白。一即二等鋼，洋名西門此買提音。係用方爐周約三丈者，將煤氣吹入熔化。開門以藍玻璃鏡窺之，其內滾流如水，以勺盛出，其色黃。三為粗鋼，洋名拜什苗爾。乃用以造鐵路、車輪、圜架之類者。火爐高大，中懸一缸瓶，如葫蘆形者，內盛生鐵將空氣吹入燒熱，倒入模內，其色紅。……

定於申正入廠驗第二尊。蓋炮與鐵盤由地面移至架上需時也。申正一刻，尼達復來，以車接入長內，驗法如前，九聲驗畢。

乘車繞城一遊，當時大風迫冷。房屋行行，其矮小者，皆工人住家者也。有新建小戲園一所，係為工人閒暇尋樂之處。又有學塾十餘處，皆為工人子女而設。城內鬧熱處，街道狹窄，式如熱諾阿。而大鋪高樓少，居人亦多貧苦者。間有寬處，石路尚皆平坦。
〔註30〕

姚文棟等人驗看了李鴻章向克虜伯訂購的兩門後膛炮，並參觀了克虜伯廠區，小鎮內戲園、學校一應俱全。此時，「較十年前更加開曠，工人現增至二萬零。每名工價按百二十馬克至百五十馬克不等」。〔註31〕姚文棟等人此行，雖屬走馬觀花，但仍舊是國人近距離觀察克虜伯兵工廠的重要史料。

5、俄皇訪德，參加外事活動。

俄皇率其次子阿來三德第三公爵卓志，由吉拉海口乘火車至柏林萊特爾車棧下車，德皇領兵迎接入宮，街市鋪戶間有掛旗慶賀者，毫不鬧熱，較前義、奧二王之來大相懸殊矣。……

德皇請俄皇在蓋呢園觀劇並帖請各國公使隨員以及本國文武大員夫妻、子女。遂於戌初，同汪芷房、姚子梁、陶榘林、徐良臣、閻潤亭各著蟒袍隨星使乘車入五道門，至皇宮旁下車。入內見園不

〔註30〕張德彝：《稿本航海述奇彙編》（五）卷六，「光緒十五年二月初六日」條，第620～624頁。
〔註31〕張德彝：《稿本航海述奇彙編》（五）卷六，「光緒十五年二月初七日」條，第624頁。

大，容坐一千。池中，臨臺坐各國參贊、隨員，後則文武多員共三四百人。樓上頭層正中一大間，坐德俄二君，左翼半圈坐本國命婦母女，右翼半圈坐各國二、三等公使與其妻女。左右臨臺四小間，左坐本國相臣大員，右坐各國頭等公使。再上第二、三層，則男女雜坐，皆本國文武員弁矣。

戌正，俄皇偕德后，德皇扶其寡嬬，及俄太子與德王室近支王爵、福晉等四五人漁貫而入，橫坐一排，德、俄二皇居中。即時奏樂開演，樂工百人，戲分兩場。第一場爲德之小說，……第二場，男女跳舞扮作波蘭與俄羅斯人。……子初，戲散回公館。〔註32〕

1889 年 10 月 11 日，姚文棟等人受邀參加的這次外交活動，內容上與其它外事活動並無大的不同，甚至規模上稍遜一籌，來訪者爲俄國沙皇亞歷山大三世及其子喬治大公。

（二）公事之外的業餘生活

相較駐日時期，姚文棟在德國的活動範圍不大，基本圍繞在柏林附近，這固然與他身負公務有關，但更重要的是在歐遊歷花銷不菲，使館經費並不富裕，很難應付此類支出。儘管他遊歷的範圍不廣，內容卻豐富多彩，除去應酬聚會外，有很多有趣的經歷，即使今日看來也頗可觀。

1、自費學習法文

1877 年，清廷派出第一批海軍留學生，由日意格、李鳳苞帶隊赴歐。這批留學生中有一位叫李壽田的武生，在歐期間娶了一名叫克隆布的瑞士女子爲妻，並育有一子名洛塔爾。1888 年，李壽田回國，不幸病故。其遺嬬及四歲的兒子難以糊口，因此請求清駐德使館救助，許景澄任內每月資助其 15 馬克。洪鈞任內又來尋求幫助，使團參贊金楷理從中協調，請李壽田遺嬬教授使館隨員法文，並給予工資以助其謀生。規定每周上課六天，每天 4 小時，工資 60 馬克。使館隨員聽課者有汪芝房、陶榘林、承伯純和姚文棟。〔註33〕姚文棟駐日六年，日語一直不過關，來德以後，發奮學習法語，其努力程度可見一斑。

〔註32〕張德彝：《稿本航海述奇彙編》（六）卷六，「光緒十五年九月十七日」條，第121〜123 頁。

〔註33〕張德彝：《稿本航海述奇彙編》（五）卷三，「光緒十四年二月二十八日」條，第213〜214 頁。

姚文棟還聘請了一位在歐遊歷二十歲左右名叫西村謙古的日本人教習德文，雖然此人教習時間不長，且騙了清使館同仁 150 馬克後消失，不過姚氏急於學習德文的情景也可想而知。〔註34〕

2、對於德國日常生活的體驗與融入

公事之中考察其政治制度、軍事實力、對外交往等等，而公事之餘，體驗其民風民俗、社會發展、經濟貿易等，是從事外交工作人員的必修課。後者同時也是常年駐外的官員們排遣寂寞的重要途徑，因此，他們的業餘生活顯得豐富多彩，在體驗異域生活的同時，也逐漸融入了所在國的主流生活方式。

最爲常見的就是聚餐酒會了，時間不定，多在節日；人數多寡不定，或三五好友，或數國知交；由頭各異，或賀壽辰，或慶節日；飯後也有活動，或觀看雜耍、馬戲，或吟詩作對，或慷慨激昂討論時政。

其中，最著名的一次要數「亞細亞同人會」。1889 年 10 月 11 日（光緒十五年九月四日），姚文棟與日本人井上哲次郎、日高眞實，印度人杜魯華、那沙爾，及陶森甲、張德彝、桂林、潘飛聲等九人齊聚一堂，酒酣耳熱之際，眾人暢所欲言，並拍照留念，爲此姚文棟特作《亞細亞同人會照相記》：

> 亞細亞與歐羅巴實一洲也，非有大海爲之限隔，而西人強分之爲二，是不察地形也。……
>
> 夫以我中華疆域之廣，人民之眾，物產之富，非歐羅巴全洲所能及，何嘗不可大有爲耶？日本雖小，視英吉利三島則猶過之，胡爲不能如英之強耶？印度地非小弱，而受制於人，以美利堅往事推之當有如華盛頓者出，而恢復其故地，而何以至今寂寂無所聞耶？
>
> 吾嘗觀歐洲諸國，有大小相維之誼焉！有同洲相恤之情焉！國雖眾，猶一國也。是以有相助之盟約，有均勢之公法。其弱小者，亦得託庇於強大之宇，而不加以兵，所謂局外之國也。假若隔海異洲，如我中華與美利堅者，窮兵於歐洲，吾知其一國被兵，而諸國必合縱以爲之禦。何者？同洲之情誼則然也。我亞細亞諸國，獨不明乎此，情不相協也，誼不相孚也，坐視同洲之傾覆凌夷，漠然不加喜慼於其心。印度以西，如阿富罕、波斯、阿喇比從未有一介之

〔註34〕張德彝：《稿本航海述奇彙編》（六）卷九，「光緒十五年十月二十二日」條，第 150～151 頁。

使自通於中朝者。蓋歐羅巴小，而能強其類聚也；亞細亞窮大，而失居其情渙也。其類聚，故能近交而遠攻；其情渙，故不免於土崩而瓦解。傳曰：脣亡則齒寒。易曰：震不於其躬，於其鄰。此獨非亞細亞同洲之過歟？故吾謂：必亞細亞合全洲爲一，而後可以使歐羅巴之海軍不敢越紅海，歐羅巴之陸軍不敢越烏喇嶺，亞細亞勃興之機其庶幾矣。夫美利堅後起新造之國也，猶能拒歐羅巴而自立，而況於亞細亞乎？今者亞細亞遠遊之士觀乎歐羅巴，而會於德意志之柏爾靈城，相與太息時艱，商建奇策，抵掌促膝，自旦及暮，蓋欲以人力濟天地之窮，而揚抑亞歐兩洲于一堂之上，不可謂非有心者也。〔註35〕

姚文棟所謂「歐亞實爲一洲，西人強分爲二」的說法，以及關於國家大小強弱的判定不足爲憑。他關於亞洲各國聯合抗歐的提議，看起來，似乎也忽視了亞洲各國間利益的衝突和國家落後的事實，且並未超越其駐日時期所寫《答倭問興亞》之上。但是，必須看到姚文棟「聯亞抗歐」思想的可貴之處，即在亞洲各國相對落後弱小的客觀事實面前，聯合是對抗強權的出路之一。當然，他也知道「聯亞抗歐」的實施，需要打破畛域之見，同心協力，這是需要「有心人」「以人力濟天地之窮」。這種感慨也深深地飽含著姚氏對於中國衰落的無奈和歎息。「天下興亡，匹夫有責」也許是姚文棟內心最原始的衝動。

駐歐期間，姚文棟等人有機會觀看一些西方經典名劇，大約因爲語言的限制，此類活動較少，不過仍然是他瞭解西方文化的一個窗口。他看過的劇目有：《哈姆雷特》〔註36〕和《威廉‧退爾》。〔註37〕除了這些正劇，姚文棟等人還多次觀看雜耍，〔註38〕魔術，〔註39〕參觀慈善表演〔註40〕，參觀柏林

〔註35〕張德彝：《稿本航海述奇彙編》（六）卷十，「光緒十六年六月十七日」條，第478～484頁。

〔註36〕張德彝：《稿本航海述奇彙編》（六）卷九，「光緒十六年正月初四日」條，第241～243頁。

〔註37〕張德彝：《稿本航海述奇彙編》（六）卷九，「光緒十六年正月十五日」條，第250～253頁。

〔註38〕張德彝：《稿本航海述奇彙編》（五）卷五，「光緒十四年八月十五日、八月二十日、十一月二十日」條，第455～457頁、462頁、532～535頁；卷六，「光緒十五年正月二十六日」條，第609～612頁。

〔註39〕張德彝：《稿本航海述奇彙編》（五）卷五，「光緒十四年九月二十八日」條，第487～489頁。

的杜莎夫人蠟像館，〔註41〕出遊，〔註42〕到當地人家做客〔註43〕等，這些業餘生活讓他大開眼界。

不但如此，姚文棟從飲食習慣上也努力接近當地習慣，在聚餐、酒會中經常會喝當地的酒水。再如，姚文棟做東，在樸斯當街 20 號福來得立飯店，請同事吃飯，菜色爲：「湯魚，香腸，牛肉，小雞，生菜，以及鮮果糖餅等」。張德彝覺得味道「頗佳」。〔註44〕聚會或平常時，姚文棟等也入鄉隨俗的飲用咖啡，〔註45〕張德彝甚至記錄了姚文棟請客吃飯後，眾人去福來得立街多園觀看雜耍時被宰客的經歷〔註46〕。姚文棟在外出飲茶休閒時巧遇德皇車隊的經歷，也頗爲有趣。〔註47〕

3、異域生活的艱辛

除了能夠近距離感受異域風情外，長時間的國外生活也難免遇到困難。生病是在所難免的事情。1889 年 10 月末至 12 月末，大約兩個月的時間裏，姚文棟連續生病。先是，「頰下忽生一小瘡」，無奈使館藥材缺乏，只好求助於西醫。〔註48〕12 月 12 日，使館發生流感，出現多人感冒、發燒、頭痛、咳嗽，姚文棟也在其中〔註49〕。到了 12 月 23 日，姚文棟等人痊癒，使館病倒

〔註40〕張德彝：《稿本航海述奇彙編》（五）卷二，「光緒十三年十二月初七日」條，第 120～122 頁。

〔註41〕張德彝：《稿本航海述奇彙編》（五）卷五，「光緒十四年十一月初七日」條，第 518～519 頁。

〔註42〕張德彝：《稿本航海述奇彙編》（五）卷二，「光緒十三年十二月初三日」條，第 117 頁；卷三，「光緒十四年五月十五日」條，第 360～362 頁。《稿本航海述奇彙編》（六）卷八，「光緒十五年八月二十四日」條，第 87 頁。

〔註43〕張德彝：《稿本航海述奇彙編》（五）卷六，「光緒十四年十一月三十日」條，第 544 頁。《稿本航海述奇彙編》（六）卷十，「光緒十六年八月十一日」條，第 584 頁。

〔註44〕張德彝：《稿本航海述奇彙編》（五）卷五，「光緒十四年十一月二十日」條，第 531 頁。

〔註45〕張德彝：《稿本航海述奇彙編》（五）卷六，「光緒十五年正月初四日」條，第 581 頁。

〔註46〕張德彝：《稿本航海述奇彙編》（五）卷五，「光緒十四年十一月二十一日」條，第 535～536 頁。

〔註47〕張德彝：《稿本航海述奇彙編》（五）卷四，「光緒十四年七月十八日」條，第 433 頁。

〔註48〕張德彝：《稿本航海述奇彙編》（六）卷九，「光緒十五年十月初七日」條，第 139 頁。

〔註49〕張德彝：《稿本航海述奇彙編》（六）卷九，「光緒十五年十一月二十日」條，

的人卻更多，〔註50〕萬幸最終並無大礙。

　　使館費用有限，租用的辦公場所很小，日常辦公尚可，生活卻極為不便，尤其是廁所有限，十四人共用一個小廁所，還時常有雇用的僕從使用，使館工作人員不得不跑到萬得橋的公廁方便。姚文棟為此專門給欽差大臣洪鈞寫了個稟帖，懇請廣開茅廁。

> 　　稟為籲請廣開毛廁以便撒污事。竊本衙門從官十餘輩，公用右邊樓梯下之毛廁一所，極形擁擠。而支應之家人，時復盤踞其中。各官咸為之退避三舍。此右邊樓梯下毛廁之實在情形也。至左邊樓梯之旁屋內，另有毛廁一所，則為憲臺雇用之洋婢所獨佔，平時封鎖他人，更不得其門而入。此左邊樓梯旁毛廁之實在清形也。查，本衙門只有毛廁兩所，其一為支應家人所盤踞，另一為憲臺洋婢所封鎖，其餘從官更何由得撒污之處乎？方其食飽之時，洋洋得意，自謂將軍不負腹，及至食消之後，欲撒污而不得，則莫不恨腹之累將軍矣。毛廁前候缺之難，較之冀望優差殆又甚焉。此事穢瑣，本不足上瀆憲聰，惟迫不待緩之情形，若壅不以聞亦難邀洞察，不得已合詞籲乞憲恩，大施方便，可否酌撥經費若干，添開毛廁以供從官撒污之處，未敢擅便，伏候批示遵行。〔註51〕

　　姚文棟此文雖屬「戲作」，使館日常生活的不方便也可見一斑。即使日常做飯、冬季取暖的煤錢也須眾人從俸祿內扣除分攤，初到柏林的第一年，所用的煤炭是前人使團剩餘的，後兩年則需眾人分攤。以 22 個月計，每人大約分攤 260 馬克，約合庫平銀 54 兩，〔註52〕單只此一項，費用不算低。

　　綜上所述，姚文棟在駐德期間的衣食住行各方面的情形基本可以瞭解。

4、姚文棟駐德期間的著述

　　姚文棟在體驗異域文化，融入異域生活的同時，也沒有放鬆其著書立說的活動。姚文棟駐德期間的著作大都散佚，現摘錄其不多的存世內容，以分

　　　　第 191 頁。

〔註50〕張德彝：《稿本航海述奇彙編》（六）卷九，「光緒十五年十二月初二日」條，第 206～207 頁。

〔註51〕張德彝：《稿本航海述奇彙編》（六）卷九，「光緒十五年十二月初六日」條，第 211～212 頁。

〔註52〕張德彝：《稿本航海述奇彙編》（六）卷九，「光緒十五年十二月二十八日」條，第 233～236 頁。

析其著書活動的主旨。

《泰西政要·序》

　　文棟輯《泰西政要》十卷，既成，敍其端曰：異哉！西洋諸國之政之善者，何其與管子相似也夫。……吾嘗推求其故，孔孟之所以異於管晏者，孔孟，魯人也，周公之徒也，其所言周公之言也，所欲行者周公之政也；而管晏，齊人也，太公之徒也，其所言太公之言也，而其所行太公之政也。

　　……西洋諸國之政與管子相近，且簡其君臣之禮，其俗尊賢而尚功，有太公之風，吾竊疑其殷之遺焉。夫中國與西洋上古相通也。《尚書大傳》我：「夏后時四海異物，有西海之魚骨、魚乾、魚脅，北海之魚劍、魚石諸物，咸會於中國，列子知西方有聖人。」大秦國在西漢已前七八百年，而中國史書之曰：「本中國人也。」此皆可以爲證。且殷人尊神，西洋以天爲神；殷人責富，西洋選舉必先富民；殷人尚白，而西洋亦尚白；西洋女先乎男，乾坤之義也；西洋立君必與其民，《相誓》、《湯誓》爲之先也。其禮與俗亦多有與殷合者。孔子曰：「天子失官，學在四夷。」殷禮雖無徵於宋，安知其不流於九圍九有之外乎？《商頌》曰：「昔有成湯，自彼氐羌，莫敢不來享，莫敢不來王，曰商是常。」夫氐羌者，西方之謂矣。吾觀宋明諸儒推闡孔孟諸緒詳矣，而卒莫能挽宋明末流之禍。此子由所云「可以爲久，而不可以爲強」者。西洋行管子之政，而其民洶洶，好犯上作亂，至於易君主爲民主，蓋周公、太公之言皆驗於二三千年之後也。文棟不揣陋妄，敢書其所見，以質諸當世鴻博之儒。〔註53〕

　　「西學中源說」，這是洋務派用來堵住頑固派悠悠之口的一種利器，頑固派一味貶斥西學，言必稱西方學理技藝剽竊中國古學，洋務派借力卸力，以子之矛攻子之盾，邏輯推理簡潔爽利，那就是西學既然是從中國傳到西方去的，可見西學本來就是中學，可見西學不僅可學，而且是將老祖宗傳丟了的東西找回來，名正言順。李鴻章就曾獨創了一套理論，證明西方智慧「不出中國之範圍」，雖未免牽強附會，倒也不失爲辯論和論戰的一種技巧。出使歐

〔註53〕姚明輝編輯，戴海斌整理：《姚文棟年譜》，《近代史資料》總125號，第157～158頁。

洲四國的薛福成認爲「昔者宇宙尚無製作，中國聖人仰視俯察，而西人漸倣之。」，既然如此，西洋人可學我，順理成章，我爲何不能同樣學他？黃遵憲在出使日本後，在其《日本國志》中，把用「西學中源」論申斥守舊言論的論證方法，發揮得更加淋漓盡致。按照他的邏輯，西學好，自然要學，還要學得理直氣壯，但西學又來自中學，最終學西學實則爲將中學發揚光大；反過來，不學西學，反倒是數典忘祖。這一貌似拗口的說法也成爲當時知識分子的一種文化情結，對於擺脫守舊派的糾纏起到了很好的渲染作用。

姚氏所持「中西政治同源」論，考求的例子十分有趣，「殷人尚白，而西洋亦尚白」，雖獨特，似不足爲憑，但其立論卻頗爲新穎，可以看作是中國近代「中體西用」思想的延伸。他結合自身將近十年，對日本、歐洲的近距離觀察，試圖以「中西政治同源」論來突破「中體西用」的桎梏，將中西政治制度的優劣拉平，平等的看待西方政治制度，讚揚其「簡其君臣之禮，其俗尊賢而尚功，有太公之風」，這無疑是對西方政治制度的充分肯定。並且，大聲質疑「宋明諸儒推闡孔孟諸緒詳矣，而卒莫能挽宋明末流之禍」。姚氏此說有振聾發聵的作用。

姚氏又通過自己的感受，進一步比較、分析中西之間的差距：

> 自吾遊歐洲探其政教風俗，而後瞿然以恐也。夫歐洲之廣不及亞洲四分之一，計其幅員未與我中國相垺，而其間大國六七，小國十餘，附庸之國數十，然則其大者不過當吾一二行省，小者當吾數州縣而已。其山不甚高，又無長江大河，非有山水鍾毓之奇也。其地力甚薄，其物產甚歉，凡斯民利用厚生，所資不如中國遠甚。然而起視其民，以與吾民相絜量，則彼之民勤，吾之民惰；彼之民儉，吾之民奢；彼之民勇，吾之民怯；彼之民智，吾之民愚。夫以奢且惰之民當彼勤且儉之民，以愚且怯之民當彼勇且智之民，不敵明矣。……國有奢且惰之民，而不爲人所兼併者幾希矣？有愚且怯之民，而不至役屬於人者亦幾希矣？此吾所以瞿然而恐也。
>
> ……今夫中國之人，未有不知歐洲諸國之富且強也，而亦知其所以致此富強者果何術歟？……教養兩言盡之矣。今試與觀歐洲諸國，舉國之民無人不學，而其學皆有用之學，夫安得而不智？舉國之民無人不兵，童而學之，更番而訓練之，夫安得而不勇？舉國之民苟不爲農則爲工，苟不爲工則爲商，地無遺利，人無游手，物無

棄材，夫安得而不富？……是故民之有待於教養，古今一理也，中
外一理也。曰農政，曰商政，此歐洲諸國所以養其民也；口學政，
曰兵政，此歐洲諸國所以教其民也。教養之政，如斯而已。惟是世
運推遷，風雲所趨，日新而月異，……世之迂儒狃於一偏之說，而
不觀其通，坐聽其民之習於奢惰，安於愚且怯焉，而猶羞言富強，
吾懼其將蹈南宋、前明之覆轍也。〔註54〕

　　姚文棟認為，從幅員、人口、物產等方面來看，中西之間的差距不大，
甚至歐洲尚不如中國。但是，從國民素質來看，則雙方的差距極大，西方以
「勤儉勇智」之民對我「惰奢怯愚」之民，決定了彼我之間國家實力存在著
巨大鴻溝。因此，政治制度的選擇要以民為本，通過「教和養」來達到開啟
國民「勤儉勇智」發展的途徑，從而達到扭轉中國飽受欺凌的不利局面。縱
觀姚氏兩段論述，一脈相承，前一段是他對中國進行政治改革的理論依據，
後一段則是他的具體實施方案。他的政治思想引起了清廷部分高層的注意和
認同，為其在戊戌變法時期被選拔為「懋勤殿十友」〔註55〕埋下了伏筆。

　　姚文棟駐德期間除有上述之譯編《泰西政要》外，還有與使館同人合力
譯編《東西洋國別地理詳志》，〔註56〕譯著《德意志聯邦內治外交綱要》及《地
中海沿岸三洲分合興衰考》。其它文章共九十三篇，集中於氏著《歐槎集著》
共六卷，可惜多散佚，現將文章目錄羅列在下面：

　　　釋大秦
　　　釋大食
　　　《唐書》磨鄰老勃薩兩國考
　　　《元史》八馬爾俱藍兩國考
　　　阿非里加考
　　　裏海地中海考
　　　唐景教碑考
　　　歐羅巴人種總論
　　　歐羅巴教門總論
　　　歐羅巴陸軍海軍論

〔註54〕 姚明輝編輯，戴海斌整理：《姚文棟年譜》，《近代史資料》總125號，第158
　　　　～160頁。

〔註55〕 姚明輝編輯，戴海斌整理：《姚文棟年譜》，《近代史資料》總125號，第180頁。

〔註56〕 姚明輝編輯，戴海斌整理：《姚文棟年譜》，《近代史資料》總125號，第157頁。

歐羅巴民會論

德意志論

論葡菊牙

意大利新造論略

瑞士論略

太西政教成俗論

鐵官篇

歐洲五國同盟記

公海說

中西曆法不同說

諸國氣候不同說

七日禮拜說

避署說

白洗井說

說牧

說漁

說蠶

說陶

陸鹽說

說咖啡

俄羅斯記

德意志列邦總記

意大利記

奧地利屬部說

布魯斯屬部說

瑞典那威連馬合記

荷蘭比利時合記

西班牙葡萄牙合記

匈牙利記略

歐羅巴高山大川記

記歐羅巴陸地衝要

記歐羅巴沿海衝要

蘇爾士河記

亞細亞同人會照像記

柏林觀兵圖記

觀馬戲記

記鐵路五奇

宋石記

煉鋼記

中秋夜遊舒喇嚇登湖記

遊舒喇嚇登湖記後記

上巳諾伊湖觀禊記

海天三友圖記

忽喇根湖消夏記

觀藏書庫記

金田記

意大利大山記

海戰要言

記德意志兵政

太西政要記

太西政要後記

歐羅巴史略敘

歐羅巴地志敘

中亞西亞圖說敘

書何願船《辨正〈瀛寰志略〉》後

書魏默深（釋五大洲》後

書《中俄分界圖》後

讀英吉利史

讀法郎西史

讀印度史

讀波斯史

讀阿剌伯史

《南洋群島圖説》凡例

潘蘭史《薩克遜記遊詩》序

桂竹君《日本遊記》序

上王中丞書

答廖侍郎書

答孫侍郎念丈書

答人書一（太西）

答人書二

答人書三（魏分兩海）

答人書四（拂）

答人書五（景教）

答人書六（大食）

答人書七（使鹿之國）

答人書八（窩集）

答人書九（麒麟）

答人書十（龍）

答人書十一（汗血馬）

答人問歐洲群海書

答人問奧地利民種書

答人問東西曆法弄同書。〔註57〕

　　從開列的目錄看來，姚氏所著的書籍無論是廣度還是深度都非上文論述中所引用的內容能夠完全展示的，有待於以後有更多史料的發現。

　　姚文棟駐德三年期滿，歸國前在英國倫敦受出使英法義比大臣薛福成的委託，考察印緬商務，查勘滇緬界址。〔註58〕他經歐洲，取道印度、緬甸返回了闊別已久的祖國。

〔註57〕姚明輝編輯，戴海斌整理：《姚文棟年譜》，《近代史資料》總125號，第161～164頁。

〔註58〕薛福成：《出使日記續刻》，「光緒十七年四月初四日」條，李德龍、俞冰主編：《歷代日記叢鈔》第135冊，北京：學苑出版社，2006年，第174頁。

第二節　查勘滇緬邊界

　　1891 年姚文棟在洋期滿，稟請銷差回國。強烈的國家邊防安全意識，對時局的時刻關注，使姚文棟充分認識到中國西南邊疆的重要性，於是他決定回國途中順道遊歷印度、緬甸等地。姚文棟的這一主張得到出使大臣洪鈞的批准。在法國姚文棟見到了駐英法意比四國公使薛福成，此時薛福成正在爲與英國談判中緬邊界〔註 59〕問題而焦慮，爲預籌準備，以免臨時棘手，特派委姚文棟順路考察印緬情形，查勘滇緬界址，以備他日之需。爲此，薛福成上書總理衙門說：「爲咨呈事，竊照，本大臣因緬甸分界事宜，亟應預籌，以免臨時棘手，於正月二十五日拜發密摺一件，已備文鈔，稿咨貴衙門在案。茲據在洋期滿、稟請銷差回華、直隸候補知府姚文棟面陳，稱本年正月擬由巴黎起程，順道遊歷印度、緬甸等處，當經出使德國大臣洪批准在案，各等情。查得該員清勤穩練，留心時務，研究輿地之學，茲既身歷緬境，本大臣檄令順路暗訪密查，償有切要情形，隨時稟報本大臣暨雲貴總督部堂王，以備他日參稽之用。再緬甸之仰光亦名漾貢，係扼要之地，華民在彼者不下三四萬人，並令留心查訪。」〔註60〕

〔註59〕19 世紀 80 年代，英國與法國在東南亞地區展開競爭。法國佔領越南後，更積極向雲南、廣西伸展勢力，法緬關係也日臻密切，法國處於明顯優勢，英國工商界爲保障在緬甸的利益及滇緬通道，紛紛要求迅速吞併上緬甸。同時，英政府爲避免法俄兩邊夾擊給印度造成威脅，也必須防止上緬甸落入法國控制之中。這樣，1885 年 8 月英政府藉口「柚木案」向緬甸政府遞交了最後通牒，隨之訴諸武力，吞併了上緬甸，中英兩國從此有了滇緬邊界的領土糾紛。1886 年 7 月，慶親王奕劻與英國駐華代辦歐格訥在北京簽訂了《中英會議緬甸條約》，其中除承允英國對緬甸的主權外，還規定中緬邊界應由中英兩國派員會同勘定，其邊界通商事宜亦應另立專章，彼此保護振興。中英緬甸條約簽訂後，清政府既沒有派員對滇緬邊界進行實地勘察，也未主動提出與英國聯合會勘，劃分兩國邊界。與此相反，英國政府卻展開了積極行動。一方面不斷蠶食緬甸北部、東北部，一方面派出人員對滇緬邊界進行實地勘察。1890 年清政府任命薛福成爲駐英、法、意、比四國欽差大臣。1892 年 7 月，清政府專派薛福成同英國外交部商辦滇緬界務、商務，薛福成接此上諭後，與英國開始了滇緬邊界的交涉。薛福成經過三年多的艱苦談判，最終在 1894 年 3 月 1 日與英國外交大臣勞斯伯里在倫敦簽署了《續議滇緬界務商務條款》。相關問題參見朱昭華：《薛福成與滇緬邊界談判再研究》，《中國邊疆史地研究》，2004 年第 1 期；張子建：《薛福成在中英《續議滇緬界·商務條款》中對北段界的劃分》，《雲南民族大學學報：哲社版》，2007 年 1 期。

〔註60〕薛福成：《咨總理衙門飭直隸候補知府姚文棟順道查訪緬境情形》，《出使公牘》卷一，1898 年，無錫傳經樓刻本。

　　姚文棟不辱使命，對印度、緬甸特別是中緬邊境、雲南等地進行了認眞的查勘。姚文棟由法國馬賽登船，經地中海、紅海、印度洋抵達印度，在此遊歷了孟加拉、加爾各答等地，再至仰光，然後換乘小船，進入伊洛瓦底江，經阿瓦、新街（即八募），再入大盈江，過蠻弄，乘竹兜越野人山，經盞達、干崖、南甸，抵達中緬邊界的騰越，經野人山，最後回到雲南省城。耗時四個多月，行程近四萬餘里。姚文棟此行歷盡艱辛，危險異常，野人山等地地形險峻，行進艱難，野人山之後龍川江、潞江、瀾滄江，都是極邊煙瘴之地。姚文棟也身中瘴氣之毒，考察結束不久也大病一場，後經診治才得以康復。

　　歷盡千辛萬苦，姚文棟也收穫頗豐，獲得了大量一手材料。他對印度、緬甸及滇緬邊界有了更爲直觀的認識，編著了《印緬紀行》四卷、《印緬考察商務記》二卷、《雲南勘界籌邊記》二卷、《雲南初勘緬界記前編》十卷、《雲南初勘緬界記正編》十卷、《雲南初勘緬界記後編》十卷、《滇緬之間道里考》一卷、《滇越之間道里考》一卷、《滇邊土司記》三卷，彙編各土司及滇邊各縣人士條陳邊事文件爲《集思廣益編》八卷，彙編所派查界各探子報告爲《偵探記》二卷，譯著《英人吞緬始末》一卷，著《滇南經世文前編》四卷、《滇南經世文初編》十卷，《天南文編》六卷等。姚文棟不但自己親身考察，認眞記錄，還將國內所派駐緬坐探所偵知的英人考察滇緬邊界情報詳細整理，彙編爲《偵探記》二卷。

　　姚文棟的辛苦和著作，世人多有稱讚。不但雲南官員如此，京都大臣也是如此。軍機大臣翁同龢對姚文棟和其著作點評道：「上海姚志梁（文棟，年四十五，二品頂帶，直隸道員）來見，此人龍門書院高才生……曾隨使日本、俄、德，又勘雲南與緬甸邊界，著《勘界記》者也。文秀而議論正，欲以《周官》法參西人教養之術，有心哉。」〔註61〕「看姚子梁所著《勘界記》，慨歎久之。」〔註62〕

　　姚文棟到達雲南省城後，拜見雲貴總督王文韶會同雲南巡撫譚鈞培，將自己途中所記等情進行了詳細彙報，其實他在途中已經多次發電就某些情況作過簡單的彙報。鑒於姚文棟對雲南邊疆地理形勢了然於胸，富有外交經驗，與英法界務交涉，急需通曉洋務人才，雲貴總督王文韶會同雲南巡撫譚鈞培聯合奏請將姚文棟留在雲南辦理邊務：「鹽運使銜直隸候補道員姚文棟，前充

〔註61〕陳義傑點校：《翁同龢日記》第五冊，北京：中華書局，1997年，第2912頁。
〔註62〕陳義傑點校：《翁同龢日記》第五冊，北京：中華書局，1997年，第2913頁。

出使德俄等國隨員，差滿回華，呈請遊歷印度、緬甸等處，道出巴黎，經出使英法大臣薛福成派令查探印緬商情並滇緬界務，咨明總理各國事務衙門及臣等有案。茲該員已於緬甸新街取道騰越，行抵滇省。臣等查姚文棟志趣遠大，辦事誠懇，平日講求洋務，研究輿圖，先充出使日本隨員，繼由侍郎洪鈞調赴俄德等國隨同辦事。該員周遊東西兩洋，熟諳外部情形，此次遊歷印緬地方並瀏覽滇邊門戶，凡有關形勢之處，無不博訪周咨，繪圖記載。滇省近鄰緬越，現與英法交涉滇緬分界、通商各事宜尚未開辦，亟須熟悉洋務之員相爲助理。合無仰懇天恩俯念滇省需才恐亟，准將鹽運使銜直隸候補知府姚文棟留於雲南，交臣等差遣委用，實於邊務不無裨益。」〔註63〕

　　此時，中英滇緬邊界談判在即，雲南邊務形勢嚴峻。英國在侵佔緬甸之初，因爲統治不太鞏固，害怕中國以宗主國身份插手緬甸事務，曾經在中緬邊界劃分方面向中國有過妥協。但是，隨著英國對緬甸殖民統治的鞏固，其一改先前的態度，不斷派人勘探中緬邊界，不斷蠶食邊界土地，更是侵佔了中緬之間的戰略重鎮新街（又稱八募、蠻募），之後又欲侵佔大金沙江、野人山。金沙江、野人山爲滇西天險，護衛雲南，如果英國得野人山即可長驅直入雲南。在滇緬勘界的過程中，姚文棟瞭解到野人山實係中國所有，並非無主之地，一直由中國當地各土司管理，而中國保商營出入野人山，沿途梭巡、護商，更加強了中國在這一地域的管轄：「又曰英廷初意，滇之西，欲與中國分大金沙江爲界，故有以老八募歸中國之說，又有兩國同在大金沙江行船之說，蓋猶慮我欲索還大金沙江外之孟拱寶石井也。滇之南，欲分潞江下游以爲界，故有以撣人諸地歸我中國之說，蓋猶慮我欲索還潞江以西之孟密寶石井也。在英人之初念則然也，遷延數年，中國迄無定論，彼已窺知我地學之蒙昧矣。方英兵之入緬也，告我曾大臣（曾紀澤）曰：『緬王無禮於英，故廢其王。』及其據緬以爲己有也，又告曾大臣曰：『緬與法立約，有害於英。』公法國存則約存，故廢其國，果而則盡緬之境而已，何與他土司哉？此當執詞以責之者也。英初得緬，猶自知理曲，故有立教王依舊納貢之說，又曰中國兵所在即視爲中國地，不再入於是。自阿瓦探新街無中國兵，而後入，自新街探孟拱，亦如之，彼自以爲盜亦有道也。惜乎滇中當時無人能折其機牙也。夫馬武相，一回民耳，聚十數少年扼老八募以保商路，英人

〔註63〕　《雲貴總督片》，姚文棟：《雲南勘界籌邊記》，沈雲龍主編：《近代中國史料叢刊》第十八輯，臺北：文海出版社，第 1、2 頁。

見之不敢過問也；黃正林、張天明，兩千總耳，以土勇二百人保商路，出入野人山，直至老八募而上，英人聞其來且相引避也。邊內邊外，夫人而知之者也。」〔註64〕

在勘察邊界野人山途中，姚文棟得知騰越總兵張松林、永昌知府鄒馨蘭等人欲將千總黃正林、張天明所率保商營裁撤。黃、張保商營若裁撤，野人山將爲英人所得，對中國大爲不利。姚文棟心急如焚，連續向雲貴總督王文韶發電三次（前兩次電報因電局委員王福訓壓擱未達），向雲南巡撫譚鈞培發電一次，力爭不要裁撤保商勇丁。四月初六日於蠻隴向雲貴總督王文韶發電：「野人山下保商勇丁請電飭張鎮緩撤，容面稟詳情」；四月初十日於蠻允向雲貴總督王文韶發電：「野人山爲滇西門戶，地險難攻，先據者勝，張、黃兩千總委辦保商，已通至老蠻募江口，請勿中輟，大局萬幸。」因前兩封電報未能抵達雲貴總督王文韶處，於是五月十一日到達大理的姚文棟急急發電：「野人山撤兵便於洋人，不便於國；便於野匪，不便於商，已告張鎮、黃丞矣。千總張天明、黃正林保商著有成效，邊外望如長城，奈官小遭讒，自保不暇，邊內外商民咸爲扼腕。職等聽睹眞確，若不早上聞，恐一經易人，即隳前功而損大局。因騰越有壓電情弊，故至大理補稟。」〔註65〕相似內容，姚文棟也向雲南巡撫譚鈞培致電稟告：「野人山爲滇西藩屏，向屬中國。若我兵朝撤，則外兵夕至。我棄彼取，比爲邊害。張、黃兩千總保商一軍已度山外邊地，依之如長城，足杜外人窺伺，請勿中輟，大局萬幸。」〔註66〕

第三節　西南邊防策略

回到雲南省城後，姚文棟向雲貴總督王文韶九上說貼，提出籌邊之策。其九次說帖如下：

一說野人山屬中國，此說帖乃是針對當時有人懷疑野人山非中國屬地而論。姚文棟指出：野人山本係中國土司所分轄，如隴川、孟卯土司之地，以野人山外之洗帕河爲界，麻湯、漢董兩隘尙在其內，此邊民所共知者之事。噴干（亦作崩岡）一隘，亦爲隴川、孟卯兩土司之屬地，其外山麓有野人墓碑，「上書皇清待贈淑德陽盤同老太君之佳城」，爲此地屬中國之明證，此亦

〔註64〕姚明輝編輯，戴海斌整理：《姚文棟年譜》，《近代史資料》總125號，第167頁。
〔註65〕《電稟王制軍三件》，姚文棟：《雲南勘界籌邊記》，第95、96頁。
〔註66〕《電稟譚中丞》，姚文棟：《雲南勘界籌邊記》，第97頁。

邊民所共知者之事。允帽一地，握古永、昔董兩隘之口，在野人山外，爲盞
達土司之屬地，此亦邊民所共知者之事。「不惟邊民知之，英人之居於緬甸者
無不知之。是以，英政府曾有以老八募歸我中國之說，又許中國共享大金沙
江之利。蓋中國土司屬地，本跨有野人山以外，直瀕大金沙江者也（乾隆時
大金沙江外尚有內屬之孟碌、孟養兩土司，今且不論）。惟南甸土司與舊時蠻
募土司以野人山中間之洪蚌河分界，然蠻募土司本係內屬，乾隆五十八年八
月曾換給印信（乾字一萬六千四百零七號文曰蠻募宣撫司印禮部造，今印存騰
越廳署），不知何年爲緬甸竊去，中國漠然不問，相承至今。故蠻隴、蠻馬、
打羅、戛鳩一帶地方，凡在野人山以外，大金沙江以內者，實皆中國舊地。
英所稱老八募者，亦即此處。自乾隆以後，緬甸與中國多有未經清晰之界，
此類是也。聞近有人疑及野人山非中國屬地，此言實誤，不可以不辨。夫英
人得隴望蜀，正利在界址未定，可以展拓而前。然使門戶之間，險隘之口，
先有防兵扼守，使彼無由闌入，則界雖不定而已定。此則疆吏之功，無俟使
臣與彼辯論者矣。」〔註67〕

　　二說野人山保商營應籌事宜，提出了以下八項事宜。第一，野人山中地
方遼闊，兵數太少，只能制服野寨，不能抵禦強鄰，宜酌量再增兵額；第二，
自蠻允至蠻隴有上中下三路，從前僅爲保商，專以中路爲重，此時似須兼顧
三路，庶邊防宜形完密；第三，從前紮營，只在洪蚌河以東，其洪蚌河以西
並未紮營，形勢尚未鞏固，此時似應一律添設軍營駐紮；第四，保路兵勇迎
送商駝，疲於奔命，全無整暇氣象。應在添足兵額之後，分路紮營，則兵與
將皆能節奔走之勞，並且時時操演，庶期練成勁旅；第五，野人山中土性肥
沃，可開利源。山中之閒暇者多，似可導令種植。而且兵丁操防餘暇，亦可
兼辦屯墾；第六，山中之民精壯者，可招撫辦團練，令其隨官兵操演，行之
日久，即邊地暗增數萬勁兵；第七，保路各營全無軍器火藥，一遇有事即形
束手，似須核定需用之數，由省給發，庶可備豫不虞；第八，蠻隴爲野人山
門戶，一直有中國軍隊駐紮、巡邏，今應先佔據蠻隴，以利於邊防。「蠻隴在
野人山西麓，從前馬武相帶練數十人，駐紮其地，洋人不敢過問。近年雖無
營兵駐紮，而張天明部下之勇丁時時護送商駝至此，洋員收地稅者見兵退則
來，見兵至則去，其情怔怯可見。查該地爲野人山門戶，即老八募之屬地，

〔註67〕《上王制軍說帖一·野人山屬中國說》，姚文棟：《雲南勘界籌邊記》，第 99
　　　～101 頁。

英政府早有默許與我之意。今若先占其地，於山防最有裨益，似須密飭保商營員規度辦理。本年過緬甸時有人上條議，請於打哩壩一帶分紮數營，以握沿邊形勢。查打哩壩即蠻隴以北，沿江一帶，昔所稱爲野牛壩者也。地勢極寬大，可屯田實邊地之鎖鑰也。」〔註68〕

　　三說騰越西路野人山緊要門戶，主要論述了騰越西路野人山的重要性和野人山西面蠻隴、雲帽、打羅三地的重要性及其防守措施。姚文棟指出野人山地理位置極爲重要：「新街早爲英人所佔，藩籬已撤，門戶寒矣。今所持者，惟野人山耳。嘗聞西報論野人山，云此山如在華界，則英兵雖滿萬不能敵華兵之百也；苟使英得此山，則百英兵亦可勝萬華兵矣。其形勢緊要於此可見。查野人山自南至北，形要險隘之所在不過十數處，以守在山外爲上策。倘有一處疏失，則敵可蹈瑕抵隙而入，騰永以西更無可扼之險，豈非全滇之隱患哉。」蠻隴在野人山西麓，扼野人山之重要位置，雖有保商營出入巡邏，但仍有未盡善者，應預爲籌劃，在此駐紮重兵，以防禦敵人：「蠻隴在野山西麓，有上中下三路內通蠻允，上路度野山二百零五里，中路一百六十五里，下路一百八十里，現爲商人往來滇緬之通衢。本年營員張天明、黃正林兩人奉委招募練勇，在山中迎送商駝，名曰保商，實即防山，洵是勝著。然有未盡善者，假令洋人紮營蠻隴，塞斷之口，則山防驟形喫重，且貨駝出入不便，損數驛落，則張、黃所帶各營費無所出。當此之時，防軍勢不可撤，而商捐無著，不得不費國幣以養之，非策之善者也。及今而豫爲之計，惟有爭先下著，駐重兵於蠻隴，以逸待勞。洋兵復來，必知難而退矣。似當即令保商營員籌辦，須山中有兵五百，山外有兵五百，方爲萬全。」允帽地理位置極關緊要，且土地肥沃，地廣人稀，應招撫客民遊勇開墾，兼辦團練，寓兵於農，加強邊防：「允帽亦在野山之西，其地極關緊要，有兩路內通騰越。其一古勇路，其一昔董路也。中度野山各二百里許。古勇與昔董之間有膏腴之地數百里，俗呼爲大地方，與盞西相連屬。允帽與昔董之間亦有膏腴之地，俗稱列车，疑即里麻舊土司地也。此兩處煙戶甚稀，地亦荒蕪不治，若招徠客民遊勇在此開墾，兼辦團練，寓兵於農，相爲表裏，足壯邊庭形勢。允帽鈐束其外，爲門戶重地，無論荒地已開與否，總須有重兵駐紮，以握古勇、昔董兩路之口。查允帽係中國地，其北有一路可通樹榮廠，商人之業樹榮者多聚

〔註68〕《上王制軍說帖二‧野人山保商營應籌事宜》，姚文棟：《雲南勘界籌邊記》，第103～105頁。

於此。近年洋人屢次踏看，欲竊取其地。在彼，以爲得此地後，既有捷徑可通樹欒廠，又可撤我盞西古勇之藩籬，不可不防之於豫也。」打羅四通八達，爲扼要之地，應在此駐紮重兵，與允帽、蠻隴各營首尾相應：「打羅亦在野山之西，爲昔馬路之門戶，內通盞達、干崖。其地頻江，溯流而上，八日至孟拱；順流而下，五日至新街，最爲衝要之地。沿江陸路，北通允帽、南達蠻隴，亦爲中權扼要之地。此處應有重兵駐紮，以扼四達之衢，與允帽、蠻隴各營首尾相應，且可固盞達之門戶。一舉而三，善備焉矣。」〔註69〕姚文棟認爲，蠻隴、雲帽、打羅三地實爲野人山西面三大重鎮，倘失此三地不守，放縱敵人進入，則沿邊數千里防不勝防，後來邊事必然更形棘手。

　　四說騰越南路野人山緊要門戶，主要論述了騰越南路野人山緊要門戶崩岡寨、麻湯寨、漢董寨、洗帕河四地的重要性，建議在此四處駐紮防營。姚文棟指出：崩岡寨，在野人山之腰西，距八募即新街約八十餘里，一天即可到達，是最爲重要之地。因爲自緬甸之新街、硔洞兩路入雲南都必須經過此地。此處應駐紮防營，以扼守猛卯、隴川、芒市、遮放各土司之門戶。麻湯寨，爲鐵壁關之口，也在野人山腰西南，距八募約九十餘里，一天也可到達。此處應駐紮防營，以扼守干崖、隴川、戶撒、臘撒各土司之門戶。漢董寨在麻湯左近，亦在野人山腰，此寨分兩路，一路通隴川、戶撒、臘撒等處，一路通猛卯、遮放、芒市等處，實爲門戶要地。洗帕河，在野人山西麓，是中緬交界，騰越同知黃炳堃曾在此立界碑，今應該就其地建一大營，以總扼麻湯、漢董兩路之門戶，與崩岡大營同爲重鎮，則騰越南路邊防始爲完密。以上各處險要之地，如有一處未經設防，則別處所設者仍屬無益。此說帖末尾姚文棟還特別指出此前岑春煊防邊之策乃是守內險而忽略外險，此並非良策。就全國而論，雲南爲外險，就雲南而論野人山爲外險。必須外險無恙，而內部才安：「從前岑制軍任內辦理隴川、干崖等處邊防，以杉木龍及虎踞山兩地爲重鎮，乃是內險，非沿邊門戶要害也。苟使屯兵於此，以爲野山駐防各營之援應，斯乃得知。如欲於此抵禦強鄰，則外險先失，終亦難守。即以西路言之，如蠻允一路，不守山外之蠻隴，而僅守山內之蠻允；昔馬一路，不守山外之蠻抹、打羅，而僅守山內之昔馬；盞西一路，不守山外之夏鳩、允帽，而僅守山內之盞西，亦必無益。內險與外險之別耳。夫雲南爲川陝兩

湖之屛蔽，野人山又爲雲南之屛蔽，必野人山無恙，而後雲南安；必雲南無恙，而後川陝兩湖皆安。一山之所繫非淺尠也。華洋消長之機，西南半壁所倚，胥在乎此。一爭地勢，不使人扼我吭。二爭天時，不使人占我先。」〔註70〕

　　五說永昌、順寧邊外麻栗壩、班弄兩地節略，介紹了麻栗壩、班弄兩地情況，建議將兩地兵民早爲招撫，以爲固邊之策。姚文棟指出：麻栗壩在潞江之東，扼江爲險，與鎮康、耿馬兩土司接界，堪爲兩土司之藩籬。而且，麻栗壩「實爲通緬大道，與本邦隔一潞江，有險可守，不但爲鎮康、耿馬各土司之藩籬，實亦永昌、順寧兩府之總門戶也。」麻栗壩乾隆以前本是中國屬地，後淪於緬甸。現在有土目楊國正佔據其地，緬甸國王允其世襲。緬甸爲英國侵佔後，楊國正曾派遣人員至永昌府投誠。班弄在麻栗壩之北，與孟定土司接界，亦爲永昌、順寧通緬之要道，其地勢極爲險要，當潞江及兩支江交叉之處，又當兩山之坳。有回匪逃聚於此，以貿易營生，尙稱安分。前年有回匪頭目曾遣人至永昌協處投誠，自願永駐班弄，爲中國保守藩籬，不願調至別處。「近日據探報云，現在頭目名丁金猛，有兵二千餘名，居民八千餘戶，皆是回子。春間洋員勘界到此，有互相煽惑之意。若不早爲招徠，恐爲洋人所用。此滇省肘腋之患也。」〔註71〕

　　六說野人山當早設防營。姚文棟指出：「麻湯、漢董、崩干一帶野人山，爲目今中外界限所繫，洋人屢次深入，其意原欲撤我藩籬，總當早設防營，以爲固圉之計。無論野官等可靠與否，但使防營既設，效忠者得以庇護，而懷二心者亦正可矜束矣。且此處野山向爲孟卯、隴川兩土司屬地，素隸版圖，與蠻隴附近之野山未定屬者尤有區別。駐營設防之舉，似屬名正言順，在洋人亦不能藉口起釁也。」〔註72〕

　　七說蠻允駐防之兵當出駐邊界允帽等地。姚文棟指出，允帽爲騰越西北路最爲緊要之地，但是距離騰越太遠，前曾以孤軍出駐，深以後無援應爲慮。現今雷座地方兵民願爲政府招撫，雷座可與允帽聲氣通接，因此在允帽駐紮防營已無後顧之憂。但是雷座「各野目所屬戶口壯丁寥寥無幾，各分畛域，

〔註70〕《上王制軍說帖四·論騰越南路野人山緊要門戶》，姚文棟：《雲南勘界籌邊記》，第113～117頁。

〔註71〕《上王制軍說帖五·永昌、順寧邊外麻栗壩、班弄兩地節略》，姚文棟：《雲南勘界籌邊記》，第119～121頁。

〔註72〕《上王制軍說帖兩件》，姚文棟：《雲南勘界籌邊記》，第127～128頁。

散而不聯。洋兵到時勢力不敵，仍恐其折入於外洋。若聽其自爲，則雖一時招徠，仍屬無益。」因此，姚文棟提出「今仍當駐兵允帽，不但禦洋人之侵界，又可護內屬之諸夷。以一軍而得兩用，策之善者也。蠻允現成腹地，駐防之兵不過專爲緝私之用，似當移緩就急，令其出駐邊界。查洋鹽入境，必過野山。山外各路防營，仍可帶辦緝私，不致偏廢也。」〔註73〕

八說應令騰越廳鎮守住邊界，勿任英兵闌入。此說帖是因爲姚文棟接到緬甸來信，說英人已經以緝私爲名，三路駐兵，扼住重要地勢。英人之三路即姚文棟先前所上說帖中提到了麻湯、崩岡，蠻弄，允帽、打羅。姚文棟認爲這些地方都是中國屬地，且非常緊要。「似應電知騰越廳鎮，先令守住邊界，勿任闌入，致貽後悔。彼以緝私爲名，吾以保商爲名，兩無可開之隙。騰越現有防軍數營，何妨移緩就急，以過一時之鋒。彼既聞吾有備，或當知難而退也。」〔註74〕

九說英人越界強佔野人山，不可輕信騰越張鎮而棄地，善後局司道不當附和張鎮，宜電請總署詰問英使，電告出使大臣詰問其政府，並布之各國新聞。姚文棟數次上說帖論述野人山之重要性，因此英人越界強佔野人山使得姚文棟心急如焚，而騰越總兵張松林卻向雲貴總督王文昭發電稱：「欲俟洋人至神護關而後，以界址善言告之」。姚文棟認爲：「無故棄此橫縱數百里之地，皆係險要所在，實屬萬萬不可。」「夫區區關外數百里之地去之，亦何損於中國之大，而文棟必數數瀆陳者，實以險要所在。棄險即無異棄藤，棄藤即無異棄滇。故耳近日如麻湯、洪蚌河各路皆已經憲臺盡籌布置，可無深患。而西北一路猶未及運籌，恐致如蟻穴之潰全堤，不可不慎。」並指出：「張鎮在騰，久爲邊民唾笑，實因見地過於庸闇，不知國計輕重之故。貽誤大局，已非一端……夫邊將以偷安爲便，有卸責之心，故以守關爲請。善後局司道不加考察，隨聲而附和之。當此群言龐雜之時，雖大舜之聰，猶或有所蔽。文棟心知其故，苟身留滇中而不言，實無以對諸邊，是以不避屢瀆之嫌，再陳邊將之不可輕信，關外屬地之不可輕棄，務請大人三思行之。」對於英國侵略野人山事，姚文棟的對策是，電請總署詰問英使，電告出使大臣詰問其政府，並布之各國新聞：「文棟愚見，亦非欲用兵以與洋人爭此土也，但以爲當據舊志電告出使大臣詰問其政府，則一言之下亦可以折其機牙。其次，令騰

〔註73〕　《上王制軍說帖》，姚文棟：《雲南勘界籌邊記》，第131～132頁。
〔註74〕　《上王制軍說帖》，姚文棟：《雲南勘界籌邊記》，第133～134頁。

越廳致函新街，告以界址所在，則彼或自知斂戢矣。蓋以兵守界，貴在事先，而片語折衝，亦未必無補於事後耳……再英人越界強佔一節，如電請總署詰問，則公私皆佔先著。以公言之，可申明界址所在，日後免致吃虧。以私言之，亦辦事者預佔地步之法，不致後來應付爲難。蓋當初以早駐兵爲先著，此時以早致詞爲先著也。一面仍須電知出使大臣，告其政府。此乃釜底抽薪之法，最關緊要。蓋邊地一二洋員規利圖功，事權得專，故銳於進取，往往俟事成而後上告，故議院無不允從。若於此時徑達其政府，則必數十百人集議，允者半，不允者半，而事多牽制矣。邊吏輕量，華人故跳梁喜事，議院重開，邦隙故必以無事爲福。用意迥殊。近數年英兵叠次越華界焚掠，必其政府所未聞，正當告之。使知，則後來斂戢矣。又英人無理逞強，固緣華官隱忍無言，早示之弱，亦以地當偏僻，他國不能聞知，故縱恣無忌至此。若能將此中情節布之各國新聞，則清議公論必有群起而斥其非者，是亦不戰屈人之一術也。」〔註75〕在姚文棟的對策中，電請總署詰問英使，電告出使大臣詰問其政府的策略，一方面是爲了向英表明我方立場，通過外交途徑解決問題；另一方面是寄希望於英國的議會審議制度，藉此使中緬邊界英軍停止侵略步伐，也因此他認爲「電知出使大臣，告其政府，此乃釜底抽薪之法，最關緊要。」但是，姚文棟在此忽視了帝國主義列強的侵略本性。英國侵略緬甸，以此爲跳板進入雲南，侵略中國，是英國爲同法國爭奪中國西南勢力範圍而採取的戰略，是符合英國國內資產階級利益的，因此不可能遭到反對，也不會反對。

姚文棟九上說帖所提出的見解和籌邊策略雲貴總督王文韶是多有採納。如王文韶在收到姚文棟所上《論騰越南路野人山緊要門戶》說帖後批覆：「尊議一併暫留，明日當商之序帥，迅即照辦也。」〔註76〕在收到姚文棟《永昌、順寧邊外麻栗壩、班弄兩地節略》的說帖後，王文韶「即令雲南知府陳燦函告永昌知府鄒馨蘭相議辦理」。〔註77〕姚文棟關於英人越界強佔野人山之事所提出的應對策略，雲貴總督王文韶也是多有採納。王文韶說：「尊議英人越界必須電知總署及令騰廳致函新街兩節，自是題中應有之義，亦必應如此。刻

〔註75〕《上王制軍說帖三件》，姚文棟：《雲南勘界籌邊記》，第135～140頁。

〔註76〕《上王制軍說帖四·論騰越南路野人山緊要門户》，姚文棟：《雲南勘界籌邊記》，第117頁。

〔註77〕《上王制軍說帖五·永昌、順寧邊外麻栗壩、班弄兩地節略》，姚文棟：《雲南勘界籌邊記》，第120頁。

已飭局速電黎丞，再將此次越界詳細情形及地名道里即日電覆。俟覆到即當照辦。」〔註78〕對於野人山保商營之事，總督王文韶也是深以為然。姚文棟在《雲南勘界籌邊記・後序》中說：「野人山以外、大金沙江以內皆兩千總孤軍駐守之地也。網繆牖戶，事非甚難，制軍原深以為然。第欲商之中丞，不居獨斷之名，乃善後局司道史、湯兩君別有成見，盡力阻擾，且俟至張鎮、鄒守招引外人過江入山，而後上臺亦無從措手矣，可慨也夫。」〔註79〕對於野人山防兵，「制臺王公慮野山營兵力太薄，未足鞏固江防，欲移兵以厚其援，而藩司史念祖、善後局道員湯壽銘陽奉陰撓。」〔註80〕

第四節　外交實踐

一、在薛福成外交談判中的貢獻

前已述及姚文棟遊歷印度、緬甸等地，勘察滇緬邊界，一方面是出於自己對時局的關心和愛國熱情，另一方面的重要原因是駐英法意比四國公使薛福成為即將開始的中英滇緬邊界談判預作準備，特派委姚文棟前往勘察。姚文棟不辱使命，通過艱苦細緻的實地考察，獲得了大量一手資料，對滇緬邊境情況了然於胸。他及時向薛福成做了彙報，並且提出了自己對於滇緬邊界談判的策略，為即將開始的中英邊界滇緬邊界談判奠定了堅實的基礎。

姚文棟於光緒十七年正月二十八日（1891 年 3 月 6 日）由法國馬賽登上輪船出發，三月抵達緬甸仰光，三月底到新街，「四月初五日由新街雇民船入大盈江，初六日抵蠻弄，登岸，是為野人山之西麓。初七日乘竹兜度野人山……初十日抵蠻雲，是為野人山之東麓……十三日抵盞達，十四日抵干崖，十五日抵南甸……十六日抵達騰越，始為雲南邊境。度龍川江、潞江、瀾滄江，皆極邊煙瘴之地。五月二十七日，始抵雲南省城。」〔註81〕姚文棟在旅途中即多次發電，進入中緬邊境後更是頻發發電，向薛福成彙報考察情況，並提出自己實地考察後的建議。如五月初四日（1891 年 6 月 6 日）薛福成收到姚文棟上報雲南邊外土司之地情況的密函：「雲南邊外有孟拱、孟

〔註78〕《上王制軍說帖三件》，姚文棟：《雲南勘界籌邊記》，第 140 頁。
〔註79〕姚明輝編輯，戴海斌整理：《姚文棟年譜》，《近代史資料》總 125 號，第 168 頁。
〔註80〕姚明輝編輯，戴海斌整理：《姚文棟年譜》，《近代史資料》總 125 號，第 168 頁。
〔註81〕薛福成：《出使英法義比四國日記》，長沙：嶽麓出版社，1985 年，第 678 頁。

養、木邦、蠻暮諸土司，向屬中國。其地為玉石百寶精華所萃，內有紅寶石
礦、藍寶石礦、翡翠礦、琥珀礦，種種不可勝計。英人占其地為己有，恐中
國索之，是以願將撣人各地讓歸中國。緬屬撣人，相傳有九十九土司，華人
經商於其地甚眾，民情頗向中國，山中物產亦夥，有乾隆年間所遺界碑及糧
臺遺跡數處。」〔註82〕五月二十日（1891 年 6 月 22 日）薛福成收到姚文棟
密函，彙報了抵達國境，中英交接情況，並特別彙報了英兵邊界駐防動向及
自己的憂慮：「滇兵有兩營度野人山至蠻弄迎候，英兵欲送至野人山半路之
紅蚌河交卸，以為彼界在此。已力辭之，並招華兵四人至新街迎接，又函屬
大營移至蠻弄，駐紮四日而後啓行，以微露中國之意：須以新街為界，而蠻
弄為吾內地也。緬甸地廣人稀，洋兵勢弱，故汲汲趕造鐵路，不日可由格薩
通至嘎爾格達，以便運兵往來。同舟有鐵路工師一人，即係經理格薩鐵路者。
此路由格薩通至孟拱，由孟拱通至阿桑。阿桑本有鐵路，接至嘎爾格達。又
有兵房工師一人，係至新街營築兵房，聞為剿撫野人山之計。英兵駐新街者，
英人二百名，印度人八百名，皆係新調到者。滇邊恐不免多事矣！英派查探
北路之員，覓得一間道，可通騰越之古永練；又覓得一間道，可由昔董通至
盞西（皆中國土司）。或其意欲為後來潛師入滇之地，出於滇人所不防邪？」
〔註83〕

　　到達雲南省城後，姚文棟向薛福成多次密函彙報，主要內容有點，一是
彙報此次考察中所發現的英軍侵略行徑及清政府雲南邊境防守情況；二是總
結自己考察經歷，詳加分析，向薛福成條理清晰、詳細地介紹中緬邊界的軍
事地理情況，並提出自己的談判策略。這也是此段時間姚文棟向薛福成密函
內容的重中之重。

　　對於英軍幾年來的侵略行徑，姚文棟詳加整理，並提出應當及早向英國
外交部提出抗議，以爭取主動權。姚文棟在給薛福成的信函中指出：光緒十
二年三月（1886 年 4 月），新街英官雇某帶兵數百名攻盆干野寨，不克而還；
光緒十五年三月（1889 年 4 月），新街英官夏某購得嚮導，帶兵潛由小徑突攻
盆干，攻破其寨。盆干為中國猛卯土司所屬邊界。光緒十六年正月二十一日
（1890 年 2 月 10 日），英副使貝得祿偕巡道提鎮等帶兵四百名上麻湯野山並
漢董一帶探視地形，二月十二日（1890 年 3 月 2 日）回新街。麻湯即隴川土

〔註82〕薛福成：《出使英法義比四國日記》，第 675 頁。
〔註83〕薛福成：《出使英法義比四國日記》，第 381、382 頁。

司所屬之鐵壁關，漢董亦是隴川屬地。光緒十六年三月（1890年4月），英員由新街發兵二百五十名攻後崩野寨，至四月攻破。光緒十七年正月（1891年2月），英員帶兵至漢董踏看營地，三月間又帶兵覆看路徑，至四月初七日發兵四百餘名，由新街到漢董，出其不意將該處野寨燒毀，即蓋起兵房數間，戍兵四百名。「以上各條係英兵越界入犯土司屬地，因其兵來仍退，並未久留，滇邊將吏顧全邦交，置不與較。本年英兵入駐漢董，已將半年，未見退出，似須告明外部在先，倘日後釀成釁端，其曲本在彼也。至邊內外地名，英人亦用緬文及□夷文，並無英文可查，合併聲明。」〔註84〕

在另一封密函中，姚文棟向薛福成揭露了騰躍總兵張松林索賄忌才，稟撤駐野人山華勇，不思邊防，致使英軍侵佔蠻弄、紅蚌河等地，導致邊界形勢嚴峻，與我不利的罪行。此事姚文棟曾向雲南督撫稟告過，並強烈建議不要撤防。此次向薛福成密報，可能是想通過薛福成上達總理衙門並致各大臣，以撤換這些貪污腐化無用之將官。姚文棟在密函中稱：「去年春間，野人山中本有華勇二百餘名，係華商請設以保路者，費由商人捐資供給；管帶者為副將銜記名游擊實缺千總張天明、黃正林兩人也，亦華商所公舉，謀勇兼優。騰越總兵張松林，索賂不得，稟撤兩千總。而英兵遂得進紮蠻弄，實係黃營舊址，即所稱老蠻暮，本在保路營所轄之內者也。蠻弄既淪入於英，我兵不得出野人山之西口。蓋自蠻弄至蠻允，其間有上中下三路，以保路營一軍駐之，倡可兼顧。因張總兵索賄忌才，遂失此三路之總口。既而英員來文，稱欲進紮紅蚌河，張總兵飛飭移營退讓，於是九路中之三路失矣！另有三路在其南，一曰麻湯路，一曰盆干路（盆干又作崩岡，此一帶亦隴川、孟卯屬地，在漢董東南），一曰漢董路。此三路亦野人山之要隘，其外有洗帕河為華緬之界。三路相距不甚遠，若駐一軍於洗帕河旁，扼河為險以守吾界，最為得勢。乃因張鎮空額甚多，無兵填紮而止。然英員函稱兩不越界，至今英兵尚未闌入；第於洗帕河對岸之南坎要隘，駐紮重兵以伺吾釁。目前九路尚未決裂者，惟此三路而已。最北之三路，曰昔馬路，曰昔董路，曰古勇路，內通騰越及盞達、南甸土司，外通大金沙江。此山中有平廣之地兩區，一曰里麻，一曰大地方，膏腴可耕，而荒無人煙，大可徙民屯墾，為山中兩大鎮。山外瀕江之夏鳩、允帽兩地，下接老蠻暮，上接樹漿廠，內護昔馬、昔董、古勇三路之口，最為要地。若駐軍允帽，分防夏鳩，與蠻弄保路一軍相為呼應，不但

〔註84〕《寄薛星使節略》，姚文棟：《雲南勘界籌邊記》，第124～125頁。

總給此三路之口，即沿江形勢全在掌握，且塞英人通樹漿廠之路。其山內大地方一帶，本盡西土目悶氏之地，已令悶正太駐彼經理矣。亦因張鎮無兵可撥，而英人突占先手，驅兵前來，悶正太無援而敗，退入山內，而全山盡，蹙地不下數十里，可爲太息！」〔註85〕

對於中緬邊界的軍事地理情況，姚文棟向薛福成做了詳細彙報，並稟陳了自己的認識與建議，他指出：「滇邊西路以永昌一府、騰越、龍陵兩廳爲門戶，南路以順寧、普洱兩府及緬寧、威遠、思茅、他郎各廳爲門戶，而皆以緬甸爲藩籬。自英滅緬甸，藩籬撤而門戶寒矣。所幸者，猶有野人山之天險，可以限隔中外；若再爲英所得，便可長驅入滇，滇無險可守矣。」他進而「稽之史乘，訪之邊民」，指出野人山自古就是中國的領土，「本在雲南界內，非甌脫比也」。他批判了一些人所謂「雲南天末遐荒，不關形要」的謬論，指出：「豈知雲南實有倒絜天下之勢。由雲南入四川，則據長江上游；由雲南趨湖南而據荊襄，則可搖動北方......況今有印度、緬甸，以爲後路之肩背乎？英之覬覦雲南，蓋非一日。然則云南之得失，關乎天下；而野人山之得失，又關乎雲南。自騰越、龍陵度野人山以通緬甸，共有九道，皆彙於新街。新街既淪於英，議者乃有保守野人山九道之說。守吾界以遏其闌入，猶不失爲中策。若並野人山棄之，則邊防無險可扼。」「南路車裏土司之外，爲乾隆時土司孟艮、木邦之地，即英所謂『撣人在潞江下游之東』者。車裏與孟艮相接處，僅有小江數道，無險可扼。惟孟艮在潞江濱，爲邊外重鎮，又係商賈四集之大埠。由緬渡潞而犯思茅，共有三道，而孟艮總扼其江道之衝。」他認爲：「新街、孟艮之於雲南，如鳥之有兩翼。新街跨山爲險，屏衛其西；孟艮扼江爲險，屏衛其南：皆形勢必爭之地。昔年英廷欲舉潞江下游以東歸我，即指孟艮以內至地，奈之何其遲疑不受也！北路在野人山北，有甌脫之地千八餘里，相傳爲明時茶山、裏麻兩土司故地......由此入華有三道，一通西藏，一通打箭爐，一通永北廳。若竟淪入於英，則三省邊防疲於奔命。山中產黃果樹百千萬株，多難勝記，故俗稱其地爲紙漿廠。外洋購樹中之漿以爲器皿，凡可收放寬緊者，皆此漿所成。一樹歲得小洋四百元，利源極大。又有金礦兩處，礦苗亦旺。有此沃饒，不及今取以爲資，而棄以資敵，甚非計也！前過野人境時，壺漿載道，婦孺爭迎，野官負弩執鞭，咸有求庇之意；即遠處樹漿廠之頭目，亦遣使奉書，自稱本係漢民，願仍隸漢。

〔註85〕薛福成：《出使英法義比四國日記》，第681、682頁。

彼皆恐洋人見逼耳。」姚文棟提出談判策略：「以上三節，如西路之野人山，本係現屬土司界內之地，有新舊各志可據，此當折之情理者也。南路孟艮，爲乾隆時舊土司，英廷嘗願歸於我，此當引申初議者也。北路樹漿廠距緬最遠，向未屬緬。按公法云：『遇不屬邦國管轄者，無論何國皆得據爲已有』。此當以兵力預占，可以先入爲主也。」〔註86〕

　　姚文棟的勘察成果和建議等，對薛福成與英國政府的交涉是具有重要參考價值的。如在此之前薛福成在與英國政府談判中緬邊界問題時，一直認爲野人山爲中緬兩國所共有，在得到姚文棟的密函後才知道野人山歷來就是中國的領土，並對中緬邊界有了進一步的認識，而在某些方面他幾乎是全部抄錄了姚文棟的彙報內容。比如，光緒十八年十一月初九日（1892 年 12 月 27 日）薛福成在日記中就中緬邊界地理形勢寫道：「滇緬界務有三要：一，野人山爲西路屏藩，形勢所在，陸抗所云『如有警，當傾國以爭之』者也。山內山外，多膏腴沃饒之地，或以兵屯田，或招佃開荒。野人本樂爲我所用，可行保甲之法。所惜事機已失，全山盡爲英占，非以公法力爭不可耳。一，潞江以東下游之地，爲南路屏藩。普洱所屬之車裏土司，與邊外孟艮土司爲姻婭，勢如唇齒，本我舊屬，樂於內附。收回此地，形勢方完。該處土司富饒足以自給，但照騰越七土司之例待之，自可相安無事。一，野人山以北之樹漿廠，爲北路屏藩，滇緬之交，乃百物菁華所萃。有琥珀礦，有翡翠礦，有玭硒礦，有紅寶石礦，不出孟碘、孟密兩土司境內（此在大金沙江以西），皆乾隆以前故地，前明嘗遣內監掌之，近已淪入於英。又有准木廠、火油井廠，亦在七大利源之數，盡已屬英。又樹廠距緬最遠，尚未爲英所轄。樹漿一項，惟阿非利加及此處有之，非洲近已告竭，而此山正在方興之際。華商入山採運，不下千餘人。其中亦有成聚成邑之處，如由江外之孟碘上山，則以護碘爲門戶要地；由內江之允帽上山，則以三鴉碘爲門戶要地；而其都會所在，則曰坎底，先占此地，可以管川滇藏三省邊防之鎖鑰，而分取七大利源之一。其間又有金礦二處、准木廠數處，皆可招商承辦。此因邊富國之要也。」〔註87〕

　　對於中緬邊界軍事地理情況，姚文棟曾向薛福成彙報：「職道自奉憲臺委查緬界入滇，嗣經雲貴總督留辦邊務，凡勘界防邊各節，熟籌統計。其要

〔註86〕薛福成：《出使英法義比四國日記》，第 680、681 頁。
〔註87〕薛福成：《出使英法義比四國日記》，第 682、683 頁。

有三：一，野人山爲雲南西路之屏藩也，形勢險要之所在，門戶之所繫，此亦如陸抗所云『有警，當傾國以爭者』。山以內，山以外，多膏腴沃饒之地，或以兵屯田，或招佃開荒，而練團自保，均不必大費兵餉，而可以實邊固圉。野人本樂爲我用，居則行保甲之法，出則行束伍之法，亦可得精兵萬千，地利人和交相爲資，此一要也。今雖事機已失，英兵闌入山中，全山爲其所佔，然此山向不屬緬，係我現屬土司界內之地，載明志，乘誠使。後來勘界大臣詳查地勢，以情理折之，則挽救亦易事耳。倘英人不顧情理，並可質成於他國，俄法皆能助我以抑英也。所慮者，勘界之時，含糊默許，仍安退讓，則此山再無收回之期，而雲南危如累卵矣。一，潞江下游以東之地，爲雲南南路之屏藩也。查普洱所屬之車裏土司，與邊外孟艮土司情聯姻婭，勢如脣齒，本我舊屬，樂於內附。英人嘗欲以撣人歸我，即其地也。現查南路邊防無險可扼，難禦強敵，必須收回，潞江以東形勢方爲完善。此又一要也。該處土司富饒足以自給，但照騰越七土司之例待之，自可相安無事，別無所難。目下英兵蹂躪滇邊，已偏於西路，獨置撣人不即經理，殆因初議未定留，以有待耳。所慮者，日後勘界仍以不貪爲名，不肯收受此地，則云南西南面均有受逼之勢，腹背夾攻，何以自存，且潞江下游現通輪舟，不難溯江上駛，一旦有變，易如剖竹，此云南之隱憂深患也。一野人山北之樹漿廠爲雲南北路之屏藩，又爲四川、西藏之屏藩也。滇緬之交，乃百物菁華所萃。有琥珀礦，有翡翠礦，有玭硒礦，有紅寶石礦，不出孟碘、孟密兩土司境，皆乾隆時屬地，前明嘗遣內監掌之，近年已淪於英。又有准木廠、火油井廠，亦在七大利源之數，盡爲英轄。惟樹漿廠距緬最遠，尚未爲英所得。查樹漿一項，惟亞非利加及此山有之，亞非利加漸已告竭，而此山正在方興之際。華商入山採運者，不下千餘人。其中亦有成聚成邑之處，如由大金沙江江外之孟碘上山，則以護碘爲門戶要地；由大金沙江江內之允帽上山，則以三鴉碘爲門戶要地；而其都會所在，則曰坎底，由此北通西藏，東通四川、雲南。吾若先占此地，可以笰三省邊廷之鎖鑰，而邊外七大利源亦可分取其一。山中有兵五千人，散佈要隘，自足彈壓野人、抵禦洋人矣。其間又有金礦二處、准木廠數處，皆可招商承辦。得其地足以固邊，因其利足以富國。此又一要也。所慮者日後此地爲英所據，則逼近雲南之麗江一府及永北、騰越兩廳。騰越既添一患，而麗江、永北等邊防都形吃緊。且川中、藏中都未知有此間道，

一旦英兵分途而入，川藏人見之必將驚駭，出於意外矣。」〔註88〕

　　通過姚文棟的實地考察與詳細彙報，薛福成對中緬邊界情況有了更進一步地瞭解，對中緬邊界軍事地理形勢有了更深入的認識，對談判方針有了更進一步地確，這爲中英滇緬界務談判能夠取得成功奠定了堅實的基礎。〔註89〕

二、失意北返

　　姚文棟在雲南爲籌邊嘔心瀝血，不畏權貴，「不避屢瀆之嫌」〔註90〕，多次向雲南督撫及出使大臣薛福成揭露騰躍總兵張松林索賄忌才，善後局司道陽奉陰違等問題，招來了他們的忌恨。同時，姚文棟在雲南建言獻策阻止英人入侵，其籌邊活動更是招致英人忌恨。「先府君於滇本委辦洋務邊務，倚若長城，乃史、湯、張、鄒不便，又京中英使館強迫總理衙門電滇，以示不容。」〔註91〕英國駐華公使威脅總理衙門大臣張蔭桓，不撤姚文棟不能進行邊界談判。陳庚明在爲《雲南初勘緬界記》做序時談及此事說：「前歲以劃界涉南洋，道緬入滇，其於疆域，必詳舉國家盛時威力所及，不欲尺寸遷

〔註88〕《再覆薛星使書》，姚文棟：《雲南勘界籌邊記》，第161～166頁。

〔註89〕對於薛福成與英交涉並主持簽訂的中英《續議滇緬界務商務條款》。史學界對於條約中商務條款的評價大多比較中肯，但在邊界條款方面爭論較大，褒貶不一。薛福成在條約簽訂後，自認爲在界務談判上是成功的，因爲不僅索回了鐵壁關、天馬關，收回了車裏、孟連土司轄境的全權，更重要的是劃得野人山地一塊，使界內土地更有外障，對於雲南邊界來說，是西南兩面均有展拓。鍾叔河在《薛福成：出使英法意比四國日記》序言中認爲薛福成此次簽訂的邊界條款非常成功。朱昭華：《薛福成與滇緬邊界談判再研究》（《中國邊疆史地研究》2004年第1期）認爲薛福成爲此次談判付出了很大努力，而其中許多問題的產生，根源於清政府近代領土主權觀念的缺乏。張子建：《薛福成在中英〈續議滇緬界・商務條款〉中對北段界的劃分》（《雲南民族大學學報：哲社版》2007年第1期），認爲薛福成在談判中全力維界，對中緬北段界的劃分言緯不言經，正是其用心良苦的結果，應當給予客觀地評價。與此相反，余定邦著的《中緬關係史》（光明日報出版社，2000年）認爲清朝政府屈服於侵略者的壓力，通過此條約，使英國得到了通過武裝侵略得不到的東西。另外，丁鳳麟在《薛福成評傳》（南京大學出版社，1998年）中專闢一節對此問題做了較爲深入論述，評價相對中肯，雖然他對薛福成在談判過程中所表現出來的愛國熱情與睿智給予了較高的評價，對一些不該由薛福成承擔的歷史責任給予了澄清，但總的還是認爲此條約的簽訂使中國喪失了許多土地。

〔註90〕《上王制軍說帖三件》，姚文棟：《雲南勘界籌邊記》，第138頁。

〔註91〕姚明輝編輯，戴海斌整理：《姚文棟年譜》，《近代史資料》總125號，第171頁。

就，爲敵所深忌，屬書政府，必易先生乃定約。」〔註92〕總理衙門大臣、吏部右侍郎徐用儀也將英人忌恨之事告訴姚文棟，並且告訴姚文棟其在雲南已無法再參與籌邊之事，暗示其應該離滇。

1893 年，姚文棟被迫銷差請假省親，離開雲南。時年四十二歲，正值盛年，壯志未酬。雖離開，但是，他一生追求的邊防思想，永遠留在他孜孜以求的邊界線上，散發著智慧的光芒。

姚文棟在滇籌邊的所作所爲自有公論，姚文棟查勘滇緬邊界可謂是「遠涉重洋，歷經煙瘴，考核精細，艱苦備嘗」，這是王制軍在呈總理衙門的咨文中的評價。同樣留下的，還有百姓呼聲，《野山謠》記載此事：

> 賢哉姚公，慮吾邊陲，防山固圉，民實賴之。與共爲敵，厥惟
> 英夷，積憚生忌，間之京師。亦有內奸，彼何人斯，武則總兵，文
> 則藩司。厚祿是糜，高位是尸，與公爲敵，是曰非宜。吁嗟姚公，
> 志在拯時，厥功未竟，厥名四馳。賢奸不並，振古若茲，我民無福，
> 奚爲冤茲。
>
> ——騰躍、永昌士民立碑騰西邊疆。〔註93〕

賢德的姚公，心繫我邊陲。可恨的奸賊，逼迫其隱退。
冤屈未得申，百姓永相隨。是非如流水，功名存宇內。

〔註92〕姚明輝編輯，戴海斌整理：《姚文棟年譜》，《近代史資料》總 125 號，第 170
　　頁。
〔註93〕姚明輝編輯，戴海斌整理：《姚文棟年譜》，《近代史資料》總 125 號，第 171
　　～172 頁。

結語：姚文棟邊防思想定位

　　晚清時期，尤其是同治、光緒時期，是中國邊防危機最嚴重的時刻。西北、東北、東南、西南都面臨著侵略者的虎視眈眈。這一時期，許多學者，諸如黃楙材、徐鼐霖、胡傳、曹廷傑、楊觀東等人，他們同姚文棟一樣，都十分關心祖國命運，都積極參與邊防問題的討論。正是由於這些學者的共同參與，促使晚清邊防思潮達到高峰。

　　姚文棟從年輕時代「不事舉業」，到成年後立志「周遊東西」的個人成長經歷，固然有家庭、書院以及個人價值取向等多方面的影響，但是，大的時代背景所形成的強烈思想衝擊才是姚文棟抉擇的根本原因和動力。一方面，姚文棟通過遊歷增廣見聞，促進了學識的進步。另一方面，清廷出於客觀需要，也給予了這些「非正途」出身的士子們發揮個人才幹的機會。隨著見識的增長，出於對國家、民族命運的憂慮，這一批士子也越來越急於表達自己的看法和訴求，或真知灼見，或一葉障目，都構成了中國由傳統向近代邁進的一個個鏈條。姚文棟正是其中的一員，他並沒有留下驚世駭俗的名著，因此並非是一般意義上的那個時代的「一流人物」，但也並不妨礙他依靠自己的親身感知和體驗，通過文章向國人介紹他眼中的外部世界，這足以使他成為中國近代歷史鏈條中獨特的一環。

　　和同時期、同抱負、同研究方向的學者進行比較，可以發現姚文棟的獨特之處。

第一節　黃楙材的邊防思想

　　黃楙材，字豪伯，江西上高縣人，官至知縣。1878 年，曾奉四川總督丁

寶楨之命前往印度「察看情形」。在孟加拉博物院見到一張中亞地圖，「最爲精覈」，因悉心臨摹，翻譯成中文，返回中國後，參考中國歷代圖志以及近世諸家著述，「缺者補之，繁者刪之，所有通都大邑，名山巨川，與夫疆域界限、電線鐵路之類，加用顏色區別，庶幾一目了然。」〔註1〕他將這張精心繪製的地圖獻給總理衙門。黃氏長期關注中亞、南亞政治地理形勢，著有《得一齋雜著》。

在左宗棠率領湘軍蕩平陝甘回民叛亂，收復新疆之後，經營西北問題成爲思想界關注的問題。黃楙材通過對世界局勢的考察，意識到中國經營西北的重要性。由於黃楙材曾經在印度考察，對於中亞、南亞歷史、地理和政治形勢頗爲瞭解，視野開闊，高瞻遠矚。在他看來，葱嶺大山，也就是現在的帕米爾高原，居亞細亞洲之中央，磅礴蜿蜒，橫亘南北，至高至大，爲天下眾山水之祖，絲綢之路必經之地，本是中國、英國和俄國三個大國力量角逐之疆場，天下萬國之樞紐。「葱嶺以東爲中國所屬之新疆、三藏，葱嶺以南爲英吉利所屬之五印度，葱嶺以北皆爲俄羅斯之屬部，是爲三大國之界限，亦天下萬國之關鍵也。」〔註2〕「俄人覬覦印度之富，常懷攘奪之謀，遣人學習印度言語，煽惑民心，聯絡波斯、阿富汗諸國，密約詭計。英人力爲堤防，重兵駐守隘口，不敢稍懈。頃聞俄軍遊獵縛芻河一帶，印度大帥傳諭克什米耳土酋，預爲設備，俄人甚怪其越俎代庖也。兩雄並峙，勢若秦、楚，龍爭虎鬥，日尋干戈。俄攻土魯基（即土耳其），則英扼之；英征阿富汗，則俄尼之。外雖結好和親，而內實相猜忌也。」〔註3〕

自1851年中國內地發生太平軍、捻軍、回民等叛亂之後，隨著清軍在西域勢力的減弱，俄軍得寸進尺，趁機兼併了裏海、鹹海一帶的游牧部落，「葱嶺迤西機乞布哈爾、塔什罕、敖罕等國，其東西布魯特、左右哈薩克，昔本中國藩屬，今皆爲彼所誘降。」並乘新疆之亂，竊據伊犁，還通過《西北界約記》等條約，侵佔了中國大片領土。俄羅斯軍隊對於中國西部地區構成了最大威脅。

〔註1〕 黃楙材：《西域圖說》，盛康編《皇朝經世文續編》卷89，兵政，塞防下，第1頁。

〔註2〕 黃楙材：《西域圖說》，盛康編《皇朝經世文續編》卷89，兵政，塞防下，第1頁。

〔註3〕 黃楙材：《五印度形勢》，葛士濬編《皇朝經世文續編》卷119，洋務19，光緒辛丑（1901年）上海久敬齋鉛印，第2頁。

　　黃楙材對於沙俄的侵略擴張歷史以及對於領土的貪得無厭本性有著深刻的認識。光緒初年，他在《西域形勢》一文中明確指出，俄國慣於乘人之危，吞併他國領土。說到伊朗的邊境，他說，該國「南枕海灣（即波斯灣），北面大澤（即裏海），分十二部……西北一隅與俄國藩部高加索相接，其耳利乞、那格什乞等城為俄國所佔……北境與機哇布哈爾密邇為鄰，恐終為俄人捷足先得也。」〔註4〕

　　說到土耳其，他從地緣政治角度，精闢地分析說，「土耳其國分二部，東部在亞西亞洲，西部在歐羅巴洲，都城曰君士但【坦】丁，建於海峽，扼兩海之咽喉，據二洲之衝要，自古必爭之區，俄羅斯久懷併吞之志，而英、法、普、奧諸國惡其相逼，合縱聯約，相與並力拒俄而保土，以維歐洲均勢之局。丙辰年（1856年），六國公使會盟於巴黎城，俄國兵船不得出地中海，他國兵船不得入黑海。乃近歲普既與俄交歡，法敗於普，一蹶不振，奧則自顧不暇，於是縱散約解。而土耳其女主執政，國多內亂，俄人得以乘間抵隙，肆其蠶食。英人獨力難支，亦坐視而不能救矣……然而土國之存亡，於歐洲大局攸關，昔則惡其強而抑之，今則憐其弱而扶之。倘一旦無土，俄人出海而與諸國爭南洋之利權，欲求旦夕之安，其可得哉！」〔註5〕

　　談到俄國的侵略擴張本性，他指出，「俄羅斯地跨三洲，控弦百萬，其詐力日以開疆闢壤為事，自烏拉嶺以東曰西伯利亞，延袤萬里，直抵黑龍江。俄人不煩一兵一餉，誘而降之。邇來猶極力經營於中亞細亞，建造火車鐵路，由布哈爾東北，經賽馬爾罕、霍罕、塔什罕等城，至札木干分而為二：一東經伊犁西境，折北至波那丁司科，順額爾齊【斯】河而下，以達於阿木司科；一西經達奇司丹，沿納林河北岸，至鹹海折北而西至阿林伯克，復分為二：一西南沿烏拉江而至裏海之各昭城，一西北經索麻拉已達於馬司孤都城。此外如窩雅江、高加索部內新建鐵路不一而足。統計俄國境內共有鐵路四萬餘里，六通四達，皆近二十年內所成者。去歲，復議增修一路，由俾格什乞沿裏海而南，經波斯哈烈已達於阿富汗，特遣大將高福曼緒領重兵駐紮霍罕，南以窺伺印度，東以覬覦新疆，其陰謀詭計，狡焉思逞，夫豈一朝一夕之故

〔註4〕　黃楙材：《西域形勝》，盛康編《皇朝經世文續編》卷89，兵政，塞防下，第8頁。

〔註5〕　黃楙材：《西域形勝》，盛康編《皇朝經世文續編》卷89，兵政，塞防下，第8頁。

哉！」〔註6〕

談及俄國對於中國西北邊疆的侵略，黃楙材建議在新疆修築鐵路，架設電線，加強防禦沙俄的設施：「同治元年，乘回部之亂，竊據伊犁，得寸則寸，得尺則尺。今欲索還，此豈口舌所能爭者。夫伊犁為新疆精華，北路門戶。彼族實逼處此，終為邊患。及早圖之，興修鐵路，添設電線，乃足以長駕遠馭，保固疆圉。非然者，迢迢萬里，奏報稽遲，轉餉勞徇，雖有知者，亦難為謀。」〔註7〕由於鐵路建設耗費巨大，光緒初年還有很多人反對在中國修建鐵路。黃楙材對此批評說：「咫見之士必且聞而怪之。然而古今異宜，世變日新，豈循途守轍者所可與議天下大計乎。因繪西域地圖，不禁慨然言之，以俟籌邊者有可採焉。」〔註8〕這一建議，儘管在當時無法付諸實施，而無論在當年還是在此後，對於西北邊防建設均具有重要價值。

黃楙材不僅關注新疆的邊防問題，關注中亞各國的事態演變，而且關注著西南邊疆的安危。在他看來，英國在印度勢力的不斷增強，對於中國藏族居住區構成了相當大的威脅。「夫三藏之地與印度密邇為鄰，中隔大山數重，綿亙數千里，峻嶺危峰，道途險阻，一至八月以後則大雪封山，往來絕跡，此殆天之所以界限中外也。」〔註9〕惟大吉嶺為往來中印之孔道，利之所在，英國人無孔不入，他們詭計百端，「用重賂以要結布魯克巴（即不丹）、哲孟雄（即錫金）諸番，入其牢籠。彼皆孱弱，不能相抗。惟廓爾喀（即尼泊爾）一部較強，地形險要，民志勁勇，仰仗天威，僅能自保。」〔註10〕黃楙材建議朝廷，「撫以恩信，藉固藩籬。一旦有變，足為先驅。從前濟隴聶拉木絨霞喀達四隘口，皆所以防廓夷，其它鄰部未嘗滋事，故疏於設備。今時異勢殊，彼為輕而此為重，似宜於江孜、定日帕克里（即日喀則）等處整頓邊防，以防履霜之漸。」〔註11〕

1878 年，黃楙材還敏銳地觀察到英國對於緬甸和泰國的侵略以及對中國

〔註6〕 黃楙材：《西域形勢》，盛康編《皇朝經世文續編》卷89，兵政，塞防下，第9頁。

〔註7〕 黃楙材：《西域形勢》，盛康編《皇朝經世文續編》卷89，兵政，塞防下，第9頁。

〔註8〕 黃楙材：《西域形勢》，盛康編《皇朝經世文續編》卷89，兵政，塞防下，第9頁。

〔註9〕 黃楙材：《五印度形勢》，葛士濬編《皇朝經世文續編》卷119，洋務19，第3頁。

〔註10〕 黃楙材：《五印度形勢》，葛士濬編《皇朝經世文續編》卷119，洋務19，第3頁。

〔註11〕 黃楙材：《五印度形勢》，葛士濬編《皇朝經世文續編》卷119，洋務19，第3頁。

雲南的威脅。他說：「華人但知英之據有印度財賦所出，倚爲外府，而不知其所佔緬【甸】、暹【羅】諸國海濱精華之區，由印度直達星加坡，聲息相通，路無阻礙，尤爲緊要也。」〔註12〕爲此，他建議盡早加強軍隊部署。「方今緬甸孱弱迴非昔比，沿海精華繁盛之區被英人蠶食殆盡，輪舶上駛，於新街操其利權，公使駐紮與瓦城，遇事掣肘。新王嗣位以來，彼此尤多齟齬，不久必啓兵端。我中華疆圉攸關，似宜先事籌備，規復關隘，招撫野番，不致爲他人所用，亦免擾我行旅。可否將南甸營都司移駐蠻允，其野人山二百餘里添設塘汛處，以資保護。」〔註13〕他還建議疏濬恩梅開江，一旦邊徼有變，作爲清軍轉運糧餉的通道，以建瓴之勢，控制下游伊洛瓦底江（別稱大金沙江）。

第二節　徐鼐霖的邊防思想

徐鼐霖（1865～1940），原名立坤，字敬宜，又字敬芹，號息園，晚號退思，永吉州尙禮鎮二道溝（今屬九臺市）人。鼐霖自幼勤奮好學，學業優異，秉承父訓，志在「治國平天下」。甲午戰爭爆發後，東北危急，徐鼐霖先是投筆從戎，後到地方供職，先後任知縣、黑龍江大賚廳通判、海倫直隸廳同知、候補知府等職。1907 年，任東三省總督督署禮科兼學科參事。1909 年，任黑龍江興東兵備道。1910 年，任黑龍江民政使，參加中東鐵路理事會，主持吉長鐵路選線勘測事宜。1918 年，徐鼐霖應聘爲大總統顧問。1919 年，任吉林省長。在省長任內，他銳意改革吉林地方財政金融，同時爲減輕地方財政負擔，準備裁減軍隊，使軍警合一。這些改革措施，引來猜忌，遭致反對，不久被免職。後遂息影山林，「矢不復出」，去京閒居，專攻詩文。鼐霖一生雅好經史，先後著有《籌邊芻言》、《息園詩草》、《吉林先哲祠題名記》、《蒞吉宣言》、《祭澹堪文》等。1927 年，出任永吉縣志總裁辦事處總裁，編纂《永吉縣志》。

《籌邊芻言》撰寫於日俄戰爭之後，乃「有所感觸而爲之」。是時，西方列強「各謀展其領土，以集矢於中國，勢甚岌岌。是編察彼以知己，鑒往以知來。不惜大聲疾呼，冀以鞏固邊防，爲振興內政之預備。」〔註14〕著重討

〔註12〕黃楙材：《五印度形勢》，葛士濬編《皇朝經世文續編》卷 119，洋務 19，第 3 頁。
〔註13〕黃楙材：《騰越邊徼》，葛士濬編《皇朝經世文續編》卷 119，洋務 19，第 4 頁。
〔註14〕程德全：《籌邊芻言序》，徐鼐霖：《籌邊芻言》卷首，臺北：文海出版社，1969

論了蒙藏問題，目的在於「經營蒙藏以保存中國」。這本小冊子寫得充滿感情，語言精美，說理透徹。

徐鼐霖在其著作中，一開始就揭露了西方列強在世界各地「既得文明傳播之美名，其終局必收野蠻侵略之實利」的本質。同時他指出，19 世紀末 20 世紀初，這些帶著假面具的國家「莫不藉口於輸入文明，以集矢於中國」。他說：「近日世界各國莫不奮起四顧，謀拓展其領土，膨脹其殖民，以爲異日乘機會支配地球全部分之全枰一子，其下此一子時，固以世界文明自居，而人或亦以文明譽之，殊不知其用心至深，著手至辣，其機變至陰狠，斯其態度至和平。其開枰既得文明傳播之美名，其終局必收野蠻侵略之實利。至揭文明之眞相，一野蠻之障面具耳。今之戴此面具者，國家莫不藉口於輸入文明，以集矢於中國。」〔註15〕評論一針見血，機鋒銳利，猶如揭開了面具。

那麼，面對如此險惡的國際局勢，古老的中國該如何應付呢？徐鼐霖繼續說：「吾中國既無資格與列強抱同一之主義，於波濤洶湧中演魚龍壯劇，則宜有山嶽不拔之策，以抵制其狂瀾，或不至共滔滔者而俱逝也。乃今日之建謀者莫不注目於修內政。夫內政固振興之基，而邊防尤保存之要。灑掃其庭除而不整葺其牆壁，盜來何以禦之？況此牆壁又爲吾庭除所託命，棄此牆壁，而庭除即不能存，則整葺之必不可一步遲也。此牆壁何在？則吾中國外部蒙古、西藏是，而庭除則吾中國內部各省也。欲保存內部，先保存外部；欲改革內政，先鞏固邊防。爰作經營蒙藏以保存中國論，以質諸吾中國之愛國家者。」〔註16〕

徐鼐霖在此把整個中國比作一個大家族的庭院，認爲蒙古和西藏位於邊疆地區，猶如大家庭的牆壁，而內地各省區類似於庭除。他把新政改革看做是整葺國家的庭除。在他看來，整頓內政固然是一個國家走向獨立富強的基礎。但在列強已經包圍中國的情況下，若果專注於內政，而忽視外部的邊防，中國將處於非常危險的境地。內政與邊防二者相比較，邊防更爲重要。「欲保存內部，先保存外部；欲改革內政，先鞏固邊防」。誠如徐鼐霖所說，20 世紀第一個十年，中國大多數人把目光轉向政治改革上，新政運動、改良運動、革命運動相互交錯，蓬勃開展，「今日之建謀者莫不注目於修內政」。在這種形勢下，徐鼐霖要求關注邊防，關注蒙藏問題，並非獨闢蹊徑，自有一定道

年影印本，第 1 頁。
〔註15〕徐鼐霖：《籌邊芻言》，第 1 頁。
〔註16〕徐鼐霖：《籌邊芻言》，第 2 頁。

理。

　　徐鼎霖把國家看成是地理和人民的結合體，地理和人民都是構成國家的要素，沒有地理和人民就沒有國家。「地理者，人類生活之所託而製造國家之根據場也。可知地理之優劣，實國家之盛衰。有地而無人類，則不能建國家，而以地授之人，則其國家必先亡，而人類亦繼以漸滅。」〔註17〕

　　徐鼎霖用進化論的觀念表達了他對歷史學的認識。在他看來，歷史學是啓發人民愛國的最根源的事物，只有懂得歷史，才能治理好國家；只有懂得歷史，才能眞正成爲愛國者，「則歷史實國民全體之進化物也」。他把歷史學看成是最好的愛國主義教材，這個認識相當深刻。「歷史者，國民之殷鑒，而啓發國民愛國心之根源物也。故讀史者知社會之變遷而後有以製造國家，知國家之治亂而後有以改革政治，知地理之沿革而後有以籌疆域，知人種之優劣而後有以保族類，凡關於社會之神髓、國家之特色，莫不於歷史載之綦詳，故近世泰東西各大教育家咸於其國之歷史三致意焉，以導引其國民，使知寶愛其歷史，自不能不寶愛其國家。則歷史實國民全體之進化物也。」〔註18〕

　　在文中，徐鼎霖一一介紹了蒙古、青海與西藏的地理和區劃設置，又用一定篇幅分別介紹了蒙古、青海和西藏的歷史演變和內地的關係。而後，他重點探討了中國陷入危機，朝鮮成爲日本的殖民地，俄國不遂於東，必肆力於西，華北、西北各省遂成爲俄國覬覦的對象，而蒙古和西藏則首當其衝。他說：「俄羅斯者，世界上最尙武力之大國，而爲侵略派之代表者也。其侵略遠東政策早定於二百年前，所以東據樺太西，略高加索，而貫之以西伯利亞大鐵路，吾中國東三省適當其衝。俄欲侵略吾中國內部，不能不以東三省爲基礎地。於是又築東清鐵路，橫三省而貫之。三省之門戶始被闢，而蒙古懷中物矣。今雖敗於日本，不過固其保護朝鮮之勢力，在俄人實已挫其攫取朝鮮之爪牙。而就內容觀之，吾東三省昔扼於一虎者，今又扼於兩狼，日本踞其南，則可以西取蒙古，南窺燕薊，與山東之德、揚子之英均其勢力。俄既不足逞志於東，必並力於西，而蒙古、西藏、甘、新、山、陝皆將爲遼東半島之取償物。是日俄戰後，一方面生朝鮮滅亡之結果，一方面生中國危機之原因也。其急急之起點，首在蒙藏。蓋俄人之垂涎者亦已久。」〔註19〕

〔註17〕徐鼎霖：《籌邊芻言》，第 2 頁。
〔註18〕徐鼎霖：《籌邊芻言》，第 11 頁。
〔註19〕徐鼎霖：《籌邊芻言》，第 13 頁。

　　那麼，如何看清俄國對於蒙藏的侵略野心呢？徐鼒霖回答說：「欲知俄人對於蒙藏之野心，須觀其對於國家所結之關係於蒙藏之條約。自同治五年伊犁訂約，崇厚失策，喪失國權，是為俄人窺蒙古之初步。其條約直謂之俄人經營蒙藏條約可也。幸曾侯改訂，俄人亦稍讓步，然俄已得於中國蒙古各地享有種種之權利。此後，中俄交涉日緊於前，喀西尼條約成而東清鐵路歸俄修築；旅大租借之條約，即植禍根於此。拳匪構亂，三省淪陷，俄遂濫用其暴力，以迫我疆吏迫我政府令從其無厭之要求。茲節錄其交還滿洲之草約如下：『第六條，滿洲蒙古之陸海軍不得聘外國人訓練；』『第八條，滿洲、蒙古、新疆伊犁之鐵路、礦山及其它之利益非俄國許可，不得讓與他人，即中國自為之，亦徐（須）俄國允許；』『第十二條，許中國由滿洲鐵路支線修一鐵路以達北京。』幸此條約以列強反對撤消，而滿洲退兵之心要求又起，共七條，節錄之。『第二條，現時蒙古之行政法不得紛更，如紛更之，則視為動搖住民以紛擾俄國國境。』『第四條，清國行政衙門有任用外國人時，其人之權力不許侵俄人之利益、優勝的北清事務，北清事務當一切委託俄人，關係滿洲、蒙古事務，當任用俄國人之顧問。』此條約又被質問於美國，俄乃以華俄銀行私約答美國。又變其新要求為四事，以迫我政府承諾。其第四條，自北京過張家口、庫倫，達恰克圖之蒙古鐵道敷設當特許華俄銀行；以外又有添加者，則在西藏之西北部施行清俄協同之行政制度是也。一面又迫駐藏大臣與訂礦山條約四條，而俄官吏及兵亦項繼進入西藏，設非挫於日本，格於英人，則蒙藏早亡失於條約中矣。」〔註20〕徐鼒霖細數條約規定，用以說明俄國侵略計劃步步為營，早已把蒙古和西藏地區看成是俄國人的勢力範圍和搶奪的主要目標。

　　徐鼒霖不僅看透了俄國人的心思，同樣也注意到了英國人的野心。事實上，英國人也同樣把蒙古和西藏看成是他們的勢力範圍和掠奪的目標。英國人收服印度之後，東滅緬甸而逼近雲南，南收哲孟雄而逼近西藏。「英人視西藏重於雲南者，以俄人南下雄心時欲勃發，失西藏則不足以保印度。且西藏寶庫地，將來必擅商業之勝場，得西藏並得青海，又足聯絡揚子江之商業氣脈，英俄訂約以西藏宗主權奉諸中國，是已不認我於西藏有統治權，且英俄實以蒙藏之各種經營尚未完備，故訂此約以為緩衝具耳。不然，英人前者以印度兵入藏，直抵拉薩，攻達賴而走之，如入無人之境，中國已莫之如何。

〔註20〕徐鼒霖：《籌邊芻言》，第 14 頁。

英人何所憚而不取西藏，該恐取之，而俄人爭其後也。乃仍以西藏還中國，既以杜俄人之野心，又明知中國之無能爲役，不啻寄寶玉於外府，而令老大帝國作監守吏者。其外交手段之奇妙爲何如，當此群雄爭鹿之世界，謂自此之後，英人能於西藏縮手以終也。」〔註21〕從條約來看，亦是如此，「光緒三十年，英乘日俄之戰，俄人之不能兼顧西藏也。乃以兵入西藏，迫達賴喇嘛與訂約十一條，茲節錄其最要者。『第九條第二項云：對於西藏事，無論何國不得干涉；第三項云：無論何國官吏或派代理人，不得進入西藏境內；第四項云：鐵道、道路、電線、礦山，其它何種之權利，均不許與外國籍之人民，若許之，英國政府當以相當或相同知之權利同享受之。』……」〔註22〕

徐鼎霖還認爲在清代前期，朝廷對於西藏和蒙古成功地實施了四項政策：「一，尊崇喇嘛教，以堅其信仰心，家有五子者，一人相續，餘爲喇嘛僧，不准娶妻，此人口之所以日少也；二，不獎勵教育，人智閉塞，文物制度日就凌夷，至不能語其先祖創霸歐亞之歷史，用盡習於偷惰，此競爭力所以全無也；三，不提倡開墾，獎勵殖民，人無儲蓄之觀念，且互市有禁，因之工商事業無大表現，此經濟所以不能獨立也；四，以牛羊、馬駝各種無根物爲財產，藉以生活，亦不練習軍制，且視步兵爲無用，又不改良器械，此兵制所以日陋也。此四大政策之結果，遂使唪經誦咒、啖膻、寢氈蠢然蠕然遊息於黑幕世界，無復向日之喜事。中國坐是無邊警者百餘年，其收效不可謂不巨也。」〔註23〕平心而論，這裡所說的四項政策儘管很難說是朝廷有意而爲之，但是的確反映了某些歷史事實。

在徐鼎霖看來，上述四項政策適宜於鎖國時代，而不適宜於交通時代。「蓋鎖國之時代患在藩屬謀國家者，必重防邊。防邊云者，防邊人之或內侵也。交通之時代患在敵國謀國家者，必重邊防。邊防云者，用邊人以禦外侮也。惟邊防邊人內侵，故利用邊人之弱；惟用邊人之禦外侮，故利用邊人之強。」〔註24〕其邊防思想已露端倪。

正是由於今昔不同，邊防政策需要相應調整。「自西伯利亞鐵路成後，而蒙古遂直接引俄人之饞咽；自維多利亞墟五印度後，而西藏遂間接啓英人之獵心。爾時，吾中國政府如能起蒙藏而籌一抵制策，則西北邊不至今日之糜

〔註21〕徐鼎霖：《籌邊芻言》，第 17 頁。
〔註22〕徐鼎霖：《籌邊芻言》，第 18 頁。
〔註23〕徐鼎霖：《籌邊芻言》，第 26 頁。
〔註24〕徐鼎霖：《籌邊芻言》，第 26 頁。

爛。」「今俄人雖東敗於日本，然猶據有東清鐵路之半段，其勢力雖不足直啖燕齊，而蒙古東四盟尚在其掌握中，且車臣、土謝圖、唐努烏梁海、科布多及新疆等地又在在與俄地相接，俄既挫於東，必求伸於西。近日於蒙古各地非常注意，探險之隊、調查之使絡繹不絕，於道路間又以金錢收買荒地，以珍物厚結諸蒙王，知蒙古人民之篤信喇嘛教，而喇嘛教之源於西藏也，乃籠絡達賴至俄京，加以優禮。達賴甘之，隱欲脫中國之羈絆。」現在，俄國西伯利亞地區人民咸能操蒙古語及滿洲語，「其用心既深且遠，而所處之地位亦可懼也。近又與日本訂協約而昌言土地之均一。土地均一者，日俄既取滿洲而兩分之，更欲取蒙古而兩分之也。試觀日本於訂約後，蒙古之調查著手愈急，其男女學者爲蒙古各旗之教師及桑門諸子，假傳教名將校之，假賣藥商以往者，測繪地勢，不一而足。則其約文職用意可知其必不令俄人坐擁蒙古而享其利權，亦可知矣。」〔註25〕

徐鼐霖通過鐵路的修築分析了俄國的戰略意圖和侵略野心。「俄人自西伯利亞鐵路築成後，更由仝木斯克敷設支線向東南下成平行線於厄爾齊斯河至塞尼巴拉敦斯克，更折而南經伊犁河及伊犁斯克至威爾尼，遂西折入土耳其斯坦，其野心蓋欲以土耳其爲根據地，登帕米爾高原以睥睨四方，一面東下侵入伊犁，拓其路線於新疆、山陝，則可直接正太，則外蒙古一帶危；一面假中亞細亞梅爾普之至達士墾鐵路，直搗阿富汗以進攫波斯。更由此以直入印度，則西藏、青海一帶皆危。況蘆漢鐵路之布設正太鐵路之經營蒙古鐵路之計劃，竟合滿洲鐵路成一大圓線，以包圍我國之全部，其勢力直超過於各強國。」〔註26〕

俄國對於中國的侵略野心太大，必然與英國人的利益發生衝突。那麼，「英人之所以必謀抵制者，則在保全印度之富源及在中國之商業。英國人民之需要半皆仰供給於印度，而印度又爲英殖民地之中樞。印度失，則印度以東之殖民地以距母國遠，而或致瓦解。故英不能不擲全力以保存之也。欲保全印度，必抵制俄人。俄人之侵略要點在阿富汗，英人抵制之要點亦在阿富汗。境界問題屢生衝突，俄人既不得志於阿富汗，遂又西連波斯，東逾裏海，冀越天山、葱嶺以控制伊、新、蒙、藏。西藏歸俄，則印度之屏蔽以撤，有西藏即有青海，且遮斷揚子江之上游，而英之商業必歸失敗。即西藏寶庫將

〔註25〕徐鼐霖：《籌邊芻言》，第29頁。
〔註26〕徐鼐霖：《籌邊芻言》，第29頁。

來成商業重地之希望亦成畫餅，其利害之重大爲何如。於是成英俄之協約。英俄協約之結果，必寄西藏於中國主權下者，實英人外交之老滑手段。一方緩兩強之衝突，一方利一弱之放棄也。英俄協約成立後，英又與吾休整西藏商約，不出十年，西藏必爲英人商戰所割據。俄既不足與之爭，我亦不足與之爭，則此協約之效力直謂之屏除俄人於西藏之外，可即謂戰勝中國於西藏之中亦可見也。然而，俄人亦非全然失敗，以有蒙古可爲其取償地也。就形式而論，俄於蒙古勢力甚大，英於西藏勢力甚小。俄以自國與蒙古鄰，其勢力能直接及蒙古，並及西藏。英以屬國與西藏鄰，其勢力僅間接及西藏，而不能及蒙古。就實質而論，俄以軍事立國，故主張侵略，而蒙古平原、大漠便於馳騁金戈鐵馬，縱橫無前。一旦自西伯利亞鐵路之一端架設蒙古鐵路與蘆漢鐵路通，由伊爾庫茨克不二三日可以達北京，不五六日可以達武漢。戰爭倘起，可集大兵於咄嗟間以據中國之要區，無論何國，均不得御之而爭之也。英國在中國擁有長江沿岸地，利用其四通八達之鐵路以席卷大江南北之富源。近又謀引印度鐵路線於春丕，且延長至西藏高原，冀侵入青海與揚子江上游相聯絡。又謀自緬甸經印度以達埃及，由地中海以通本國。此路苟成，則可與西伯利亞鐵路均勢力，於軍事、經濟上世界亦莫之敵，則神州全壞直爲英俄角逐場。吾國之生命乃握諸斯拉夫、盎格魯撒克遜兩民族手。」〔註27〕

　　徐鼐霖站在戰略的高度，繼續指出中國面臨被列強瓜分的危機。除了英國和俄國之外，「法已夷安南，進啖雲貴；德已攫膠州，直涎山東；日已亡朝鮮，而入南滿，瓜分之局已懸於眉睫。其所以未遽分者，以英俄兩國對於吾中國無大勢力，故相持而不動耳。今美人並阿拉斯加，掠夏威夷，攫菲律賓，漸施其侵略東方之手腕。近又得開鑿巴拿馬運河權，使太平、大西兩洋之航線忽然短縮，且擴張海軍不遺餘力。太平洋艦隊之東來揚子江航路之訪問，皆包藏禍心於其間。倘美人又在中國立其基礎，而英又得西藏，俄又得蒙古，列強競爭，誰肯落後。不惟中國之危亡所繫，抑亦全球之利害所關，欲避異日全球利害之衝突，不可不就今日中國危亡之疾病。中國危亡之疾病根種因雖在中央，結果必由邊圍。今中國雖危，而尚未即亡者，非吾中央政府之足以支撐之，實以兩強國對吾國所取之政治派別不同，不能爲合意行動，用藉以暫作支撐也。」〔註28〕

〔註27〕 徐鼐霖：《籌邊芻言》，第30頁。

〔註28〕 徐鼐霖：《籌邊芻言》，第31頁。

徐鼐霖針對英國和俄國分裂中國的藉口，斥責道：「自宗教上觀，西藏似吾國家之藩服，而自政治上觀。西藏實吾國家之領土也。乃英人必欲認之爲國家，如俄日認諸蒙古爲王國，是司馬昭之心路人皆知之也。」〔註29〕

那麼，如何挽救蒙藏危機呢？在徐鼐霖看來，在蒙古採取補救性的軍事對策，相對容易；而對於西藏採取商業上對策，困難很大。這是因爲，「俄人現時在蒙古無基礎事業，但恃兵力。吾國家若速於蒙古設重鎮，練蒙兵，並駐內地精兵以守之，尙可抵制。英人現時於西藏以宗主權歸中國，惟用其商業政策，吾中國商業窳敗，安能與世界經濟最占優位之國較勝負。一言經營蒙古，則勇者尙不卻步；一言經營西藏，而智者爲之束手也。」〔註30〕

徐鼐霖還敏銳觀察到少數蒙古人聽信俄國人的蠱惑，欲提倡獨立。這在徐鼐霖看來，不僅嚴重危害中國，而且嚴重危害蒙古人。「乃者蒙古人闇於大局，尙有欲唱獨立者，是乳燕矜飛，稚兔詡走，必不免於饑鷹餓虎之口。而燕巢兔窟或以內訌，故爲人搗毀，吾知成吉思汗之偉勳永無復振期，不必大廈焚，平原圮也。」〔註31〕

徐鼐霖也預見到西藏被侵略以及獨立之鬧劇。他說：「西藏人蠢蠢冥冥，由排外一變爲媚外，久之，必入英人之樊籠，脫中國之羈絆。且西藏地鄰廓爾喀，地險民悍，方將興起，力雖不足侵印度，勢必將以略西藏。況有英國人煽其後，廓必爲西藏引虎之倀，危機四集，禿髮之餘支，吐蕃之遺庶，安能當之不靡也。」〔註32〕

最後，徐鼐霖大聲疾呼，國民關注蒙藏安全，政府重視蒙藏邊防。「蒙古者，吾中國歷史上最有名譽之民族，西藏者，吾中國地理上最占形勢之領土也。失蒙古，則吾中國民族全體之名譽亡；失西藏，則吾中國地理全部之形勢亡。且我有蒙古，善用之，可以制人；人有蒙古，善用之，且以制我，則我不可不經營蒙古。我有西藏，我自可保吭而護我背，人有西藏，人遂得扼我吭而拊我背，則我不可不經營西藏。且蒙古所奉之宗教出自西藏，有不能脫離之勢。西藏失，蒙古必隨之。蒙古失，西藏、青海亦必隨之。則蒙藏存亡之關係亦息息焉以相通。英人得西藏則必進窺巴蜀，順流而下荊門，而吾中國之南部亡。俄得蒙古則必直搗甘、涼，丸泥以封函谷，而吾中國之北

〔註29〕徐鼐霖：《籌邊芻言》，第31頁。
〔註30〕徐鼐霖：《籌邊芻言》，第31頁。
〔註31〕徐鼐霖：《籌邊芻言》，第32頁。
〔註32〕徐鼐霖：《籌邊芻言》，第32頁。

部亡。舉黃河、揚子江兩大流域以歸英、俄，勢均之說，列強必實踐之。如此，則中國之全部皆亡，瓜分之活劇遂以蒙藏爲開場之第一幕。今我國民，今我政府尚以蒙藏爲無足重輕，而淡漠視之也。悲哉！」〔註33〕此等呼喊，振聲發聵，這種挽救民族危亡的獨立自由觀念，一直到如今，仍以一種強勁力量左右著中華民族的情緒。

如果說，有些思想家的言論主張屬於「亡羊補牢」，那麼，徐鼐霖的預言則是未雨綢繆。當人們把目光聚焦在國內改革、革命等問題時，他卻把蒙藏的經營看成是關鍵的問題。不僅俄國對於烏梁海蒙古很快擊出了重拳，而且英軍在侵入西藏後，又用拉攏的手段，誘惑達賴等西藏上層人士，開始製造藏族獨立的口實。徐鼐霖的預言全部應驗，他的洞察力不能不令人欽佩。

第三節　胡傳的邊防思想

胡傳（1841 年～1895 年），原名守珊，字鐵花，號鈍夫，安徽績溪縣人，胡適之父。家中爲茶商，1858 年，參加上海縣試；1859 年，協助督辦團練；1868 年，入上海龍門學院，師從劉熙載。而後五次參加鄉試皆未中舉，遂放棄科舉。在民族救亡圖存的使命感召下，關心時局、鑽研地理，毅然投效東北邊疆。1881 年 10 月，到達寧古塔，得到欽差大臣吳大澂的賞識和推薦，走上仕途，擔任五常廳撫民同知。1882 年 10 月，經吳大澂保薦，晉升候補知縣。〔註34〕1888 年 9 月，協助吳大澂治理黃河，因績效卓著，補授臺東直隸州知州。胡傳在東北任職時，對於吉林以及東三省的邊防問題十分憂慮。他認爲俄軍遲早會對中國東北地區發動大規模的侵略戰爭，一再呼籲當局加強東北三省的邊防。

在胡傳看來，東三省是清王朝的根本重地，尤其是吉林中處其間，南障長白，北帶混同，東襟大海，地域廣闊，延袤數千里。在 1860 年以前，南部以長白山爲屏蔽，北部以黑龍江爲外護，形同腹地，無所謂邊防問題。但是自從沙俄侵佔黑龍江以北、烏蘇里江和興凱湖以東大片領土之後，吉林東邊在在與俄接界。今我設防於三姓、寧古塔、琿春，俄駐兵伯力、岩杵河、

〔註33〕徐鼐霖：《籌邊芻言》，第 33 頁。
〔註34〕「竊某以書生從戎，蒙恩培植，首尾未滿三載，遽德之官臨民。夙夜思維，冀圖報稱。」（胡傳：《上吳清卿（大澂）師》，葛士濬編《皇朝經世文續編》卷 118，洋務 18，第 4 頁。）

海參崴。今昔情形已不同，吉林邊防形勢驟然緊張。沙俄所佔烏蘇里江以東地區尤爲形勝之地，「東襟大海，南襟大海，西阻興凱湖及烏蘇里江。北帶混同江，其輪船可由黑河口入黑龍江而西，南岸經艾輝（璦琿），北岸經雅克薩、尼布楚以達宜爾古德斯科，直接烏拉以東之火車鐵路，混同出海之口有島，曰庫頁，今名唐太，與日本北海道北見州之宗谷港隔海相對……其南濱海之地本與朝鮮接界，而分界後侵我黑頂子地，尤爲陸通朝鮮之要津，山川完固，形勢便利。陸足以包我吉、黑兩省，而海足以震撼日本與朝鮮。」〔註35〕

　　就運輸途徑來說，俄軍處處通海，便於轉輸；我軍依靠陸路運輸，易致疲敝。彼常處於逸，而我常處其勞。但是，弊中有利，利中有弊。如果考慮到地理氣候的變化，夏秋有利於俄國，冬春有利於中國。因爲冬季和春季江海冰凍，船隻不能行駛，「入寇接濟維艱」；夏季與秋季雖然有利於船隻運輸，而只有琿春與俄軍逼處，寧古塔東部則有數百里無人區，此處山川交錯，沼澤叢生，形成自然屏障。至於三姓地方，距離黑龍江口尚有七八百里路程，其間多淖，殊不易行，也是天然險阻，「足以限彼長驅」。因此，彼此相互比較的結果是，自然條件各有優劣，「勞逸正復相等」。關於吉林的邊防問題，胡傳認爲必須著眼於東北的整個形勢。就當下東三省而言，不僅黑龍江之江防未設，而且奉天之海防也未鞏固。

　　由於黑龍江沒有設防，倘若俄軍以輪船載兵由璦琿附近登陸，蹈瑕抵虛，攻佔齊齊哈爾，出我三姓、寧古塔、琿春東防各軍之後，則吉林震動，東防各路軍隊慮其後路斷絕，不得不分兵顧後，則全局震動，「此北路之可憂者也」。俄軍如果由黑頂子偷渡圖們江，可拊朝鮮之背，北可抄琿春之後。琿春失，則彼攻朝鮮，無復顧忌。朝鮮失，則不特東三省皆爲所包，而直隸、山東、江浙沿海諸省亦不能高枕而臥。「此南路之可慮者也」。「黑省疏防，則吉有肩背之患；奉省疏防，則吉有咽喉之憂。」〔註36〕

　　就敵我兵力來說，俄夷在伯力等處駐紮的兵力雖不過四千，而民則已有一萬餘戶，俄國士兵裝備的後門快槍，背負一囊，可裝十日乾糧，通訊聯絡以「電音調發，頃刻可就道」。俄軍實行三年兵役制，服役三年後，轉業爲民，

〔註35〕　胡傳：《對張幼樵（佩綸）學士問東陲道里形勢》，葛士濬編《皇朝經世文續編》卷75，兵政14，第15頁。

〔註36〕　胡傳：《吉林防務》，葛士濬編《皇朝經世文續編》卷75，兵政14，清光緒辛丑（1911）年上海久敬齋鉛印本，第12～13頁。

每戶各給一槍，每歲各給子藥二次。「是民皆兵也」。這樣俄軍事實上有上萬人的後備隊。不僅如此，俄國還採取措施，「大徙其民」。往年俄國向黑龍江和烏蘇里江等處移民，不過數十戶，百數十戶。而從 1883 年以來，每年移民數量達到七八百戶，甚至上千戶。這些移民均安置在沿江沿海一帶。俄軍繼續入侵中國、吞併朝鮮的陰謀日益暴露。「俄廓米薩爾也，官不過五品，而陰鷙多智略，不顧信義。在東部已數年，俄主以爲能，今已令司陸路兵柄，據形勢之地，通商、練兵、墾荒、開礦，十年以後，生齒日繁，坐成強大部落，縱橫東海，尤天下之大患也。」〔註37〕

對比俄國的軍事部署來看，吉林雖有駐防之兵，而無可以機動作戰的游擊之兵。能防禦東面，而不能兼顧西、南、北三面。就吉林兵餉來說，向來依靠京師的撥款，一旦遼河梗塞，出現轉運困難，則三姓、寧古塔、琿春之將士難以枵腹禦敵。尤其是考慮到沙俄軍隊善於乘人之危，慣於蹈瑕乘隙。例如，俄國人咸豐、同治時期，俄國不僅竊據吉林、黑龍江大片領土後，而且強佔了新疆伊犁各城，「皆乘我中原多故，不能兼顧邊陲，而狡然以逞。」〔註38〕

他明確指出，「自是以往，如我內地有事，彼之故智必將復萌。」因此，他建議吉林邊防必須在平時做好充分準備。但是，鑒於東北、西北邊防吃緊，軍需浩繁，戶部難於及時撥款。「吉林之防正萬分危急」倘若吉林疏防，既使江防、海防嚴密，「黑、奉二省亦難以自立，從此東北之事不可爲矣！」胡傳反對消極的「一面之兵」，建議，「通籌全局，熟察夷情」，與奉天、黑龍江通力合作，先期做好戰備。「爲吉林計，既須與奉、黑二省通力合作，又須於無事之日，早求自給之方，能就地籌餉以足軍實，上策也；不能就地籌餉，而能多方預備，廣積邊儲，中策也；今但設一面之兵，而又無半年之蓄，夫豈萬全之道哉！」〔註39〕胡傳贊成吳大澂的武裝旗民的主張。他認爲寧古塔地方是滿族人的發祥地，俗尚武勇，生齒日繁，「苟簡其丁壯，授以利器，明賞罰，勤訓練，使戮力禦俄以自保其鄉里，必遠勝於用客兵。操防之暇，即令修城。」〔註40〕這是最好的亦是最有效的邊防策略。

〔註37〕 胡傳：《對張幼樵（佩綸）學士問東陲道里形勢》，葛士濬編《皇朝經世文續編》卷 75，兵政 14，第 15～16 頁。

〔註38〕 胡傳：《吉林防務》，葛士濬編《皇朝經世文續編》卷 75，兵政 14，第 12～13 頁。

〔註39〕 胡傳：《吉林防務》，葛士濬編《皇朝經世文續編》卷 75，兵政 14，第 12～13 頁。

〔註40〕 胡傳：《重修寧古塔牙城記》，葛士濬編《皇朝經世文續編》卷 75，兵政 14，

　　1883年，法國從越南向中國擴張，吳大澂奉命會辦北洋軍務。1884年遷左副都御史，赴朝鮮處理甲申事變，抵制日本對朝鮮的侵略活動。中法戰爭的形勢以及吳大澂離開吉林，使胡傳對於海防和邊防都十分擔心。在他看來，法軍的侵擾，不僅使沿海各省騷然，由於處處設防，他擔憂，「備多則力分，師勞則財竭，似已犯兵家之忌，處處欲保全，必不能處處促全。」而使他更爲擔憂的是，俄羅斯對於中國東北和朝鮮早已虎視眈眈，「乘機蠢動，動以蹈我瑕，亦屬意中之事」。一旦俄軍侵擾我東北三省邊防，朝廷勢必命令吳大澂回防。屆時，由於東南沿海各省日事添兵增餉，戶部必然無力顧及東北協餉。倉猝之間，兵單餉絀，在在可危。

　　他說：「俄之謀我，禍莫大於乘隙；我之襲俄，策莫要與搗虛。」關於俄國的入侵，他分析說：「吉林以黑龍江爲肩背，奉天以朝鮮爲藩籬，而其要害之區尤在艾輝（璦琿）與琿春二處。由艾輝西至墨爾根，折而南至齊齊哈爾，不過千里，路甚平曠。由齊齊哈爾而南至吉林省城，平原曠野之地，亦不過千里。俄夷若以輪船載兵，從艾輝登岸，直搗齊齊哈爾，冀扼我三姓、寧古塔、琿春東防各軍之背，則吉林震動。東防各軍慮後路絕，不得不回顧，則全局皆震動。此北路之可慮者也。俄兵若由黑頂子偷渡圖們江，北可抄琿春之後，南可拊朝鮮之背。」〔註41〕

　　胡傳認爲，當時的俄國人正在注視朝鮮，暫時不具備進攻東三省的能力。由於俄軍專注朝鮮，於琿春邊境附近駐紮重兵，其它邊境地方布置兵力較少，例如於三岔口、黑河口接界等處就不甚留意。倘若俄軍出兵攻擊朝鮮，我軍勢必出兵援救朝鮮。而援助朝鮮的最好方法是「圍魏救趙」，一舉收復中國失地。「我因失吉林以東數千里形勢之地，使彼實逼處此，爲肘腋患，必驅之，乃可無憂。然必及早籌添黑龍江江防，寧古塔炮隊，乃克有濟。未雨綢繆，備邊之要，務在爭先，扼要制勝之良謀。我不預籌先著，一得一失，關係大局。」〔註42〕爲此，胡傳爲吳大澂設計了一個周密的收復失地計劃。

　　「俄若入寇，必南北並舉，以牽制我吉林之兵，使不得力援琿春，以救朝鮮。」〔註43〕我軍防禦俄軍入侵，應在璦琿城的黑龍江岸建築炮臺，堵截

　　　　第15頁。

〔註41〕胡傳：《上吳清卿（大澂）師》，葛士濬編《皇朝經世文續編》卷118，兵政洋
　　　　務18，第6頁。

〔註42〕胡傳：《上吳清卿（大澂）師》，葛士濬編《皇朝經世文續編》卷118，兵政洋
　　　　務18，第6頁。

〔註43〕胡傳：《上吳清卿（大澂）師》，葛士濬編《皇朝經世文續編》卷118，兵政洋

俄軍輪船來犯。吉林清軍在寧古塔附近添設炮車炮隊，無事則隱其形，使不知有備；有事則出三岔口，直搗彼之雙城、海參崴，以攻其所必救。俄國之陰謀侵略朝鮮，以海參崴爲根本，陸路以岩杵河爲根本。而其接濟之兵，必由黑龍江經璦琿出黑河口入混同江分路，一入烏蘇里河，逾興凱湖以達雙城；一出混同江入海，到達海參崴。「黑龍江之兵襲之於艾輝，三姓之兵移駐黑河口，不惟彼之後路絕，兼可牽制彼伯力之兵，使不敢動；彼雙城空虛，路甚平夷。我攻此，則彼岩杵河之陸兵必回顧，海參崴之炮船亦不敢遠出，而琿春之圍自解。如我軍得利，能奪其雙城、海參崴，則俄兵之在東者，形勢中斷，岩杵河一帶之地皆在我掌握之中，南路肅清，轉而北向，與三姓之兵夾攻伯力，則吉林以東二千餘里之地可收復，從此南蔽朝鮮，東制日本，北禦俄羅斯，均易爲力。不特東三省固如金湯，東海可永無俄患。此地利之必爭者也。」〔註44〕在這種情況下，在烏蘇里江以東的沙俄軍隊必然潰不成軍。戰爭的正義性在於追求和平，以戰止戰，胡傳的這一戰略方案並無機會付諸實施，但這種積極進取的邊防思想具有一定價值。

第四節　曹廷傑的邊防思想

曹廷傑（1850～1926 年），字彝卿，湖北枝江人。著名的地理史學家。少年時期受到良好的家庭教育，熟讀四書五經，兼通史地。1874 年（同治十三年），由廩貢生考取漢文謄錄，到國史館當差，議敍，雙月選用州判。1883 年，離開國史館，由吉林將軍派往三姓靖邊軍後路營中，襄理文案。開始廣泛搜集東北史地資料，著手撰寫《東北邊防輯要》。1885 年 6 月受命考察邊防。五月底由三姓起程，經松花江進入俄國轄境，沿黑龍江至東北海口，考察了黑龍江下游地區，看到了永寧寺碑。然後溯江而上至海蘭泡，又沿江而下至伯力，溯烏蘇里江至興凱湖，經紅土岩，復由旱道至海參崴，再乘海船到岩杵河口，12 月返回吉林營中。

曹廷傑研究邊疆地理的目的是爲了反抗沙俄對我國東北邊境的侵略，具有亡羊補牢的價值。《東北邊防輯要》是曹廷傑於 1884～1885 年編寫的。以大量的資料證明黑龍江流域自古以來就是中國的領土，從歷史學的角度爲當

務 18，第 7 頁。
〔註44〕 胡傳：《上吳清卿（大澂）師》，葛士濬編《皇朝經世文續編》卷 118，兵政洋務 18，第 5 頁。

時抗俄鬥爭提供了可靠而充足的依據。《西伯利亞東偏紀要》，是曹廷傑於 1885 年調查中、俄邊界的成果，可以說是《東北邊防輯要》的續篇。該紀要總共 118 條，爲中國東北疆域提供了充足的證據。曹廷傑關於奴兒干永寧寺碑文的拓片和研究，是「震驚當時學術界」的一大成果。《古蹟考》，則是曹廷傑實地考察東北各地的綜合性成果。

《條陳十六事》則是曹廷傑於 1886 年提出的。這是曹廷傑有關籌邊和鞏固東北邊防的具體建議。曹廷傑認爲，沙俄最善於乘人之危發動突然襲擊，「圖人之所不及防」。順治初年是如此，咸豐末年也是如此。「咸豐時窺我東南多事，乘機竊發，兩次進踞。正亦順治初乘我入關之師，初定中原，因而竊據故智耳。」〔註45〕沙俄軍隊的本性類似於盜竊犯，「弛守備則驀入，張聲威則潛退，穿窬之盜，何以異此？」〔註46〕

基於這種對於俄國侵略的本質認識，從戰略角度出發，曹廷傑非常重視圖們江口的戰略地位。他說：「圖們江口地屬要害，宜據約劃歸中國也」。當時，俄國對於中國的圖們江口提出了領土要求。在曹廷傑看來，圖們江歷來屬於中國領土，在俄國佔據海參崴之後，此處戰略地位顯得極爲重要。中國擁有這塊地方，就可以在陸地上隔斷俄國人對於朝鮮的覬覦。俄國人無法覬覦朝鮮，也就無法圖謀旅順、煙臺等軍港。他指出，俄國人爲了尋找不凍港真可謂煞費苦心。「因西洋之波羅的海、地中海、紅海、南洋之印度海均被泰西諸國禁阻，該國師船不能出口，難於海上爭雄，故經營東方，得海參崴碼頭，較之該國各處海口冰凍期少，可以通行海面，故有『寧棄該國京城，不棄海參崴』之語。然每年猶有冰凍，三月不能出入自如，是以垂涎高麗，冀由旱道直通，再擴海岸，然後修鐵路以速轉運，置鐵甲以重海防，設使任其所欲，則東三省之地不能一朝居，即旅順、煙臺、大沽各口亦難以長策勝。朝廷大局曷堪設想。今惟於圖們江口決計照約劃歸中國，彼如許我，我則移置水師鐵甲，輔以陸軍，隔斷朝鮮，絕其狡謀，庶乎東三省可守，即旅順、煙臺、大沽各口亦無旦夕之驚。彼不許我，不如及此一戰，尚可操必勝之權。語云地有必爭，我得之，則爲要；彼得之，則爲害者。其此之謂乎。」

基於戰略考慮，曹廷傑堅決主張「保朝固圉」。在他看來，朝鮮國力太

〔註45〕 曹廷傑：《吉林根本說》，盛康編《皇朝經世文續編》卷88，兵政，塞防上，第22頁。

〔註46〕 曹廷傑：《吉林根本說》，盛康編《皇朝經世文續編》卷88，兵政，塞防上，第4～5頁。

弱，不足於自保，主張中國出兵保護朝鮮。因爲朝鮮對於中國的戰略地位極爲重要，遠遠超過琉球、安南和緬甸。即使出兵一戰，也在所不惜。惟有通過戰爭，才能徹底粉碎俄國和日本對於朝鮮的侵略陰謀。「琉球、安南、緬甸雖皆屏藩之邦，然或孤懸海中，或遠處徼外，欲言保護，必勞師力，故棄而不問，實省兵節餉之善策。若高麗輔車相依，遠爲畿輔門戶，近屬三陵肘腋，必令恪守藩封，方足資其捍衛。乃自琉球一棄，日人遂又窺伺於東；安、緬再分，俄人不免覬覦於北。蕞爾小國焉，能自安，故敬貢幣帛以冀天朝之卵翼，復潛遣使臣以結強鄰之歡心，若不設法保護，將首鼠兩端，勢必爲我致寇。萬一再若安、緬之變，恐畿輔不免搖蕩，三陵亦將震驚，固不第有唇亡齒寒之慮也。保護之法，惟有密助該國急修內政，更劃還圖們江界址，隔斷俄人陸路。否則及時一戰，先發制俄，俄敗而日人恐，日恐而高麗安矣。」〔註47〕

曹廷傑認爲，俄國人對於領土古往今來都是貪得無厭，時刻準備著對華發動新的侵略。當下，俄國尙未完全做好戰爭準備，趁此機會，應當先發制人，通過戰爭制止俄國的侵略，收回被侵佔的領土。「俄人佔據吉、江二省舊地，合海中庫葉島，計之縱橫共得一百四十度有奇，以每度二百五十里計之，實佔地八百七十五萬方里有奇，較之東三省現在之地尙覺有餘。然而覈其兵數不過一萬五千餘名，觀其布置大勢，惟趨重海參崴、圖們江一帶。蓋自興凱湖以南屯兵幾及萬名，而黑龍江數千里之地爲彼後路，屯兵僅止千餘，是其狡逞之心，固可共見。即其不臧之謀，亦難自掩。今若趁其旱道之鐵路未修，水師之鐵甲未置，以東三省之額兵固守各城要隘，再以奇兵數支分道並進，或伐木塞黑龍、松花、烏蘇哩三江，以斷水道，令冬夏不能通行。或直抵雙城子以北，深溝高壘，以斷旱道，令南北不相接濟，並先將該省各處電線約期截斷，使其聲息不通，俄人自必望風鼠竄，可以恢復舊境矣。語云兵貴神速，又云兵不厭詐，去歲俄與英戰於阿富汗，英人分兵占高麗之巨文島，爲攻取海參崴之勢，俄遂俯首求和，此先發制人之術，可爲明鑒。若再遲數年，待其火車道既修，鐵甲船既置，不但東三省不能言戰，即畿輔重地亦難言守，此曲突徙薪，所以有先事之慮也。」〔註48〕

〔註47〕曹廷傑：《東三省輿地圖說》，附錄，金毓黻編《遼海叢書》，瀋陽：遼瀋出版社，1985年，第2258頁。
〔註48〕曹廷傑：《東三省輿地圖說》，附錄，金毓黻編《遼海叢書》，第2258頁。

在邊防軍隊建設方面，曹廷傑提出兩項建議。其一，建議將流民編爲營伍，化匪爲兵，並臚舉大量事例，說明這種策略的可行性。「自苗、撚猖狂，山東之民避亂來此，於是金場開，而流民眾，每場之人聚至數千數萬或數十萬不等，地方官不知因勢利導，收稅裕國，反加以金匪之目，而有封禁之請，遂使流民無歸，甘心爲匪，白晝行劫，肆無顧忌，捕治太急，則竄入深山，逃入俄界，而莫可誰何。於此而不爲之所，良民終無安枕之期，奸民將有勾結之患，貽害伊於胡底。誠仿虞詡朝歌之法，招集亡命，編爲隊伍，慎選廉明公正深沉幹練之員爲之統帥，設一旦有事，則以正兵專督此輩出奇衝鋒，道路既熟，言語亦通，明可以備策應，暗可以得消息，或亦兵家所不可少歟。且此輩具有血心，可格以精誠，而不可迫以勢力。如前官文督湖廣收曹立全，而江盜清；彭玉麟籌浙閩收黃金滿，而海寇靖；銘安任吉林收韓效忠，而該處之人皆成良善。其明徵也。果其勤加訓練，使此輩爲我腹心爪牙，將一夫拚命，萬夫莫當。況合數百數千敢死之士，有不收效神速者哉。」〔註49〕

其二，他臚舉中國歷史上軍隊非練不強的大量事實，強調軍隊必須經過嚴格訓練，方能攻無不克，戰無不勝。即使常勝軍而停止訓練，或者不善於訓練，最終也將一敗塗地。「竊觀往事，五代契丹兵無敵中夏，而天祚以數十萬眾敗於混同江之金人者，即前日遼兵也。女眞滿萬不可敵而興，定元光中百戰百挫於蒙古者，即前日金兵也。元起朔漠，滅國四十，以有中原，遂乃涉流沙，踰葱嶺，西洋西竺盡建藩封，爲開闢以來版圖所未有，及至正末年蒙古四十萬眾殲於中原，僅漏網六萬歸塞外者，即前之蒙古兵也。」他進一步指出，東三省練兵有名無實，弊端曾出不窮。有身當額兵而兼充練軍者，是以一兵冒兩餉也；有名在營中身處家內者，是以虛名罔上司也。「今擬請有額兵充練軍者，則扣留額兵之餉止給練餉，有練軍歸額兵者則扣留練軍之餉，止給額餉，如是而浮冒之弊除矣。有不請假而私自回家，或請假而期滿不到者立即革除另補。如是而欺蒙之弊除矣。加以信賞必罰，甘苦與共，情面不徇，保舉不濫，以預絕其貴極富溢僅求自保不肯出力之私心，如有顯違軍令者，許以軍法從事。」〔註50〕

在邊疆經濟建設方面，曹廷傑提出七項建議。其一是「吉、江二省曠土甚多，宜分界屯墾，以實邊禦夷也。」其二，「吉、江二省金礦甚多，宜設法

〔註49〕曹廷傑：《東三省輿地圖說》，附錄，金毓紱編《遼海叢書》，第2260頁。
〔註50〕曹廷傑：《東三省輿地圖說》，附錄，金毓紱編《遼海叢書》，第2259頁。

開採，賤入貴出，以富國強兵也。」其三，「華人貿易俄地，宜免稅以廣商路也。」其四，「三姓貢貂各族有名無實，宜停賞烏綾以節靡費也。」其五，「吉、江二省制錢缺少，可鑄銀錢以便民用也。」其六，「吉林機器局經費太少，宜籌款以廣製造，俾利三省軍械也。」其七，「松花江可試造輪船，以利轉運也。」〔註51〕

關於屯墾問題，曹廷傑不僅繼承了魏源等人屯墾實邊的思想，而且對於清廷的封禁政策以及荒謬觀點進行了尖銳批評。他說：「自來防邊之策，莫善於屯墾。屯田則責在大將而兵不饞，招墾則職在有司而民以聚。二者相輔而行，斯邊圉鞏固，而敵人不敢生心矣。」〔註52〕「今吉、江二省與俄毘連，計曠土之在吉林者不止十之四五，其在黑龍江者更不止十之六七，正宜實興屯墾，以免俄人之覬覦。乃論者動以有礙風水，或以易聚奸民，流弊滋多更，或以根本之地不宜開闢爲詞。誠使今日東北邊界，猶是國初，則外興安嶺以南俄人之足跡不至，即持此論，以聽其荒蕪尚無慢藏誨盜之虞。豈知疆域已殊，時勢不同，我苟棄之而不顧，俄將取之而不辭。咸豐時乘我東南多事，兩次進侵，皆因無兵以爲之備，無民以爲之防耳。今謂有礙風水者，試問有礙陵寢乎？抑礙京師乎？相距數百數千里究於風水何關？且盛京三陵、東西二陵，數里之外，不少耕夫。京師之野亦皆農民，此尤不辨，而自明者也。若謂易聚奸民流弊滋多，則普天之下皆王土，率土之濱皆王臣，我朝二百餘年深仁厚澤，深入民心，舉內地十八省之輸將，莫非恃耕田鑿井爲財賦之源，何獨至一隅開闢，良民遂聚而爲奸，即變奸以滋流弊。亦膺其責者未知治法耳。人存政舉，自古安有難治之民哉！至謂根本之地不宜開闢，則其說尤屬無稽。我朝龍興原在興京之南，其地與鴨綠江相近，即朱果發祥亦在長白山之東鄂多哩城，此實根本所在。其吉、江二省不過國初收服諸部落地，不盡滿洲派，亦非天潢。乃興京之南現已改設安東寬甸諸縣，鄂多哩城現亦改設敦化縣，土地可以養民，賦稅可以裕國，有利無害成效堪徵。而二省之曠土獨謂不宜開闢，豈實在根本之區地利可盡，而附近根本者必欲棄同甌脫乎？我不介意，俄將垂涎。」〔註53〕

由於東三省的邊防形勢發生了變化，在政治方面，曹廷傑認爲應當進行適當的改革。其一，「黑龍江將軍宜移駐璦琿也。」他說：清初平定俄羅斯，

〔註51〕曹廷傑：《東三省輿地圖說》，附錄，金毓黻編《遼海叢書》，第2258～2263頁。
〔註52〕曹廷傑：《東三省輿地圖說》，附錄，金毓黻編《遼海叢書》，第2259頁。
〔註53〕曹廷傑：《東三省輿地圖說》，附錄，金毓黻編《遼海叢書》，第2259頁。

始設黑龍江將軍，原駐黑龍江，即今愛琿城，地既適中，亦居險要，本足捍
禦中外。然而由於在此任職的人以其寒冷，兩次奏請內遷，先是遷往墨爾根，
後是遷往齊齊哈爾。雖然於雍正時期復設黑龍江副都統，而權力有限，咸豐
時期，穆拉維約夫以數百人犯境，黑龍江將軍奕山張大其詞，倉皇入奏，鑄
成大錯。「弊正坐此。惟移黑龍江將軍仍駐愛琿，不但與俄之重酋旗鼓相當，
且強弱虛實近在目中，任大責專，指揮較易，俄人或有懼心乎。」〔註54〕

其二，「吉林將軍宜移駐寧古塔，或移駐阿勒楚喀也。」他說，寧古塔
曾在順治年間設立將軍，後來移駐吉林烏拉，現在應當重新移駐寧古塔。以
現在地勢計之，東北荒地縱橫尙千餘里不等，中產金礦約數十處，若將軍駐
此，則顧慮周詳，防守易施，屯墾、探金不妨並舉，「是亦因時制宜之一策。」
「其或不駐寧古塔，而移駐阿勒楚喀，則以吉林將軍行總督事，改阿勒楚喀
副都統爲府尹。」

曹廷傑認爲，吉林乃是滿族人的發祥地，是國家根本重地。他指出：「論
者第以吉林北接龍江，南輔遼瀋，爲東方四達之衢，不知其地域廣遠，東至
庫頁島，跨海外數千里，東北至赫哲費雅喀部落，延袤三千餘里，重關巨局，
捍衛天府，實爲東北第一雄鎭，不僅遠迎長白，近繞松花，稱形勢之美也。」
〔註55〕這裡說的是 1861 年以前吉林的地理形勢。自從烏蘇里江以東地區被俄
國侵佔之後，吉林的地理形勢旋即發生了巨大變化。於是，寧古塔、三姓和
琿春三座腹地城市，一變而爲邊防重鎭。「琿春南四十里黑頂子，又東南岩杵
河摩闊崴，又東北阿濟密蒙古街、蝦蟆塘、海參崴等處地方，寧古塔東南六
百餘里雙城子，又東北二百里紅土岩地方，三姓東北八百餘里徐爾固，一千
六百餘里伯力地方，俱彼國與吉林交界要隘。徐爾固、伯力、雙城子、蝦蟆
塘、海參崴、蒙古街、阿濟密、岩杵河諸處均有重兵戍守。則吉林邊防可因
敵而籌制勝之方矣。」〔註56〕

最後兩項是：「臺尼堪可復也；」「西山灰窯有礙風水，宜籌費令徙他處
也。」〔註57〕「臺尼堪」，起初是滿族人對於漢族人的一種稱呼，後來專指「站

〔註54〕曹廷傑：《東三省輿地圖說》，附錄，金毓黻編《遼海叢書》，第 2263 頁。
〔註55〕曹廷傑：《吉林根本說》，盛康編《皇朝經世文續編》卷 88，兵政，塞防上，
　　　　光緒二十三年（1897）武進盛氏思補樓刊本，第 20～21 頁
〔註56〕曹廷傑：《吉林根本說》，盛康編《皇朝經世文續編》卷 88，兵政，塞防上，
　　　　第 20～21 頁。
〔註57〕曹廷傑：《東三省輿地圖說》，附錄，金毓黻編《遼海叢書》，第 2263 頁。

丁」。平定「三藩之亂」後，清軍將「三藩」餘黨流放到東北當苦差，這些人世世代代成為「站丁」。曹廷傑認為，「三藩之亂」已經很久很久。對於罪人的處罰不可延及子孫，「今該站丁等以先人無知之過，沒後世有用之材，縱聰明出眾不得以科甲榮身；即膂力過人，亦難以干城備用。罪非自取，情實堪憐，倘蒙哀矜不辜，除其冊籍，或使歸旗而編甲當差，或使歸民而擇術自效，將忠義憤發圖報，必有可觀。」〔註58〕所謂「西山灰窯有礙風水」，是說碧雲寺附近的灰窯不利於首都的風水，應當遷移到其它地方。「今京師祖太行，池渤海，旅順、朝鮮護其左，之罘、泰岱峙其右，宅中圖大，誠亙古所未有。獨由碧雲寺西踰山嶺為龍脈入首束氣之處，左水歸沙河，右水入永定河，脈絡分明，最關緊要。乃有灰窯多處，挖掘煆燒，損傷龍神。擬請籌費買回窯基，令業戶徙於產煤處所，另立新窯。」〔註59〕

第五節　楊覲東的邊防思想

　　楊覲東（1866 年～1931 年），字毅廷，雲南保山人。就學於經正書院，光緒癸卯科（1903 年）舉人。1904 年，東渡日本，先後求學於速成師範和弘文書院。後回到雲南，在學務處任職，提倡新學，編著有《教育行政錄》。1906年，任「滇蜀騰越鐵路公司」文案，撰寫大量文稿，積極爭取騰越鐵路修築權益。1911 年，響應四川、湖北等省保路運動，提倡保護雲南路礦權益，編著有《滇事危言初集》《滇事危言二集》，另著有《求志軒文稿》。

　　20 世紀初年，法國侵佔了越南，滇越鐵路正在修築。與此同時，英國侵佔了緬甸，並準備修築滇緬鐵路，將侵略觸角伸向西南地區。1910 年，英、法、德、美四國銀行團逼清廷訂立借款修路合同。1911 年 5 月 9 日，清廷在郵傳大臣盛宣懷的策動下，宣佈「鐵路國有」政策，將已歸商辦的川漢、粵漢鐵路收歸國有。四川修築鐵路的股金，不僅來自紳士、商人、地主，還有農民，而且農民購買的股份占很大比例。清廷頒佈「鐵路國有」政策以後，由於拒不歸還四川的股金。因此招致了四川各階層，尤其是廣大城鄉勞動人民的反對，從而掀起了轟轟烈烈的保護路礦權益運動。1911 年，楊覲東由川漢、粵漢鐵路引發的風潮，聯繫到雲南騰越鐵路，感到時局艱險，雲南危急，

〔註58〕曹廷傑：《東三省輿地圖說》，附錄，金毓紱編《遼海叢書》，第 2263 頁。
〔註59〕曹廷傑：《東三省輿地圖說》，附錄，金毓紱編《遼海叢書》，第 2263 頁。

於是他在北京輯錄時人關於雲南邊防的議論，編為《滇事危言初集》。在凡例中他說明了編印該書的目的和用意，「是編意在警惕滇人，哀籲政府及賢士大夫，籌謀挽救，因名字曰危言。」「滇事偪於外患，而外患之所由偪，則以路、礦、界務為主要。編中所錄文字，率以是為兢兢。」「是編得文一百九篇，凡十八萬言，界務、路事、礦務約十三萬言。三者之中，路事詳於騰，而滇越較略。以滇越路車已通，籌贖補救，事屬後來。騰路交涉，則尚在輮轇也。其北段界務雖經石革道會勘蓋印，然幸烈領事照會所稱，不過證明此圖之真偽，且未經外部承認，實不能據為定憑。七府礦約，亦幸有容我集股自辦之條，與純粹斷送者差別，如國力稍充，則議廢不患無詞。爰詳紀三事原委，供研究挽回之助。區區苦心，實在於此。」〔註60〕很顯然，楊覲東期望通過是書的出版和發行，喚醒同胞，導引政府，爭回利權，挽救雲南危局。

《滇事危言初集》基本反映了楊覲東的思想和主張，然而，最能反映他的思想觀點的則是《滇事危言二集》。《滇事危言二集》由作者 37 篇文章結集而成，主要由三部分文章構成：一部分是楊覲東代表當地工紳商向雲貴前任總督岑春煊、現任總督丁振鐸、以及外務部遞交的請願書；另一部分是楊覲東代替丁振鐸草擬的致北京外務部電文；最後一部分附錄楊覲東本人與新任雲貴總督李經羲的來往信件。

他在《偕三迤紳商上督憲丁請確定滇省鐵路範圍呈》一文中〔註61〕，明確指出：「竊維鐵路之建設，其利至廣。近各省皆謀自辦，良以財政所關，不可不及時講求。況滇處極邊，毗連英、法（即英國殖民地緬甸、法國殖民地越南），商務日興，非興築鐵路，固不足以開利源。而路線所及，尤非確定範圍不足以杜覬覦，而固疆圉。我憲臺厪念時艱，力籌大局，滇蜀鐵路已蒙奏准自辦在案。今滇越鐵路法人正在趕辦，不久告成，商業之發達，洵可計日而待。惟念本省商務西南並重，而貨物之往來，騰越實較多於蒙自。一旦南路通行，法貨暢消（銷），英人必援利益均霑之例，起而築騰緬之鐵道，此一定之勢也。然大利所在，不可不先事預籌，與其讓人辦而利盡屬人，何若謀

〔註60〕 楊覲東：《滇事危言初集》，北京：宣統三年（1911）刻，第 1 頁。
〔註61〕 丁振鐸（1842～1914），字聲伯，號巡卿，羅山縣人。1859 年中舉，1871 年成進士，授庶吉士。先後任翰林院編修、武英殿功臣館纂修官、國史館總纂官、監察御史、京畿道臺、布政使、雲南和廣西巡撫。1903 年任雲貴總督，後來返回京師，協理資政院事兼弼德院顧問大臣。

自辦而利仍歸己。滇越一路其殷鑒矣。」〔註 62〕

是時，雲南與四川正在討論修築滇蜀鐵路，長度一千餘里，計劃籌集1200 萬兩白銀，由中國商人集資興辦。楊覲東所說的騰越鐵路是指騰越到緬甸邊界的一段路線，全長三百餘里。當時，英國人正在緬甸勘查線路，準備將鐵路修至古里戛。雲南紳商對於鐵路的利益已經認識明確，準備集資興辦騰越至緬甸邊界的這一段鐵路。在楊覲東看來，騰越鐵路由中國人自辦，滇蜀鐵路由中國人自辦，「則凡屬滇地之幹路、支路，滇中俱有籌款自辦之義務，限界出於天然，則範圍自確乎其不可移。」〔註 63〕一言以蔽之，即云南的鐵路應當由雲南人集資興辦，路況利益不可讓與外國人，主張騰越鐵路應由「滇蜀騰越鐵路總公司」承辦。

1906 年 8 月，英國駐騰越領事得到上述消息後，立即照會雲貴總督丁振鐸，援引「利益均霑」條款，要求由英國商人承辦騰越鐵路。「英、法皆鄰國也。貴國既允法修滇越鐵路，自應許英修滇緬鐵路，以一體相待。」〔註 64〕不僅如此，他們在未經中國官員允許下，決定派人進入中國境內勘查滇越線路，公然侵奪中國鐵路利權。經雲南洋務局駁覆後，英國領事仍不罷休。「竟用強硬手段，撕毀信函。旋又函稱本國工程師雷歷率帶幫辦工程師等過界，略勘騰越大理中間一帶道路，請妥為保護幫忙等由。」〔註 65〕復經雲南紳商聯合呈文，請求官府予以勸阻。而英國領事變換花樣，又以遊歷為名，派遣工程勘探人員，再次遭到中方勸阻。「乃假名遊歷之說不遂，今並直言不諱，照會洋務局於中曆十一月中旬過界測勘。」不允，即恫嚇說，以兵自衛。雲南紳商以此路主權之是否保有關係雲南全體、生命之存亡，反對英國人干涉中國的鐵路修築主權。他們認為，「與其坐以待斃於異日，不如極力爭阻於今日。況條約所在，即公理所存。緬甸條約係為中英雙方合意而成立。今滇人既尊重原約，允修騰越鐵路以與緬甸相接。英號文明之國，不應違背約章，濫用強權之手段，以消滅信義於不顧。群情憤怒，萬難放棄權利。」〔註 66〕

〔註 62〕 楊覲東：《偕三迤紳商上督憲丁請確定滇省鐵路範圍呈》，《滇事危言二集》，北京：宣統三年（1911）刻，第 1 頁。

〔註 63〕 楊覲東：《偕三迤紳商上督憲丁請確定滇省鐵路範圍呈》，《滇事危言二集》，第 2 頁。

〔註 64〕 楊覲東：《與英領事談判筆記》，《滇事危言二集》，第 4 頁。

〔註 65〕 楊覲東：《上督憲丁言英人違約屢議越境勘路懇再訂期談判呈》，《滇事危言二集》，第 6～7 頁。

〔註 66〕 楊覲東：《上督憲丁言英人違約屢議越境勘路懇再訂期談判呈》，《滇事危言二

因此，雲南各界代表再次集會，要求雲南洋務局照會英國領事，據理力爭。

此處所說的「條約」，是指 1897 年 2 月 4 日李鴻章與英使竇納樂在北京訂立《中英滇緬境界及通商修正條約》，即《續議緬甸條約附款》，亦稱《西江通商條約》及《滇緬重定界約專條》。該條約規定：開放雲南騰越、思茅、廣西梧州三口通商；中國割讓野人山一部，英國承認南坎爲中國之地，但由中國永久租予英國管轄，租價若干俟後再議。後議定英國每年付租銀一千盧比給中國。猛卯三角地永租與英國管轄，未經與英國議定，中國不得將江洪地區及孟連讓與他國。勘邊定界後，果敢正式被劃入英屬緬甸，屬於木邦土司管轄。生活在果敢地區的漢族由此改稱爲果敢族，漢語改稱果語，漢文改稱果文。該條約第十二條規定：「英國欲令兩國邊界商務興旺，並使雲南及約內中國新得各地之礦務一律興旺，答允中國運貨及運礦產之船隻，由中國來或往中國去，任意在厄勒瓦底諦江（即大金沙江）行走，英國待中國之船，如稅鈔及一切事例，均與待英國船一律。中國答允，將來審量在雲南修建鐵路與貿易有無裨益，如果修建，即允與緬甸鐵路相接。」〔註 67〕按照這一規定，騰越鐵路的修築完全是中國人的主權，英國人不僅無權干涉，也無權插手。

保護修築鐵路主權，在楊覲東看來就是保衛雲南邊疆安全。他在《代丁制軍擬外務部電》中指出，英國領事要求英國人承辦騰越鐵路一事，是故意牽混，意圖侵入大理等處。現據全省士民稟稱：『鐵路係命脈，滇人一聞此說，驚懼萬分。若彼竟於騰越原勘地段外，希圖進步，爲獨攬路權張本，帶兵勘入內地，則民情怨憤，必釀釁端……務懇鈞部向英使極力阻止。並電駐英大臣與英政府磋商，務期照約和平辦理，以保主權，而固邊圉。」〔註 68〕在另一篇文章中，楊覲東認爲，對於英國領事的恫嚇，「不可不防」。「滇雖邊鄙而尺地寸土莫非國家所有，斷不忍坐視喪失。即英使未向鈞部提及，亦請向英使力爭，國權所關，務期達其目的。若竟任過界，恐釀巨患。」〔註 69〕

在與公司紳董致岑春煊的電文中，楊覲東揭露指出，「英人假名遊歷，包藏禍心。經督憲丁揭破爭阻，現復直言不諱，照會於多月中旬，強硬過界，

集》，第 7～8 頁。

〔註 67〕《續議緬甸條約附款》，光緒二十三年正月初三日，王鐵崖編《中外舊約章彙編》第一冊，第 689 頁。

〔註 68〕楊覲東：《代丁制軍擬外務部電》，《滇事危言二集》，第 11 頁。

〔註 69〕楊覲東：《偕滇中各屬代表上外務部電》，《滇事危言二集》，第 16 頁。

測勘騰越至大理一帶。」〔註70〕在給雲貴總督丁振鐸的呈文中，又說，「外人越境測勘，以爲侵入滇中地段張本，滇越鐵路已失之東隅，亟應收之桑榆，不可再放棄權利，致蹈滇越鐵路覆轍。此滇境路政乃存亡命脈所關，無論如何困難，在所必爭。」〔註71〕

在一次對公眾演說中，楊覲東特別強調修築鐵路乃是20世紀帝國主義列強發動侵略的主要手段之一，「今世鐵路政策，謀人家國種種之證據，則未有不驚而色怖者。」〔註72〕「一千八百三十年時，英創鐵道，各國傚之。今七十五年間，各大陸鐵道較赤道周圍二十倍，約計一百四十萬華里。大西洋與太平洋交通，坎（加）拿大爲兩洲鐵道總匯處。國益富強者，鐵道益多。現今五洲大勢論，引近儒靈綏氏之言曰：『近世各國所行於支那政略，皆鐵路政略也。』豈惟支那近十年來各國所持以伸其帝國主義，於他地者，安往而不用鐵路政略哉！彼小亞細亞及南美洲所以未德國人勢力範圍者，以鐵路權也。波斯所以爲英國人勢力範圍者，以鐵路權也。暹羅所以爲法國人勢力範圍者，以鐵路權也。若俄、日之於高麗則既爭此權矣，英人之欲圖杜蘭斯哇，則先覬此權矣。今日之中國，其放棄鐵路敷設權，而爲人侵奪者不一而足。其與鐵路相輔而行者則曰開礦權，曰內河通航權，計外國人之放下資本於中國者，殆六七百兆兩。此等鐵路，姑無論其以行兵爲目的，以通商爲目的，要之，彼外人者，何以肯放擲如許之母財於我國而不介意哉！彼蓋有大欲存焉。數言以揭之，則楊晳之《粵漢鐵路議》曰：『今世各國之亡人國者，皆以鐵道政策，鐵道之所至，即商務、政權、兵力之所同時並至。』〔註73〕質言之，即瓜分線之所至，勢力範圍之所至。」〔註74〕

在此演說中他一一列舉了興修鐵路的利益，而後總結說，「推自修之積極主義，可以保生命財產，而獲無窮之大利；推己不自修，而被人攘奪之消極

〔註70〕楊覲東：《偕公司同人上岑宮保電》，《滇事危言二集》，第18頁。
〔註71〕楊覲東：《偕公司同人上督憲丁呈文》，《滇事危言二集》，第20頁。
〔註72〕楊覲東：《鐵路公司演說詞》，《滇事危言二集》，第23頁。
〔註73〕楊度（1874年～1931），原名承瓚，字晳子，後改名度，別號虎公、虎禪，又號虎禪師、虎頭陀、釋虎。漢族，湖南湘潭人。中國近代知名學者，著名政治活動家、宣傳家。楊度早年留學日本，思想日趨激進，和湖南留學生同鄉楊篤生等創辦《游學譯編》。回國後，受到張之洞的賞識，1903年被保薦入京，參加新開的經濟特科進士考試，初取一等第二名。後被除名，再次留學日本，與梁啓超結識，遂成至交。
〔註74〕楊覲東：《鐵路公司演說詞》，《滇事危言二集》，地25頁。

主義，其害至足爲緬甸、安南人之續，兩兩相形，利害孰重。」〔註75〕這是說，雲南的鐵路修築權事關雲南的主權，不能保護鐵路主權，就不能保護雲南的主權。雲南的主權不保，雲南的命運也將和安南和緬甸一樣，很快淪入法國和英國的殖民地。

在《鐵路公司題別丁巡卿制軍小影》中，楊覲東將丁振鐸此次與紳商配合保護雲南路權的心理軌跡寫得很清楚。他說：「滇越鐵路既許法敷設之，明年我制府丁公適拜撫滇之命。越三年，復由廣西升署雲貴總督，已而即眞。公淸心寡欲無嗜好，持鎭靜，近黃老學，然務遠大，其尤造福滇人，印無窮紀念於腦筋者，於解結庚子教案及奏開商埠，奏設箇舊錫廠有限公司，外莫如滇蜀騰越鐵路一事。滇偪處緬、越，與英法爲鄰。外人之擴張殖民政策率以鐵路爲範圍，滇越路政之主權既爲法攫取矣，英求均勢，時注視線於滇緬思與法持。公巨眼窺其狡謀，而濟以明敏果決之手段，於丙午閏四月奏請自築騰越鐵路。然越路垂成，則危局支撐，滇實難支。公籌思慮遠，於奏辦騰越鐵路前，即有建築滇蜀鐵路之請，滇與蜀接，蜀與漢路接，漢又與各行省路軌接，九逵八達，大地交通，軍事上、商業上種種便利未可紀極，既捷足以防英，復老謀深算以抵製法，不動聲色。旋六詔之安於累卵。茲路之成也，公其福滇無量乎。」〔註76〕由此可以看出，20世紀初年雲南的保護鐵路權的運動兼有加強邊防的性質。這一點，通常被治交通史的論者所忽視。

清末雲南的保護路權的運動不僅表現在準備修築騰越鐵路上，還表現在試圖贖回滇越鐵路上。1907年，雲南有識之士認爲，騰越鐵路既然已經自修，滇越鐵路的經濟價值就會大爲消弱，但是它的軍事價值仍令人憂慮。楊覲東認爲，法國修築的滇越鐵路作用，不外乎軍事和商業兩個方面：「彼以商務吸收脂膏，爲經營安南之取償，我不迅籌抵制，勿論生機日壓，即挾商務而飛之現行紙幣政策，藉口保路保商之戍兵政策、警察政策，已危險不堪設想，而況乎滇越鐵路之作用尤趨重於軍事也。何言之？越產之輸出有限，所攫滇七府礦產，異日之運銷，由安南鐵道通航於香港，詎不較便，而不惜擲萬億金錢，既築滇越路又築廣西之廣州灣鐵道；築廣州灣不已，又築龍州；築龍州不已，又築南寧、北海。昨並有干涉滇蜀鐵路之議，胡爲者？雲貴、兩廣不許讓於他國，法人故明明揭相告語矣。特時機有待，而不輕勃發耳。」

〔註75〕楊覲東：《鐵路公司演說詞》，《滇事危言二集》，第42頁。
〔註76〕楊覲東：《鐵路公司題別丁巡卿制軍小影》，《滇事危言二集》，第61〜62頁。

〔註77〕

　　滇人之呼號議贖者，亦畏其爲軍事用也。畏其爲軍事用，籌贖以救滇亡，盡人而知之矣。」〔註78〕在楊覲東看來，現在贖回滇越鐵路的時機尚不成熟，一是法國漫天要價，中國無力贖回；二是即使贖回，亦暫時難於避免被侵略的厄運。他認爲，挽救雲南的危局在於盡快修築滇蜀鐵路，在於練兵，在於興學，興實業。「夫善弈者之弈棋也，見敵子之制我吭背，能去則去之，不能，則籌抵制之。覲對於滇事，始終所主持者在速修滇蜀鐵路與練兵，其次興學興實業。滇蜀路之建築有定局，則議贖滇越鐵路，法人必不居奇而易成，贖成法人已修之鐵路，則英人滇緬鐵路之交涉，不煩言而自解決。是急修滇蜀鐵路，即所以抵制滇越，並爲促贖滇越鐵路之機關，而練兵、興學、興實業，又抵制之間接力也。」〔註79〕

　　爲什麼這樣說呢？「滇蜀鐵路通，一旦有事，腹地各行省之兵可計日而至，滇更有十萬國民兵以自衛，背城一戰，勝負之數，尚未可知。不計及此，而但竭死力專事於贖，致築路、練兵、興學、興實業等事俱力窮而不能舉，恐法人乘我虛耗，尋釁啓戎，匪唯茲路之贖於滇亡依然無救。且徒以數千萬金錢爲彼作兵餉之助，不更大可危乎？」〔註80〕

　　楊覲東還建議修築滇蜀、蜀桂鐵路，從戰略戰術上預防法國對於中國南部的侵略。「目前軍事上之計劃，不能不以兼築滇桂路爲急，且其路線短而費省，築桂路於西江，流域銜接，殺滇越、廣州灣、龍州、南寧、北海諸路之勢，與兩粵合力並志，戕法人南圖之野心。而更有滇蜀路雄厚兵力，常山之蛇，首尾相應，一省有事，各省救之，匪唯固圉，而將來養兵之費亦歲可酌減，且較今而得其用禍機已伏，時不可失。及今圖之，猶嫌遲暮，再事遷延，恐金礦滿地、天然美富之雲南不數年而變爲第二東三省。滇不保，則兩廣危；兩廣危，則川黔動搖，腹地各省亦安枕之無日。屆時著手挽救亦難，而所費斷不止今日籌修兩路之數所能收拾矣！」〔註81〕

　　最後，楊覲東雄心勃勃地制訂了戰勝西方列強的順次。他認爲，自第一

〔註77〕楊覲東：《鐵路公司題別丁巡卿制軍小影》，《滇事危言二集》，第61～62頁。
〔註78〕楊覲東：《呈都察院請代奏懇籌滇省路款摺》，《滇事危言二集》，第69～71頁。
〔註79〕楊覲東：《復劉雨堂方伯夫子籌贖滇越鐵路書》，《滇事危言二集》，第64頁。
〔註80〕楊覲東：《復劉雨堂方伯夫子籌贖滇越鐵路書》，《滇事危言二集》，第64頁。
〔註81〕楊覲東：《呈都察院請代奏懇籌滇省路款摺》，《滇事危言二集》，第70頁。

次鴉片戰爭以後，中國喪失的利權很多。惟有強權、鐵血才能恢復中國利權。「亟宜十年生聚，十年訓練。首與決一死戰者，其在法蘭西乎！次者，日本；次者，俄羅斯。而與法戰場即在滇桂。奚以言其然也。英、德國力之強，遠過於俄、日。我即見至富強，百年以內仍未可與爭鋒。法，剽刻躁動，且自敗於普，財政久未充足，我如養精蓄銳，一戰規復安南，仿日本甲午戰勝後，休養蓄乙巳戰爭之勢，與日人相見於臺灣。再驅俄族於西伯利亞而外，然後中國方有立足於地球之日。而一切損失權利以戰勝直接恢復，不盡者，並可以間接恢復之。顧此乃覡夢想幻境。」〔註82〕楊覡東的中國夢大氣磅礴，呼之欲出，令人感佩不已。

第六節　姚文棟邊防思想定位

　　姚文棟與黃楙材、徐鼎霖、胡傳、曹廷傑、楊覡東五人處於同一年代，除了年齡相仿之外，他們還有頗多相似之處。有共同的愛國情懷和報國之心，對於晚清時期面臨的邊防危機有著高度的警覺和清醒的認識；在邊防研究領域有著共同的追求和探索，有自己獨到的見解和深刻的反思，姚文棟的代表作是《救世芻言》和《籌邊九論》，黃楙材的代表作是《西域形勢》，徐鼎霖的代表作是《籌邊芻言》，胡傳的代表作是《吉林防務》，曹廷傑的代表作是《東北邊防輯要》、《條陳十六事》，楊覡東的代表作是《滇事危言初集》、《滇事危言二集》；有著相似的邊防實踐經歷，黃楙材考察印度，楊覡東出使過日本，徐鼎霖、胡傳、曹廷傑也都親赴邊疆，實地體驗，他們一致認為，中國的共同敵人是俄羅斯、日本、英國、法國。略有不同的是，六個人關注焦點各有側重，黃楙材更關注新疆和雲南，徐鼎霖更關注蒙古和西藏，胡傳和曹廷傑更關注東北三省，楊覡東更關注云南，而姚文棟則是在西北、西南、東北都傾注了心血，他們的共同關注，使中國內陸邊疆防禦版圖再無空缺，他們的傾心探求，也使得晚清邊防研究更加趨於完美。

（一）與黃楙材的比較

　　黃楙材和姚文棟一樣，對俄國的侵略本性認識深刻，黃楙材認為俄羅斯地跨三洲，南邊窺伺印度，東面覬覦新疆，「其陰謀詭計，狡焉思逞，夫豈一朝一夕之故哉！」評價可謂一針見血；姚文棟認為沙俄直接威脅著「蒙古、

〔註82〕楊覡東：《再覆李仲仙制軍言滇事書》，《滇事危言二集》，第92頁。

新疆、吉林、黑龍江」地區，也就是威脅著中國自西北，至正北，再至東北的整個北部邊疆的安全，「俄羅斯之病逼近腑髒」，因此沙俄爲首患，「其鯨吞之欲駸駸未壓」，分析更是入木三分。

在新疆的邊防策略方面，黃楙材建議在新疆修築鐵路，架設電線，加強防禦沙俄的設施，這一建議具有重要價值。姚文棟主張加強中央對新疆的控制，即設立行省和移民屯墾，他認爲中央對於新疆管理舊制的缺陷是「職分相俸，事權不一」，設立行省可以有效地改變這一狀況，應當借助左宗棠平定新疆的有力時機強力推動新疆設省。

在雲南的邊防策略方面，黃楙材敏銳地觀察到英國對於緬甸和泰國的侵略以及對中國雲南的威脅，他建議盡早加強軍隊部署，還建議疏濬恩梅開江，一旦邊徼有變，作爲清軍轉運糧餉的通道。姚文棟的《籌邊論》作於19世紀80年代初期，其《論西南邊外英法二國》雖然對西南邊防沒有提出具體的措施，但對英法兩國的野心揭示的較爲充分，具有一定的預警作用，尤其在滇緬勘界之後，雲南防禦思路更加清晰。

（二）與徐鼎霖的比較

徐鼎霖1918年，應聘爲大總統顧問；1919年，任吉林省長，是學者中的官員，官員中的學者。和姚文棟相比，顯然官階更高，仕途更順。徐鼎霖《籌邊芻言》撰寫於日俄戰爭之後，著重討論蒙藏問題，見地深遠，這是姚文棟筆力不及之處。

關於時局的看法，兩人有異曲同工之妙。姚文棟認爲：中國當時正處於內憂外患之際，面臨的問題主要分爲內外兩個方面，對外而言，中國面臨沙俄、日本、英國和法國的威脅，姚氏稱「外病者四」，對內而言，姚文棟認爲「內病有二」：「一曰伏莽之民」，「一曰橫議之士」，對這兩個方面要予以高度重視，否則局勢將不可收拾。在徐鼎霖看來，整頓內政固然是一個國家走向獨立富強的基礎，但在列強已經包圍中國的情況下，若果專注於內政，而忽視外部的邊防，中國將處於非常危險的境地，內政與邊防二者相比較，邊防更爲重要。

兩人對侵略者的僞裝面具也進行了揭穿。徐鼎霖在其著作中，一開始就揭露了西方列強在世界各地「既得文明傳播之美名，其終局必收野蠻侵略之實利」的本質。同時他指出，19世紀末20世紀初，這些帶著假面具的國家「莫不藉口於輸入文明，以集矢於中國」。姚文棟則對中國人對俄的兩種錯誤認識

進行了駁斥，一種錯誤認識認為，俄土戰爭後，沙俄擴張的野心被遏制，亞歷山大二世被炸死，國內正處於多事之秋，無暇顧及中國，不必杞人憂天；另一種錯誤認識是低估了沙俄與中國通商的野心，認為其通商行為只是牟利。

徐鼎霖認為俄國不逞於東，必肆力於西，華北、西北各省遂成為俄國覬覦的對象，而蒙古和西藏則首當其衝。姚文棟認為沙俄直接威脅著蒙古、新疆、吉林、黑龍江地區。

在徐鼎霖看來，在蒙古採取補救性的軍事對策，相對容易，因為「俄人現時在蒙古無基礎事業，但恃兵力。」如果能在蒙古設重鎮，練蒙兵，並駐內地精兵共同防守，應可抵制。姚文棟認為，蒙古地區肩負正北邊防的重任，但是其糧食等戰略物資的儲備是短板，他提出雙管齊下的方針，一方面，大漠以北「可導令蒙民耕種」，一二年後，「喀爾喀便不慮乏食」；另一方面，他提出將鐵路用之於鞏固邊防，不乏新意。

兩人對時局的預判也驚人地準確。徐鼎霖敏銳觀察到少數蒙古人聽信俄國人的蠱惑，欲提倡獨立；也預見到西藏被侵略以及獨立之鬧劇。俄國對於烏梁海蒙古很快擊出了重拳，英軍在侵入西藏後，又用拉攏的手段，誘惑達賴等西藏上層人士，開始製造藏族獨立的口實。徐鼎霖的預言全部應驗，他的洞察力令人欽佩。姚文棟剛寫《籌邊論》時對形勢的看法與核心層不謀而合，對於外部威脅，姚氏認為要通過「自強」的方式予以抗衡，他認為解決之道在於「尊生慎疾」，也就是說要強健體魄，重視防患於未然，姚氏稱之「內充其氣體，外謹其防護」，不致有「膏盲之憂」；恭親王奕訢曾在《統計全局摺》中提出了治國方針，「滅髮撚為先，治俄次之，治英又次之」。時間過去二十年，局勢有了一定的變化，奕訢認為的「心腹大患」——太平天國運動和撚軍已被剿平，次要矛盾上升。可見，姚文棟對時局的判斷並非毫無根據。

（三）與胡傳的比較

上述五人中，胡傳與姚文棟多有交集，年輕時同學於龍門書院，在民族救亡圖存的使命感召下，關心時局，鑽研地理，著書立說，志向遠大。他們在北京曾經相遇，為尋機遊歷東北而一籌莫展的胡傳，與同樣尋找機會出使域外的姚文棟，在北京互相鼓勵，胡姚見面之時，姚文棟已經立志遊歷日本。胡傳和姚文棟不同的是，胡傳毅然投效東北邊疆，而姚文棟則走出國門。

在邊防戰略方面，兩人尤其對東北邊防形勢憂心忡忡。胡傳在東北任職時，對於吉林以及東三省的邊防問題十分憂慮。他認為俄軍遲早會對中國東

北地區發動大規模的侵略戰爭，一再呼籲當局加強東北三省的邊防。在胡傳看來，東三省是清王朝的根本重地。就運輸途徑來說，俄軍處處通海，便於轉輸；我軍依靠陸路運輸，易致疲敝。姚文棟則認為，沙俄的軍事力量越過大興安嶺向南滲透，與中國以黑龍江為界，使得中國東部邊防所依賴的天險全失，不但東三省岌岌可危，「吉林瀕海之地及三海口亦且盡為俄屬」。沙俄已經直接威脅到北京和中國東南沿海地區的安全。

胡傳認為，不僅黑龍江之江防未設，而且奉天之海防也未鞏固。對比俄國的軍事部署來看，吉林雖有駐防之兵，而無可以機動作戰的游擊之兵。他建議吉林邊防必須在平時做好充分準備。胡傳反對消極的「一面之兵」，建議，「通籌全局，熟察夷情」，與奉天、黑龍江通力合作，先期做好戰備。胡傳贊成吳大澂的武裝旗民的主張。他認為這是最好的亦是最有效的邊防策略。我軍防禦俄軍入侵，應在璦琿城的黑龍江岸建築炮臺，吉林清軍在寧古塔附近添設炮車炮隊，堵截俄軍輪船來犯。

姚文棟提出的化解危機的策略是：第一，在東北地區建立一支強大的水師，當務之急是加強吉林水師的力量，避免西方列強橫行長江的舊事重現。第二，加強陸軍實力，「江防陸防並重」，他提出在東北地區實行屯墾，發揮東三省可耕地面積大、土地肥沃的自然地理優勢，其戍邊的成效也會明顯。

（四）與曹廷傑的比較

非常巧合，曹廷傑生於 1850 年，死於 1926 年，姚文棟生於 1853 年，卒於 1929 年，兩人相差 3 歲，都活了 76 歲。少年時期都受到良好的家庭教育，熟讀四書五經，兼通史地。三十歲之後，都開始了邊防研究和實踐。

兩人都在 40 歲前經歷了一次人生難得的邊防考察經歷。曹廷傑 1885 年6 月受命考察邊防由三姓起程，經松花江進入俄國轄境，沿黑龍江至東北海口，考察了黑龍江下游地區，看到了永寧寺碑。然後溯江而上至海蘭泡，又沿江而下至伯力，溯烏蘇里江至興凱湖，經紅土岩，復由旱道至海參崴，再乘海船到岩杵河口，12 月返回吉林營中。姚文棟 1891 年由法國馬賽登船，經地中海、紅海、印度洋抵達印度，在此遊歷了孟加拉、加爾各答等地，再至仰光，然後換乘小船，進入伊洛瓦底江，經阿瓦、新街（即八募），再入大盈江，過蠻弄，乘竹兜越野人山，經盞達、干崖、南甸，抵達中緬邊界的騰越，經野人山，最後回到雲南省城。這樣的人生壯遊，無疑為他們邊防思想的頭腦風暴增添了重重的砝碼。

《東北邊防輯要》是曹廷傑於 1884～1885 年編寫的，以大量的資料證明黑龍江流域自古以來就是中國的領土，從歷史學的角度爲當時抗俄鬥爭提供了可靠而充足的依據。《雲南勘界籌邊記》是姚文棟對雲南邊防的貢獻。曹廷傑研究邊疆地理的目的是爲了反抗沙俄對我國東北邊境的侵略，姚文棟也不例外，他的邊疆地理學同樣指向東北邊防的日本。

曹廷傑在《條陳十六事》中闡述了有關籌邊和鞏固東北邊防的具體建議。他非常重視圖們江口的戰略地位，基於戰略考慮，曹廷傑堅決主張「保朝固圍」。在他看來，朝鮮國力太弱，不足於自保，主張中國出兵保護朝鮮。惟有通過戰爭，才能徹底粉碎俄國和日本對於朝鮮的侵略陰謀。關於屯墾問題，曹廷傑繼承了魏源等人屯墾實邊的思想。

姚文棟與曹廷傑惺惺相惜，從中國東北邊防的角度出發，提出中朝軍事同盟的思想。姚文棟認爲，「俄既有圖們江海口，便駐重兵於琿春，以圖朝鮮，朝鮮危機又伏於此」。姚文棟對朝鮮邊防提出自己的建議：要重視俄、日對朝鮮半島的野心，沙俄對出海口的迫切需求，是其侵略朝鮮的最大動力，朝鮮對北部陸地邊疆的防禦亟待加強。在「邊海並籌」的前提下，實行移民屯墾，充實安平、咸鏡二道的防禦力量以抵禦來自沙俄的威脅。

（五）與楊覲東的比較

姚文棟出使日本二十年之後，楊覲東也東渡日本求學。姚文棟在雲南嘔心瀝血維護邊疆權益，二十年之後，楊覲東在雲南喚醒同胞，導引政府，爭回利權，挽救雲南危局，他響應四川、湖北等省保路運動，提倡保護雲南路礦權益，編著有《滇事危言初集》《滇事危言二集》，另著有《求志軒文稿》。

楊覲東躊躇滿志地制訂了戰勝西方列強的順次。他認爲，首與決一死戰者，其在法蘭西乎！次者，日本；次者，俄羅斯。而與法戰場即在滇桂，與日人相見於臺灣，再驅俄族於西伯利亞而外，然後中國方有立足於地球之日。有趣的是，姚文棟認爲威脅的次序是：俄羅斯、日本、法國，與楊覲東恰好相反。放在今日看來，順序很重要，但是戰勝侵略者的膽識和智慧更重要，感謝這些 100 年前的先行者們，爲我們的邊防戰略寶庫作出的傑出貢獻。

與其它學者不同，楊覲東格外關注鐵路給我們帶來的眼前衝擊和深遠變化。楊覲東特別強調修築鐵路乃是 20 世紀帝國主義列強發動侵略的主要手段之一。保護修築鐵路主權，在楊覲東看來就是保衛雲南邊疆安全。雲南的鐵路修築權事關雲南的主權，不能保護鐵路主權，就不能保護雲南的主權。雲

南的主權不保，雲南的命運也將和安南和緬甸一樣，很快淪入法國和英國的殖民地。他反覆強調騰越鐵路由中國人自辦，滇蜀鐵路由中國人自辦，雲南的鐵路應當由雲南人集資興辦，路況利益不可讓與外國人。清末雲南的保護路權的運動不僅表現在準備修築騰越鐵路上，還表現在試圖贖回滇越鐵路上。楊覲東還建議修築滇蜀、蜀桂鐵路，從戰略戰術上預防法國對於中國南部的侵略。

姚文棟同樣也意識到了鐵路的重要性。1891 年 6 月 22 日，姚文棟在給薛福成的密函中，特別彙報了英兵邊界駐防動向，「緬甸地廣人稀，洋兵勢弱，故汲汲趕造鐵路，不日可由格薩通至嘎爾格達，以便運兵往來。」為防止英國獨霸中國西南，法國加緊其經營越南，進而控制中國雲南的步伐。於是，「英知此意，則又改圖西藏，分力兼營」，重新制定印度——中國鐵路規劃。其中國境內的規劃已久為兩條鐵路：其一，緬甸——騰越——雲南；其二，大吉嶺——西藏——四川。因此，姚文棟曾斷言，「英之欲通雲南，猶俄之欲通蒙古，其意斷不專為通商」。在正北邊防策略中，他提出將鐵路用之於鞏固邊防，「如果鐵路盛行，亦當推達邊外，以通貨物而便糧運，此則各邊皆然，不特蒙古一路也」。

通過與上述五人的比較，姚文棟邊防思想的脈絡清晰可見。

姚文棟的「籌邊」思想主要集中於《救時芻言》和《籌邊論》之中。總體看來，《救時芻言》相當於姚氏籌邊思想的總論，而《籌邊論》則相當於進一步的擴展論說，二者一脈相成，可合為一體。不過，兩篇文章都是姚氏走出國門前所作，而他後期的文章中有零星的觀點修正，但無關其宏旨。姚文棟的「籌邊」思想表現出一種「積極」的民族主義傾向。雖然他自己也經常遊走於「戰與和」的兩端，例如，他主張「興亞抗歐」，鼓吹亞洲國家應聯合起來同仇敵愾，同時，他又脫離中國國情的實際提出一些主動進攻日本的「策略」，但是，他的思想已經遠遠超越了曾經的「羈縻」策略。這無疑是姚氏「籌邊」理論的閃光之處。

綜上所述，姚文棟的《救時芻言》和《籌邊論》中所包含的「籌邊」思想，是當時一個比較完整的關於邊防的論述。其中固然有許多內容是舊事重提，但仍然包含了許多近代化的新的元素，例如：他強調邊才要具備大局觀的思想；邊防與江防協同的思想；積極防禦的思想；陸軍和水師協同的思想；權衡利弊，戰略放棄的思想等等都有其閃光之處，他個人也成為那個時代民

族主義思潮通過邊疆地理學研究得以抒發的典範。尤其是他的很多當時不可能實現的「獨特」的戰略防禦思想，在今天看來仍然富有可借鑑的意義。

姚文棟的獨特之處，還在於他身處由傳統向近代變革的過程之中，換言之，他本身就是「傳統和近代」的混合體，所以思想中新舊雜陳，文章裏充滿了矛盾。他表現的新奇而又自傲，理智而又激進，羨慕而又不屑，讚賞而又糾結，最終表現為一種「積極」的民族主義，這種精神貫穿其整個仕宦生涯。雖然姚氏的「籌邊」主張中也不乏「書生論戰、紙上談兵」的例子，但是姚文棟以一介布衣之身，盡心謀劃國是，彰顯了愛國情懷，對國家前途命運的的憂慮和執著，是其籌邊思想的主要價值取向。

姚文棟成長於上海，因為與西方世界的獨特接觸，這個城市享受著充分的國際關係，對於西方的「優劣」，姚文棟有著自己切身的感受。再加上家庭的薰陶，以及「龍門書院」獨特教育理念的浸染，逐漸形成了自己的學術價值取向。當時，這看似不合潮流的選擇，其實暗合了中國歷史上任何一個動盪時代知識分子最極致的精神追求，「天下興亡，匹夫有責」。中國歷史的發展告訴我們，每一次民族危機的降臨，總會激起仁人志士的憂國憂民情懷。鴉片戰爭以來，中國面臨「三千年未有之變局」，是這一時期邊疆地理學研究興起的終極動力，而崇尚「實學」的姚文棟正是其中的佼佼者。他並沒有留下驚世駭俗的名著，也沒有掙得聲名顯赫的地位，雖算不上那個時代的風雲人物，但也並不妨礙他依靠自己的親身感知和體驗，通過潛心研究和思考，向國人介紹他眼中的外部世界，為民族積攢抵禦外侮的智慧和力量，而正是這樣的光芒，使他成為中國近代歷史鏈條中獨特的一環。

姚文棟成為這一時期的代表人物，不僅僅是因為其研究成果的價值所在，更重要的是體現了如下幾個特徵：

第一，時代特徵鮮明。時代的變化，加上迫切的願望，使得姚文棟有機會走出國門，親身踏上那些或朋友或敵人的國家的領土，近距離感受、觀察和研究，獲得了不同於以往前輩學者的第一手的成果。但是也必須看到，姚文棟本身處在由傳統向近代變革的過程之中，換言之，他本身就是「傳統和近代」的混合體，所以思想中新舊雜陳，文章裏充滿了矛盾。他表現的新奇而又自傲，理智而又激進，羨慕而又不屑，讚賞而又糾結，如同他對日本的感覺，既愛又恨，這樣的體驗難以言表，卻異常鮮活。

第二，「籌邊」思想中的大局觀。姚文棟自覺地將中國置於亞洲乃至世

界的體系之中，在考慮籌邊策略時，綜合考慮更多因素之間的相互作用和影響，這是一個巨大的進步。例如，他主張「興亞抗歐」，鼓吹亞洲國家應聯合起來同仇敵愾，同時，他又脫離中國國情的實際提出一些主動進攻日本的「策略」，但是，他的思想已經遠遠超越了曾經的「羈縻」策略。這無疑是姚氏「籌邊」理論的閃光之處。

第三，親身實踐的作風。姚文棟將崇尚實學的學術價值取向和履踐躬行的研究作風結合起來，化作實現個人經世致用理想的途徑。他提出，「不知各邊情形者不足以理一邊，不知各國情形者亦不足以理一國之邊」，並以實際行動實現個人追求的目標。姚文棟求實的作風還充分的體現在其性格上，認眞、專一、有原則、不趨附，甚至有些「另類」。

第四，姚文棟的邊防思想是一個完整的體系。以《救時芻言》和《籌邊論》爲代表的姚氏籌邊思想，包含了中國主要的邊患和構成這些邊患的國家。總體看來，《救時芻言》相當於姚氏籌邊思想的總論，而《籌邊論》則相當於進一步的擴展論說，二者一脈相成，成爲一個完整的體系。

第五，姚文棟的地理學研究具有很強的「功利主義色彩」。姚文棟的地理學研究帶有很強的「實用性」或「功利主義」的特徵，尤其是其海外地理學研究的譯著，多爲「拿來主義」，其根本出發點在於爲其「籌邊」思想服務，即學者們所謂的「時局」或「政治目的」。

第六，姚文棟邊防思想中的「積極防禦」的構想，對當代中國邊防事業的發展具有很強的借鑒作用。

參考文獻

一、官書檔案

1. 中國第一歷史檔案館館藏軍機處錄副奏摺（同治、光緒朝）。
2. 中國第一歷史檔案館館藏硃批奏摺（同治、光緒朝）。
3. 中國第一歷史檔案館編：《咸豐同治兩朝上諭檔》，桂林：廣西師範大學，1998 年。
4. 中華書局編輯部，李書源整理：《籌辦夷務始末》（同治朝），北京：中華書局，2008 年。
5. 全國圖書館文獻縮微複製中心編：《清同治朝政務檔案》，北京：全國圖書館文獻縮微複製中心，2005 年。
6. 中央研究院近代史研究所：《中法越南交涉檔》四，《中國近代史資料彙編》，臺北：中央研究院近代史研究所，1983 年。
7. 徐郙：《奏為保舉直隸候補道姚文棟送部引見事》，中國第一歷史檔案館藏，軍機處錄副，檔案號：03-5347-050。
8. 奕訢：《奏為出洋期滿補用道姚文棟彭光譽回京銷差呈遞書籍援案請獎事》，中國第一歷史檔案館藏，軍機處錄副，檔案號：03-9444-012。

二、史料叢編

1. 葛士濬輯：《皇朝經世文續編》，近代中國史料叢刊第七十五輯 741，沈雲龍叢本，臺北：文海出版社，1972 年。
2. 劉錦藻纂：《清朝續文獻通考》，北京：全國圖書館縮微複製中心，2005 年。
3. 王彥威、王亮合編：《清季外交史料》，近代中國史料叢刊三編第二輯 11

～19，沈雲龍叢本，臺北：文海出版社，1985 年。

4. 中國史學會編：《洋務運動》，上海：上海人民出版社，1961 年。

5. 中國史學會編：《第二次鴉片戰爭》，上海：上海人民出版社，1978 年。

6. 中華書局編輯部，李書源整理：《籌辦夷務始末》（同治朝）四，卷三十九，北京：中華書局，2008 年。

三、文集日記筆記

1. 翁同龢著、陳義傑整理：《翁同龢日記》，北京：中華書局，1989 年。

2. 薛福成：《庸庵文編》，近代中國史料叢刊第九十五輯 943，沈雲龍叢本，臺北：文海出版社，1973 年。

3. 薛福成：《出使英法義比四國日記》，長沙：嶽麓出版社，1985 年。

4. 鄭孝胥：《鄭孝胥日記》，北京：中華書局，1993 年。

5. 上海圖書館編：《汪康年師友書箚》，上海：上海古籍出版社，1986 年。

6. 戴鴻慈：《出使九國日記》，長沙，湖南人民出版社，1982 年。

7. 李德龍、俞冰主編：《歷代日記叢鈔》第 135 冊，北京：學苑出版社，2006 年。

8. 郭嵩燾著，湖南人民出版社校點：《郭嵩燾日記》第三卷，長沙：湖南人民出版社，1981 年。

9. 曾紀澤：《出使英法俄國日記》，《走向世界叢書》。

四、年譜、方志

1. 姚明輝：《景憲府君年譜》，抄本，藏上海圖書館。

2. 《嘉定縣志》

3. 吳馨等修，姚文枏等纂：《上海縣續志》，《中國方志叢書・華中地方》，臺北：成文出版有限公司，1970 年。

4. 應寶時修：《（同治）上海縣志》，《中國方志叢書・華中地方》，臺北：成文出版有限公司，1975 年。

五、著作

1. 陳捷：《人物往來與書籍流傳》，《域外漢籍研究叢書》，北京：中華書局，2012 年。

2. 卞孝萱，唐文權：《辛亥人物碑傳集》，北京：團結出版社，1991 年。

3. 胡令遠，徐靜波主編：《近代以來中日文化關係的回顧與展望》，上海：上海財經大學出版社，2000 年。

4. 金梁輯：《近代人物志》，沈雲龍：《近代中國史料叢刊續編》679，臺北：文海出版社。

5. 齊魯書社編：《藏書家》第 8 輯，濟南：齊魯書社，2003 年。

6. 〔日〕濱下武志：《近代中國的國際契機：朝貢貿易體系與近代亞洲經濟圈》，北京：中國社會科學出版社，1999 年。

7. 〔日〕信夫清三郎：《日本政治史》（第 1 卷），上海：上海譯文出版社，1982 年。

8. 〔日〕實藤惠秀著，陳固亭譯：《明治時代中日文化的連繫》，《中華叢書》，臺北：中華叢書編審委員會，1971 年。

9. 盛邦和：《黃遵憲史學研究》，南京：江蘇古籍出版社，1987 年。

10. 譚汝謙主編：《中國譯日本書綜合目錄》，香港：香港中文大學，1980 年。

11. 譚卓垣：《清代藏書樓發展史　續補藏書紀事詩傳》，瀋陽：遼寧人民出版社，1988 年。

12. 王曉平：《近代中日文學交流史稿》，長沙：湖南文藝出版社，1987 年。

13. 王曉秋：《近代中日文化交流史》，北京：中華書局，1992 年。

14. 吳芹編：《近代名人文選》，上海：廣益書局，1937 年。

15. 嚴健明主編：《名人與南翔》，上海：上海文藝出版社，2009 年。

16. 姚文棟：《籌邊九論》，抄本，1957 年，藏上海圖書館。

17. 姚文棟：《救時芻言》，《景憲先生苦口文》（不分卷），民國鉛印本，南京圖書館藏，索書號：GJ/808754。

18. 姚文棟：《雲南勘界籌邊記》，沈雲龍主編：《近代中國史料叢刊》第十八輯，臺北：文海出版社。

19. 姚文棟：《讀海外奇書室雜著》，清光緒十九年刻本，南京圖書館藏。

20. 姚文棟：《日本地理兵要》，王寶平：《晚晴東遊日記彙編》2，上海：上海古籍出版社，2004 年。

21. 張德彞：《稿本航海述奇彙編》，北京：北京圖書館出版社，1997 年。

22. 鄒振環：《影響中國近代社會的一百種譯作》，北京：中國對外翻譯出版公司，1996 年。

23. 楊覲東：《滇事危言初集》，北京：宣統三年（1911）刻。

24. 楊覲東：《滇事危言二集》，北京：宣統三年（1911）刻。

25. 金毓紱編《遼海叢書》，瀋陽：遼瀋出版社，1985 年

26. 徐鼐霖：《籌邊芻言》，臺北：文海出版社，1969 年影印本。

27. 洪鈞：《洪鈞使歐奏稿》，《近代史資料》總 68 號。

28. 鄒振環：《影響中國近代社會的一百種譯作》，北京：中國對外翻譯出版

公司，1994 年。

29. 王鐵崖：《中外舊約章彙編》第一冊，北京：三聯書店，1957 年。

30. 《姚文棟訃告》，《申報》1929 年 9 月 29 日，第十四版。

31. 趙爾巽等撰：《清史稿》第四十三冊，北京：中華書局，1977 年。

32. 歐陽哲生編：《胡適文集》，北京：北京大學，1998 年。

33. 陳夔龍，《夢蕉亭雜記》卷一，《清代歷史資料叢刊》，上海：上海古籍出版社，1983 年。

34. 謝承仁主編：《楊守敬集》第一冊，武漢：湖北人民出版社，1997 年。

35. 黃萬機：《黎庶昌評傳》，貴陽：貴州人民出版社，1989 年。

36. 黎庶昌等著，孫點編次，黃萬機點校：《黎星使宴集合編》，貴陽：貴州人民出版社，1992 年。

37. 由良久香校定：《海外同人集補遺》，中國國家圖書館藏，清光緒刻本。

38. 河田小桃編，由良久香校定：《歸省贈言》，中國國家圖書館藏，清光緒刻本。

39. 河田小桃編，由良久香校定：《海外同人集》，中國國家圖書館藏，清光緒刻本。

40. 貫貴榮輯：《日本藏漢籍善本書志書目集成》第一冊，北京：北京圖書館，2003 年。

41. 譚卓垣等撰，徐雁譚華軍譯補：《清代藏書樓發展史　續補藏書紀事詩傳》，瀋陽：遼寧人民出版社，1988 年。

六、論　文

1. 陳捷：《姚文棟在日本的訪書活動》，《中國典籍與文化》，2012 年第 1 期。

2. 柳和誠：《姚文棟其人和他的藏書》，《圖書館雜誌》，2003 年第 7 期。

3. 柳和誠：《姚文棟與日本古佚書》，《藏書家》第 8 輯，濟南：齊魯書社，2003 年。

4. 王寶平：《新發現的姚文棟的代表作——〈日本國志〉》，《中國研究月報》，1999 年 5 月號。

5. 王寶平：《黃遵憲與姚文棟——〈日本國志〉中雷同現象考異》，胡令遠，徐靜波主編：《近代以來中日文化關係的回顧與展望》，上海：上海財經大學出版社，2000 年。

6. 王建朗、酈永慶：《50 年來近代中外關係史研究》，《近代史研究》1999 年第 5 期。

7. 吳偉明：《姚文棟——一個被遺忘了的清末「日本通」》，《日本研究》1985

年第 2 期。

8. 張敏：《略論姚文棟邊防思想及實踐》,《史林》,1999 年第 2 期。

9. 周允中：《姚氏兄弟和舊上海》,《縱橫》,2009 年第 7 期。

10. 陳捷：《姚文棟在日本的訪書活動》,《中國典籍與文化》,2012 年第 1 期。

11. 時培磊：《明清日本研究史籍探研》,南開大學博士學位論文,2010 年。

12. 易惠莉：《中日知識界交流實錄——岡千仞與上海書院士子的筆話》,《檔案與史學》2002 年第 6 期。

13. 毛祥麟：《記龍門書院》,璩鑫圭編：《中國近代教育史資料彙編・鴉片戰爭時期教育》,上海：上海世紀出版股份有限公司,2007 年。

附錄：姚文棟與滇緬邊防

摘　要

　　姚文棟是晚清近代外交的早期研究者和實踐者。他出洋遊歷，外交眼界開闊，於海防危機之外，較早洞悉中國滇緬邊防的戰略地位和潛在危險。爲此，他實地查勘滇緬邊界，積極獻策滇緬邊界防務，務實推動中英滇緬邊界談判的成功實現，維護了國家和民族的利益。

　　關鍵詞：姚文棟；晚清；滇緬邊防

　　姚文棟（1852～1929），字子樑，出生於上海縣城，15歲就考中秀才，後應鄉試未成，遂納資捐官。作爲才智過人的高級幕僚，姚文棟經常出入駐外公使和各地督撫門下，參與許多機密事宜。他還多次以隨員身份出使外國，親歷許多重大外交活動，乃晚清近代外交實踐的早期參與者。姚文棟雖僅爲幕僚，但十多年間，他廣泛遊歷日本、俄國和歐洲，眼界既開，著述也頗豐。他不僅看到西方各國來自海洋的嚴重威脅，也洞悉到列強蠶食中國西南邊陲的險惡用心。姚文棟深刻地認識到，英、法等國以緬甸或安南爲跳板來覬覦雲南，然後由雲南分途進入中國的內地和兩廣地區。目前，學界關於滇緬關係的研究較爲薄弱，主要有呂一燃的《薛福成與中英滇緬界務交涉》和朱昭華的《薛福成與滇緬邊界談判再研究》等論文，這些文章主要是從全局著眼來探討中英滇緬談判問題，雖都提及薛福成的隨員姚文棟，但均未展開全面而深入的論述。本文從姚文棟勘查滇緬邊界入手，系統闡述其加強滇緬邊界防務的重大歷史貢獻，以深化滇緬界務的學術研究。

一、查勘滇緬邊界

　　1929年9月29日，上海《申報》發表了一篇訃告，題爲《耆紳姚文棟作古》。訃告說：「邑紳姚文棟，字子樑，爲姚子讓之胞兄。曾出使德日俄法國二十餘年，爲外交界前輩。嘗查勘滇緬界域，於吾國權利多所換回，後回片馬案，清廷畏葸失敗，憤而退隱南翔。昨日歿於寓次，年七十八歲。聞者惜之。」〔註1〕訃告文字雖寥寥數語，但在「大變局」的晚清時代，能有此經歷者並不多見。尤以「查勘滇緬界域，於吾國權利多所換回」一句，集中概括了姚文棟在滇緬外交方面的積極歷史貢獻。

　　1891年，姚文棟出洋期滿，稟請銷差回國。強烈的國家邊防安全意識，對中外時局的深切關注，使他充分認識到中國西南邊疆防務的重要性。於是，姚文棟在回國途中，決定順道遊歷印度、緬甸等地，他的這一主張得到了出使大臣洪鈞的批准。其實，早在法國逗留期間，姚文棟就見到了駐英、法、意、比四國公使的薛福成。此時，薛福成正在爲與英國談判中緬邊界〔註2〕問

〔註1〕《姚文棟訃告》〔N〕，申報，1929-9-29（14）。

〔註2〕19世紀80年代，英、法在東南亞地區展開激烈競爭。法國佔領越南以後，便極力向中國的雲南和廣西擴展勢力，法國與緬甸的關係也日益密切，法國的優勢明顯優於英國。英國工商界爲了保障在緬甸的既得利益以及滇緬通道，紛紛要求政府迅速吞併上緬甸。同時，英國政府爲了避免法俄兩國夾擊威脅

題而焦慮。爲提前謀劃，以免臨時棘手，薛福成特意委派姚文棟順路去考察印緬情形，查勘滇緬界址，以備他日之需。姚文棟不辱使命，認眞而細緻地對印度、緬甸特別是中緬邊境、雲南等地進行實地查勘。

姚文棟由法國的馬賽港登船，經地中海、紅海和印度洋，抵達印度。在此地，他遊歷了孟加拉、加爾各答等。然後，轉至仰光，換乘小船，進入伊洛瓦底江，經阿瓦、新街，再入大盈江。隨後，過蠻弄，越野人山，經盞達、干崖、南甸，到達中緬邊界的騰越，最後回到雲南省城。這次查勘耗時四個多月，行程將近四萬多里。途中危險異常，野人山地形險峻，後面的龍川江、潞江、瀾滄江，都是邊瘴之地。期間，姚文棟曾身中瘴氣之毒，大病一場，後經診治才得以康復。雖然歷盡艱辛，但姚文棟也收穫頗豐，取得了大量第一手邊疆史地材料，特別是對印緬及滇緬邊界有了更爲直觀的認識。在此基礎上，他編著了《印緬紀行》四卷、《印緬考察商務記》二卷、《滇越之間道里考》一卷、《滇緬之間道里考》一卷、《雲南初勘緬界記前編》十卷、《雲南初勘緬界記正編》十卷、《雲南初勘緬界記後編》十卷、《雲南勘界籌邊記》二卷、《滇邊土司記》三卷；彙編當地土司、土官及滇邊才智之士條陳邊事文件爲《集思廣益編》八卷；譯介《英人吞緬始末》一卷；著就《天南文編》六卷、《滇南經世文前編》四卷、《滇南經世文初編》十卷。姚文棟不但躬親考察，仔細記錄，還把中國駐緬坐探所偵知的英人考察滇緬邊界的情報詳細加以整理，彙編爲《偵探記》二卷。

印度殖民地，也必須防止上緬甸落入法國控制之中。這樣，1885 年 8 月，英國政府以「柚木案」爲藉口向緬甸政府發出了最後通牒，隨之訴諸武力，吞併了上緬甸。從此，中英兩國就有了滇緬邊界的領土糾紛。1886 年 7 月，慶親王奕劻與英國駐華代辦歐格訥在北京簽訂了《中英會議緬甸條約》，條約除承認英國對緬甸的主權外，還規定中緬邊界應由中英兩國共同勘定，邊界通商事宜也應當另立專章，相互保護振興。中英緬甸條約簽訂以後，清政府既沒有派員對滇緬邊界進行實地勘察，也沒有主動提出與英國一起會勘，進而劃分兩國邊界。與此相反，英國政府卻積極展開行動，一方面不斷蠶食緬甸的北部和東北部，另一方面還派員對滇緬邊界進行實地勘察。1890 年，清政府任命薛福成爲駐英、法、意、比四國欽差大臣。1892 年 7 月，清政府特派薛福成與英國外交部會商滇緬界務、商務。薛福成接到上諭之後，開始與英國展開滇緬邊界的交涉。經過三年多的曲折談判，1894 年 3 月 1 日，薛福成與英國外交大臣勞斯伯里在倫敦最終簽署了《續議滇緬界務商務條款》。相關問題可以參見朱昭華的《薛福成與滇緬邊界談判再研究》（載《中國邊疆史地研究》2004 年第 1 期）；張子建的《薛福成在中英〈續議滇緬界·商務條款〉中對北段界的劃分》（載《雲南民族大學學報（哲社版）》2007 年 1 期）。

　　縱觀姚文棟對滇緬邊界的實地調查，可以看出他非常關注以下問題：一是雲南具有重要戰略地位。近代以來，鐵路穿山越嶺，天險變通途，雲南的戰略地位愈發顯現出來；二是深入研究西方列強試圖蠶食中國西南邊陲的路線圖，揭示其借道緬甸或安南以通雲南的險惡用心；三是查勘邊界，繪圖記錄，不使國土流失，並提出切實可行的保邊之策。

　　對於姚文棟的學術建樹和經世實踐，世人多有讚譽。上至京都大臣，下到雲南官員莫不如此。軍機大臣翁同龢對姚文棟及其著作評論道：「姚志梁（文棟，年四十五，二品頂帶，直隸道員）來見，此人龍門書院高才生……曾隨使日本、俄、德，又勘雲南與緬甸邊界，著《勘界記》者也。文秀而議論正，欲以《周官》法參西人教養之術，有心哉。」〔註3〕「看姚子梁所著《勘界記》，慨歎久之。」〔註4〕

二、加強滇緬邊界防務

　　姚文棟到達雲南省城後，拜見了雲貴總督王文韶和雲南巡撫譚鈞培，將自己查勘滇緬邊界的情況進行了詳細彙報。姚文棟對雲南邊疆形勢撚熟於心，外交經驗豐富，通曉洋務。於是，雲貴總督王文韶和雲南巡撫譚鈞培共同奏請將姚文棟留在雲南辦理邊務：「鹽運使銜直隸候補道員姚文棟，前充出使德俄等國隨員，差滿回華，呈請遊歷印度、緬甸等處，道出巴黎，經出使英法大臣薛福成派令查探印緬商情並滇緬界務，咨明總理各國事務衙門及臣等有案。茲該員已於緬甸新街取道騰越，行抵滇省。臣等查姚文棟志趣遠大，辦事誠懇，平日講求洋務，研究輿圖，先充出使日本隨員，繼由侍郎洪鈞調赴俄德等國隨同辦事。該員周遊東西兩洋，熟諳外部情形，此次遊歷印緬地方並瀏覽滇邊門戶，凡有關形勢之處，無不博訪周咨，繪圖記載。滇省近鄰緬越，現與英法交涉滇緬分界、通商各事宜尚未開辦，亟須熟悉洋務之員相為助理。合無仰懇天恩俯念滇省需才恐亟，准將鹽運使銜直隸候補知府姚文棟留於雲南，交臣等差遣委用，實於邊務不無裨益。」〔註5〕

〔註3〕陳義傑點校，翁同龢日記：第五冊〔M〕北京：中華書局，1997年，第2912頁。

〔註4〕陳義傑點校，翁同龢日記：第五冊〔M〕北京：中華書局，1997年，第2913頁。

〔註5〕沈雲龍主編，近代中國史料叢刊：第十八輯〔M〕臺北：文海出版社，1966，第1～2頁。

　　此時，中英滇緬邊界談判迫在眉睫，雲南邊務形勢異常嚴峻。英國侵佔緬甸之後，統治基礎不太鞏固，害怕中國以宗主國身份插手緬甸事務，遂在中緬邊界劃分方面向中國妥協。但是，隨著英國對緬甸殖民統治的日益鞏固，其一改先前態度，多次派人勘探中緬邊界，不斷蠶食中國的邊界土地，甚至侵佔了中緬之間的戰略重鎮新街（又稱八募、蠻募），接著又欲侵佔大金沙江、野人山等地。金沙江、野人山乃滇西天險與屏障，英國一旦得野人山即可長驅直入雲南。早在滇緬勘界的過程中，姚文棟就瞭解到野人山實為中國所有，非無主之地，不但中國當地土司一直對其加以管理，而且中國的保商營經常出入野人山，沿途梭巡、護商。「又曰英廷初意，滇之西，欲與中國分大金沙江為界，故有以老八募歸中國之說，又有兩國同在大金沙江行船之說，蓋猶慮我欲索還大金沙江外之孟拱寶石井也。滇之南，欲分潞江下游以為界，故有以撣人諸地歸我中國之說，蓋猶慮我欲索還潞江以西之孟密寶石井也。在英人之初念則然也，遷延數年，中國迄無定論，彼已窺知我地學之蒙昧矣。方英兵之入緬也，告我曾〔註6〕大臣曰：『緬王無禮於英，故廢其王。』及其據緬以為己有也，又告曾大臣曰：『緬與法立約，有害於英。』公法國存則約存，故廢其國，果而則盡緬之境而已，何與他土司哉？此當執詞以責之者也。英初得緬，猶自知理曲，故有立教王依舊納貢之說，又曰中國兵所在即視為中國地，不再入於是。自阿瓦探新街無中國兵，而後入，自新街探孟拱，亦如之，彼自以為盜亦有道也。惜乎滇中當時無人能折其機牙也。夫馬武相，一回民耳，聚十數少年扼老八募以保商路，英人見之不敢過問也；黃正林、張天明，兩千總耳，以土勇二百人保商路，出入野人山，直至老八募而上，英人聞其來且相引避也。邊內邊外，夫人而知之者也。」〔註7〕

　　在勘查邊界野人山的過程中，姚文棟獲知騰越總兵張松林、永昌知府鄒馨蘭欲將千總黃正林、張天明所率領的保商營裁撤。此時，黃、張保商營若被裁撤，野人山勢必為英人所得，這對中國極其不利。姚文棟心急如焚，連續向雲貴總督王文韶拍發電報三次（前兩次電報因電局委員王福訓壓擱未達），向雲南巡撫譚鈞培拍發電報一次，力主不要裁撤保商營。他於四月初六日在蠻隴向雲貴總督王文韶發電：「野人山下保商勇丁請電飭張鎮緩撤，

〔註6〕曾紀澤。
〔註7〕中國社會科學院近代史研究所近代史資料編輯部，近代史資料：總125號〔M〕，北京：中國社會科學出版社，2012，第167頁。

容面稟詳情」；於四月初十日又在蠻允向雲貴總督王文韶發電：「野人山為滇西門戶，地險難攻，先據者勝，張、黃兩千總委辦保商，已通至老蠻募江口，請勿中輟，大局萬幸。」這兩封電報因故未能抵達雲貴總督王文韶處。於是，五月十一日，到達大理的姚文棟再次緊急發電：「野人山撤兵便於洋人，不便於國；便於野匪，不便於商，已告張鎮、黃丞矣。千總張天明、黃正林保商著有成效，邊外望如長城，奈官小遭讒，自保不暇，邊內外商民咸為扼腕。職等聽睹真確，若不早上聞，恐一經易人，即隳前功而損大局。因騰越有壓電情弊，故至大理補稟。」〔註8〕同時，姚文棟還向雲南巡撫譚鈞培發電稟告：「野人山為滇西藩屏，向屬中國。若我兵朝撤，則外兵夕至。我棄彼取，比為邊害。張、黃兩千總保商一軍已度山外邊地，依之如長城，足杜外人窺伺，請勿中輟，大局萬幸。」〔註9〕

回到雲南省城以後，姚文棟九次向雲貴總督王文昭呈遞說帖，提出系統籌邊之策。九次說帖的要義如下：一說野人山屬於中國，這一說帖主要是針對當時有人懷疑野人山非中國屬地而論。二說針對野人山中國保商營，提出了八項應籌事宜。三說重點論述了騰越西路野人山以及野人山西面蠻隴、雲帽、打羅三地的重要性，並提出了有針對性的防守措施。四說騰越南路野人山乃緊要門戶，具體論述了崩岡寨、麻湯寨、漢董寨、洗帕河四地的重要地位，建議在此四處駐紮防營。五說永昌、順寧邊外麻栗壩、班弄兩地節略，詳細介紹了麻栗壩、班弄兩地情況，建議及早招撫兩地兵民，以為固邊之策。六說野人山應當提早設置防營。七說蠻允之駐防兵應當出駐邊界允帽等地。八說應令騰越廳鎮守住邊界，勿使英兵闌入。九說英人越界強佔野人山，不可輕信騰越張鎮而放棄己地，善後局司道不應當附和張鎮，須電請總署詰問英使，電告出使大臣詰問英國政府，並布之各國新聞。

對於姚文棟九上說帖所提出的系統見解和籌邊策略，雲貴總督王文昭多所採納。例如，王文昭批覆姚文棟說帖《論騰越南路野人山緊要門戶》：「尊議一併暫留，明日當商之序帥，迅即照辦也。」〔註10〕收到姚文棟所上《永

〔註8〕沈雲龍主編，近代中國史料叢刊：第十八輯〔M〕臺北：文海出版社，1966年，第95頁。

〔註9〕沈雲龍主編，近代中國史料叢刊：第十八輯〔M〕臺北：文海出版社，1966年，第97頁。

〔註10〕沈雲龍主編，近代中國史料叢刊：第十八輯〔M〕臺北：文海出版社，1966年，第117頁。

昌、順寧邊外麻栗壩、班弄兩地節略》的說帖後，王文昭「即令雲南知府陳
燦函告永昌知府鄒馨蘭相議辦理」。〔註11〕對於姚文棟針對英人越界強佔野人
山之事所提出的應對策略，王文昭也是一併採納。王文昭說：「尊議英人越界
必須電知總署及令騰廳致函新街兩節，自是題中應有之義，亦必應如此。刻
已飭局速電黎丞，再將此次越界詳細情形及地名道里即日電覆。俟覆到即當
照辦。」〔註12〕關於野人山保商營事宜，王文昭也深以為然。姚文棟在《雲
南勘界籌邊記・後序》中說：「野人山以外、大金沙江以內皆兩千總孤軍駐守
之地也。綢繆牖戶，事非甚難，制軍原深以為然。第欲商之中丞，不居獨斷
之名，乃善後局司道史、湯兩君別有成見，盡力阻擾，且俟至張鎮、鄒守招
引外人過江入山，而後上臺亦無從措手矣，可慨也夫。」〔註13〕針對野人山
防兵，「制臺王公慮野山營兵力太薄，未足鞏固江防，欲移兵以厚其援，而藩
司史念祖、善後局道員湯壽銘陽奉陰撓。」〔註14〕

三、推動滇緬邊界談判

姚文棟廣泛遊歷印度、緬甸等地，深入勘察滇緬邊界，一方面是出於對
時局的關切和愛國熱情，另一方面在於肩負駐英法意比四國公使薛福成的特
派勘查任務，以便為即將到來的中英滇緬邊界談判做好前期準備。姚文棟不
辱使命，通過長時間的艱苦細緻的實地考察，獲得了大量有關滇緬邊境的第
一手資料，並及時向薛福成做了詳細彙報，還提出了自己對於滇緬邊界談判
的有效策略，為日後中英滇緬邊界談判奠定了堅實的基礎。

光緒十七年正月二十八日（1891 年 3 月 6 日），姚文棟從法國馬賽登上
輪船出發，三月抵達緬甸的仰光，三月底到達新街，「四月初五日由新街雇
民船入大盈江，初六日抵蠻弄，登岸，是為野人山之西麓。初七日乘竹兜度
野人山……初十日抵蠻雲，是為野人山之東麓……十三日抵盞達，十四日抵
幹崖，十五日抵南甸……十六日抵達騰越，始為雲南邊境。度龍川江、潞江、

〔註11〕 沈雲龍主編，近代中國史料叢刊：第十八輯〔M〕臺北：文海出版社，1966
年，第 120 頁。

〔註12〕 沈雲龍主編，近代中國史料叢刊：第十八輯〔M〕臺北：文海出版社，1966
年，第 140 頁。

〔註13〕 中國社會科學院近代史研究所近代史資料編輯部，近代史資料：總 125 號
〔M〕，北京：中國社會科學出版社，2012 年，第 168 頁。

〔註14〕 中國社會科學院近代史研究所近代史資料編輯部，近代史資料：總 125 號
〔M〕，北京：中國社會科學出版社，2012 年，第 168 頁。

瀾滄江，皆極邊煙瘴之地。五月二十七日，始抵雲南省城。」〔註15〕在旅途中，姚文棟多次發電。進入中緬邊境以後，他更是頻發電報，及時向薛福成彙報考察情況，並提出自己的建議。例如，五月初四日（1891年6月6日），薛福成曾經收到姚文棟上報雲南邊外土司之地情況的密函：「雲南邊外有孟拱、孟養、木邦、蠻暮諸土司，向屬中國。其地爲玉石百寶精華所萃，內有紅寶石礦、藍寶石礦、翡翠礦、琥珀礦，種種不可勝計。英人占其地爲己有，恐中國索之，是以願將撣人各地讓歸中國。緬屬撣人，相傳有九十九土司，華人經商於其地甚眾，民情頗向中國，山中物產亦移，有乾隆年間所遺界碑及糧臺遺跡數處。」〔註16〕五月二十日（1891年6月22日），薛福成又收到姚文棟的上報密函，彙報了抵達國境及中英交接情況，並特別報告了英兵在邊界的駐防動向以及自己的憂慮：「滇兵有兩營度野人山至蠻弄迎候，英兵欲送至野人山半路之紅蚌河交卸，以爲彼界在此。已力辭之，並招華兵四人至新街迎接，又函屬大營移至蠻弄，駐紮四日而後啓行，以微露中國之意：須以新街爲界，而蠻弄爲吾內地也。緬甸地廣人稀，洋兵勢弱，故汲汲趕造鐵路，不日可由格薩通至嘎爾格達，以便運兵往來。同舟有鐵路工師一人，即係經理格薩鐵路者。此路由格薩通至孟拱，由孟拱通至阿桑。阿桑本有鐵路，接至嘎爾格達。又有兵房工師一人，係至新街營築兵房，聞爲剿撫野人山之計。英兵駐新街者，英人二百名，印度人八百名，皆係新調到者。滇邊恐不免多事矣！英派查探北路之員，覓得一間道，可通騰越之古永練；又覓得一間道，可由昔董通至盞西（皆中國土司）。或其意欲爲後來潛師入滇之地，出於滇人所不防邪？」〔註17〕

抵達雲南省城以後，姚文棟多次向薛福成上報密函，一是彙報考察中所發現的英軍侵略行徑以及清政府在雲南邊境的防守情況；二是總結和分析自己的考察經歷，向薛福成條分縷析、詳細地介紹中緬邊境的軍事地理情況，提出自己的談判應對策略。這也是此段時間姚文棟向薛福成密函內容的重中之重。

對於英軍多年來的侵略行爲，姚文棟都詳細加以匯總整理，並提出應當及早向英國外交部提出抗議，以爭取主動權的具體應對策略。姚文棟在給薛

〔註15〕薛福成，出使英法義比四國日記〔M〕，長沙：嶽麓書社，1985年，第678頁。

〔註16〕薛福成，出使英法義比四國日記〔M〕，長沙：嶽麓書社，1985年，第675頁。

〔註17〕薛福成，出使英法義比四國日記〔M〕，長沙：嶽麓書社，1985年，第381～382頁。

福成的信函中明確指出：光緒十二年三月（1886 年 4 月），新街英國軍官雇某曾帶兵數百名攻打盆干野寨，未克而歸；光緒十五年三月（1889 年 4 月），新街英國軍官夏某雇傭當地嚮導，帶兵從小徑突然攻擊盆干，攻破其寨。盆干實為中國猛卯土司所屬邊界。光緒十六年正月二十一日（1890 年 2 月 10日），英國副使貝得祿夥同巡道提鎮等帶兵四百多名登上麻湯野山和漢董一帶窺探地形，二月十二日（1890 年 3 月 2 日）返回新街。麻湯乃隴川土司所屬之鐵壁關，漢董也是隴川土司的屬地。光緒十六年三月（1890 年 4 月），英員從新街發兵二百五十名攻擊後崩野寨，至四月攻破村寨。光緒十七年正月（1891 年 2 月），英員帶兵到漢董一帶察看營地，三月間又帶兵偵查路線，四月初七日，英員發兵四百餘名，由新街到漢董，出其不意地將該處野寨燒毀，隨後蓋起兵房數間，駐兵四百名。「以上各條係英兵越界入犯土司屬地，因其兵來仍退，並未久留，滇邊將吏顧全邦交，置不與較。本年英兵入駐漢董，已將半年，未見退出，似須告明外部在先，倘日後醸成釁端，其曲本在彼也。至邊內外地名，英人亦用緬文及□夷文，並無英文可查，合併聲明。」
〔註18〕

關於中緬邊界的軍事地理情況，姚文棟向薛福成做了詳細報告，提出了自己的認識與對策。他指出：「滇邊西路以永昌一府、騰越、龍陵兩廳為門戶，南路以順寧、普洱兩府及緬寧、威遠、思茅、他郎各廳為門戶，而皆以緬甸為藩籬。自英滅緬甸，藩籬撤而門戶寒矣。所幸者，猶有野人山之天險，可以限隔中外；若再為英所得，便可長驅入滇，滇無險可守矣。」他進一步「稽之史乘，訪之邊民」，指出野人山自古以來就是中國的領土，「本在雲南界內，非甌脫比也」。他批判了一些人所謂「雲南天末遐荒，不關形要」的謬論，指出：「豈知雲南實有倒絜天下之勢。由雲南入四川，則據長江上游；由雲南趨湖南而據荊襄，則可搖動北方……況今有印度、緬甸，以為後路之肩背乎？英之覬覦雲南，蓋非一日。然則云南之得失，關乎天下；而野人山之得失，又關乎雲南。自騰越、龍陵度野人山以通緬甸，共有九道，皆彙於新街。新街既淪於英，議者乃有保守野人山九道之說。守吾界以遏其闌入，猶不失為中策。若並野人山棄之，則邊防無險可扼。」「南路車裏土司之外，為乾隆時土司孟艮、木邦之地，即英所謂『撣人在潞江下游之東』者。車裏

〔註18〕沈雲龍主編，近代中國史料叢刊：第十八輯〔M〕臺北：文海出版社，1966
年，第 124～125 頁。

與孟艮相接處，僅有小江數道，無險可扼。惟孟艮在潞江濱，爲邊外重鎮，又係商賈四集之大埠。由緬渡潞而犯思茅，共有三道，而孟艮總扼其江道之衝。」姚文棟提出談判策略：「以上三節，如西路之野人山，本係現屬土司界內之地，有新舊各志可據，此當折之情理者也。南路孟艮，爲乾隆時舊土司，英廷嘗願歸於我，此當引申初議者也。北路樹漿廠距緬最遠，向未屬緬。按公法云：『遇不屬邦國管轄者，無論何國皆得據爲已有』。此當以兵力預占，可以先入爲主也。」〔註 19〕

姚文棟的勘察成果和談判建議，對於薛福成與英國政府的具體交涉具有重要的參考價值。例如，在此之前，與英國政府談判中緬邊界問題的薛福成一直認爲，野人山爲中緬兩國所共有。在得到姚文棟的密函以後，他才知道野人山歷來就是中國的領土。薛福成對中緬邊界的認識，在某些方面幾乎是全部來自於姚文棟的彙報內容。

通過姚文棟的實地考察與詳細彙報，薛福成對中緬邊界的實際情況有了進一步的深入而準確的瞭解，對中緬邊界軍事地理形勢有了更深刻的認識，從而更加明確了對英談判的方針與策略，爲中英滇緬界務談判能夠取得成功奠定了堅實的基礎。〔註 20〕

〔註 19〕薛福成，出使英法義比四國日記〔M〕，長沙：嶽麓書社，1985 年，第 680～681 頁。

〔註 20〕關於薛福成代表清政府與英國簽訂的中英《續議滇緬界務商務條款》，史學界對於條約之商務條款的評價比較中肯，但對條約之邊界條款爭論較大，褒貶不一。條約簽訂以後，薛福成自認爲在滇緬界務談判上是成功的，因爲不僅索回了鐵壁關、天馬關，還收回了車裏、孟連土司轄境的全部權益，重要的是劃得野人山地一塊，使邊界內的土地更有外部屏障，也使得雲南邊界的西、南兩面都有展拓。鍾叔河在《薛福成：出使英法意比四國日記》的「序言」中認爲，薛福成簽訂的滇緬邊界條款是非常成功的。朱昭華的《薛福成與滇緬邊界談判再研究》（載《中國邊疆史地研究》2004 年第 1 期）認爲，薛福成爲談判付出了艱苦努力，但也產生出了許多問題，其根源在於清政府缺乏近代領土的主權觀念。張子建的《薛福成在中英〈續議滇緬界・商務條款〉中對北段界的劃分》（載《雲南民族大學學報（哲社版）》2007 年第 1 期）認爲，在中英談判中，薛福成全力維護雲南邊界權益，在中緬北段邊界的劃分上言緯不言經，體現了其良苦用心，應當得到客觀評價。與此相反，余定邦的《中緬關係史》（光明日報出版社 2000 年版）提出，清政府屈服於英國侵略者的巨大壓力，使英國在條約中獲得了許多通過武裝侵略得不到的東西。此外，丁鳳麟在《薛福成評傳》（南京大學出版社 1998 年版）中專設一節對此問題做了較爲深入的論述，評價相對中肯。他認爲，薛福成在談判過程中所表現出來的愛國熱情與睿智應當給予較高評價，一些強加給薛福成的歷史責任也

四、結　語

　　姚文棟爲雲南籌邊事宜嘔心瀝血，不畏權貴，「不避屢瀆之嫌」。〔註21〕對於騰躍總兵張松林索賄妒才，善後局司道陽奉陰違等問題，姚文棟多次向雲南督撫和出使大臣薛福成予以揭露，從而招來了他們的忌恨。同時，姚文棟在雲南阻止英人入侵的建言獻策等籌邊活動，更會招致英人忌恨。「先府君於滇本委辦洋務邊務，倚若長城，乃史、湯、張、鄒不便，又京中英使館強迫總理衙門電滇，以示不容。」〔註22〕英國駐華公使威脅總理衙門大臣張蔭恒，如果不撤換姚文棟，中英就不能進行見解談判。陳庚明在爲《雲南初勘緬界記》做序時言及此事說：「前歲以劃界涉南洋，道緬入滇，其於疆域，必詳舉國家盛時威力所及，不欲尺寸遷就，爲敵所深忌，屬書政府，必易先生乃定約。」〔註23〕在多重壓力下，總理衙門大臣、吏部右侍郎徐用儀將英人忌恨之事告訴了姚文棟，並且通知其已無法再參與雲南籌邊之事，暗示其應該離滇。不久，姚文棟被迫離開雲南。正是因爲姚文棟洞悉英國對滇緬邊界的預謀，他才能夠在中英滇緬邊界談判中有的放矢，及時提出應對措施，極力維護民族利益，從而遭到英人的嫉恨。姚文棟雖然離開了雲南，但他在加強滇緬防務，推動滇緬邊界談判方面所做出的歷史貢獻並不會磨滅。

（發表在河北師範大學學報 2015 年第 2 期）

要予以澄清。但是，總的來説，條約的簽訂使中國喪失了許多土地。

〔註21〕沈雲龍主編，近代中國史料叢刊：第十八輯〔M〕臺北：文海出版社，1966年，第 138 頁。

〔註22〕中國社會科學院近代史研究所近代史資料編輯部，近代史資料：總 125 號〔M〕，北京：中國社會科學出版社，2012 年，第 171 頁。

〔註23〕中國社會科學院近代史研究所近代史資料編輯部，近代史資料：總 125 號〔M〕，北京：中國社會科學出版社，2012 年，第 170 頁。